btb
Aus Freude am Lesen

btb

Buch

Juli Zeh fährt im Sommer 2001 nach Bosnien: allein, nur mit ihrem Hund als Begleitung. Sie reist durch ein zerstörtes Land, einen Kriegsschauplatz, bis heute durch zahllose Minenfelder das gefährlichste Terrain Europas. Entstanden ist eine eindringliche Reiseschilderung, geschrieben von einer Autorin, die zeigt, »dass die Darstellung der Wahrheit immer noch eine lohnende Sache sein kann« (Peter Henning, *Die Weltwoche*).
Aufgebrochen ist die Autorin, um nachzusehen, »ob Bosnien-Herzogowina ein Ort ist, an den man fahren kann. Oder ob er zusammen mit der Kriegsberichterstattung vom Erdboden verschwand«. Von den mitgebrachten Rätseln – Wo wachsen die Melonen? Wer hasst wen und wie sehr? – hat sie am Ende der Reise keine gelöst. Trotzdem haben Land und Landschaften, die Geschichte und Geschichten der Menschen eine Menge Antworten gegeben, die von Juli Zeh mit leichter Hand und scheinbar beiläufig festgehalten werden.
Juli Zeh startet nicht einen weiteren Versuch, die Wahrheit über den ersten Krieg in Europa seit 1945 herauszufinden. Sie versucht nicht, Gut und Böse auseinander zu halten oder Unverständliches verständlich zu machen. Vielmehr erzählt sie die spannende und oft witzige Geschichte einer ungewöhnlichen Reise durch ein Land, in dem die Stille selbst eine Stimme hat.

Autorin

Juli Zeh, geboren 1974 in Bonn, Jurastudium in Passau und Leipzig, Studium am Deutschen Literaturinstitut Leipzig, Studium des Eruoparechts und Völkerrechts. Längere Aufenthalte in New York und Krakau. 2001 erschien ihr auch international viel beachteter Debütroman »Adler und Engel«. 2002 Rauriser Literaturpreis, Bremer Literaturpreis/Förderpreis, Deutscher Bücherpreis. Die Autorin lebt in Leipzig.

www.juli-zeh.de
www.stille-ist-geraeusch.de

Juli Zeh bei btb

Adler und Engel. Roman (72926)

Juli Zeh

Die Stille ist ein Geräusch

Eine Fahrt durch Bosnien

btb

Dla W.,
z którym chciałabym podróżywać
przez całeżcie.

FSC
Mixed Sources
Product group from well-managed
forests and other controlled sources

Cert no. GFA-COC-1223
www.fsc.org
© 1996 Forest Stewardship Council

Verlagsgruppe Random House FSC-DEU-0100
Das FSC-zertifizierte Papier *Munken Print* für Taschenbücher aus
dem btb Verlag liefert Arctic Paper Munkedals AB, Schweden.

3. Auflage
Genehmigte Taschenbuchausgabe Oktober 2003 bei btb,
einem Unternehmen der Verlagsgruppe Random House GmbH

Lizenzausgabe mit freundlicher Genehmigung
Umschlaggestaltung: Design Team München
Umschlagfoto: Photonica / Johner
Druck und Einband: Clausen & Bosse, Leck
KR · Herstellung: Augustin Wiesbeck
Made in Germany
ISBN 3 442 73104 6

www.btb-verlag.de

Reisen ist, wenn man Dinge erlebt, an die man sich
ein Lebtag zu erinnern glaubt
und die man, kaum zu Hause, sofort wieder vergisst.

Inhalt

Pascal hat mal gesagt

Der Hund guckt von draußen durch die Glastür, die Nase dicht an der Scheibe. Wenn er Daumen hätte, würde er sie drücken. Dafür, dass es jemandem hier gelingt, mir die Idee auszureden.

Die Frau im Reisebüro teilt seine Auffassung. »Was wollen Sie dort? Da ist doch Krieg!«

Gewesen. Ich verzichte auf Richtigstellung und starre auf die Landkarte vor mir, die ich nur zu sehen bekomme, weil ich »Recherche« statt »Tourismus« sage. Einige nicht sehr große Länder liegen unordentlich nebeneinander, ein paar Namen von Städten und Flüssen kenne ich aus den Zwanzig-Uhr-Nachrichten. Im Herzen der Finsternis liegt ein weißer Fleck, in dem geschrieben steht: »Dieses Land eignet sich nicht für touristische Reisen«. Das ist Bosnien-Herzegowina.

Pascal hat mal gesagt, alles Unheil auf der Welt komme daher, dass der Mensch nicht ruhig zu Hause auf seinem Hintern sitzen kann.

Der Hund guckt noch immer so. Ich beschließe, ihm wegen Illoyalität das Abendessen zu kürzen.

Sixt glaubt selbst nicht, was ein Monat Autofahren in Bosnien kostet. »Moment, das muss ein Fehler sein.« Beschämt nennt er die Summe: Dreitausendfünfhundert. Nämlich US-Dollar. Dafür, wende ich ein, könne ich mir das ganze Land kaufen und zuschicken lassen. Er stimmt zu. Wir trennen uns in gegenseitigem Einvernehmen.

Nach mehrtägigem Telephongespräch mit kurzen Unterbrechungen für Nahrungsaufnahme und Nachtschlaf vermittelt der ADAC mir einen Wagen, dessen Mietpreis nicht das Bruttosozialprodukt meines Reiselandes übersteigt. Ich hatte ohnehin vor, bei der nächsten Bundestagswahl für den ADAC zu stimmen.

Im Buchladen finde ich einen Touristenführer aus den achtziger Jahren mit lustigen Bildern von Dingen, die höchstwahrscheinlich nicht mehr existieren, fünf Tonnen Kriegsberichterstattung und drei Bücher über das historische Bosnien im Mittelalter.

Es gibt eben Dinge im Leben, auf die man sich nicht vorbereiten kann. Um etwas Sinnvolles zu tun, kaufe ich Stiefel, einen Schweizer Armeerucksack und ein Fahrtenmesser im Army-Shop. Den Hund lasse ich beim Friseur von seinem Pelz befreien und besorge ihm ein neues, leuchtend blaues Geschirr. So sieht er aus wie ein Fisch mit Hosenträgern und wird von Tschetniks nicht für einen Streuner gehalten und nicht versehentlich erschossen werden.

Meine Mutter sagt am Telephon, Griechenland sei schön und auch weit im Südosten.

Der vorwurfsvolle Blick des Hundes wird intensiver, als ich anfange, den Rucksack zu packen. Er verlangt eine Erklärung. Ich versuche es: Nach zwei Wochen vergeblicher Reisevorbereitung bin ich urlaubsreif. Wir müssen endlich mal wegfahren. Wie wär's mit Bosnien?

Das weist er als Zirkelschluss zurück. Ich gebe auf und unterbreche das Packen, zumal ich nicht weiß, was ich mitnehmen soll. Im Badezimmer schneide ich den Pony meiner Topffrisur extra kurz, auf Vorrat. Als ob man sich dort die Haare nicht schneiden könnte. Der Hund sitzt auf der Schwelle und fixiert mich. Ich versuche es noch einmal.

»Vor etwa acht Jahren, als du noch klein warst, fragte mein Bruder einmal, wo die Städte Moslemenklavebihać und Belagertessarajevo liegen.«

Der Hund versteht nicht.

»Ich will sehen, ob Bosnien-Herzegowina ein Ort ist, an den man fahren kann, oder ob es zusammen mit der Kriegsberichterstattung vom Erdboden verschwunden ist.«

Der Hund hört nicht zu. Er nimmt zur Kenntnis, dass sein Futter obenauf geschnallt wird. Zum Schlafen legt er sich nicht wie üblich neben das Bett, sondern im Flur an die geschlossene Wohnungstür.

Wer die Hölle überleben will

Was da am Bahnhof von Maribor auf dem Nebengleis steht, ist kein Ausstellungsstück, sondern ein Nahverkehrszug, aus verschiedenen alten Waggons zusammengestückelt, einer davon ganz aus Holz wie ein Schuppen auf Rädern. Mein Zug spricht wienerisch und ist so gut klimatisiert, dass die Hitze draußen an Glaubwürdigkeit verliert. Der nackte Hund, von den Hosenträgern schlecht gewärmt, zittert auf meinen Füßen. Ich hole ihn neben mich auf die Sitzbank, immerhin hat er bezahlt. So lässt es sich aushalten. Ich könnte fünf Wochen lang zwischen Wien und Zagreb hin und her fahren und entspannt den eigenen Gedanken lauschen, wie sie unablässig die Umgebung kommentieren.

Falls es nicht nur an den schmutzigen Fensterscheiben liegt, sind die Farben draußen blass und das Licht trüb wie in der Sahara. Vor der Hitze fürchte ich mich am meisten. Außer vor Landminen, Serben, Nächten im Freien, unbekannten Krankheiten, Diebstahl der Dokumente, Tod und Teufel.

Kaum dass die Zugtüren offen sind, beginnt der Hund zu hecheln. Auf dem Bahnsteig wird mir übel, ich setze den Rucksack ab und mich darauf. Es lag nicht an den schmutzigen Fensterscheiben.

Wer die Hölle überleben will, muss ihre Temperatur annehmen. Das versuche ich gerade, als ein Ehepaar mich anspricht. Ich erkläre auf Polnisch, dass der Hund nicht von Natur aus nackt ist, mit buschigem Kopf, Schwanz und Beinen. Sie verstehen, nicken und lächeln mir jedenfalls zu. Kontaktaufnahme mit den Eingeborenen gelungen, auch wenn es erst mal Kroaten sind. Ob ich allein unterwegs bin? Aber klar doch.

Zagreb empfängt mich mit so weit ausgebreiteten Armen, dass mir schwindelt, während ich mich hineinfallen lasse. Die Stadt kann gucken, als hätte sie einen schon immer vermisst.

Unter den Platanen mit vielfarbig abblätternder Rinde sitzen Liebespaare, junge und alte, und passen vollkommen dorthin, als würden sie von der Stadtverwaltung für ihren Aufenthalt auf den Bänken bezahlt. Der Hund krümmt sich zum Fragezeichen und kackt neben den Springbrunnen mitten in die Szenerie. Einstweilen betrachte ich interessiert die herrschaftlichen Fassaden und bin verwirrt. Ich hatte mir Zagreb wohl als einen Bombenkrater vorgestellt, an dessen Rand in Lumpen gehüllte Flüchtlinge sitzen.

Die Häuser sind unsaniert auf eine Art, die mit Verfall nichts zu tun hat, sondern nur mit der Frage, ob man es nötig hat, sich zu schminken. Wenn ich nicht fünf Wochen lang im Zug nach Zagreb sitzen kann, könnte ich wenigstens fünf Wochen in Zagreb herumsitzen. Ich muss stramm gehen, Blick geradeaus, sonst bleibe ich an jeder Ecke stehen und komme niemals bei Mile an.

Mile ist ein Freund eines Freundes und hat einen Wohnverlag, wie andere Leute eine Wohnküche haben. Er spricht besser Deutsch als ich. Vor Ehrfurcht bin ich tief in den großen Bürostuhl gerutscht. Wir rauchen meinen holländischen Tabak und trinken Mineralwasser, während der Hund Ursachen und Folgen von Arroganz an Miles Hauskatzen studiert.

Ich erhalte eine Einführung in bosnischer Staats- und Gesellschaftskunde. Seit dem Friedensvertrag von Dayton ist das Land eine Föderation. Die beiden Bundesländer heißen: »Republika Srpska«, wo die bosnischen Serben leben, und »Konföderation«, das Gebiet der bosnischen Moslems und Kroaten. Welch klangvolle Namen.

Im Übrigen solle ich niemandem trauen. Unter scheinbarer Ordnung verberge sich Anarchie. Ich habe es schon geahnt, jetzt sagt er es selber:

»Ich bin so drastisch, weil ich Sie warnen will.«

Wovor, wissen wir beide nicht genau. Wir schweigen eine Weile. Das Schnurren der Katzen im offenen Fenster wird lauter. Erst vorhin am Bahnhof habe ich mal wieder beschlossen, niemandem zuzuhören, der diese Reise für gefährlich hält. Mile sieht es mir an.

»Meiden Sie wenigstens die Republika Srpska. Dieser Landesteil ist verwildert. Kein Schwein will dort leben, und jeder, der Grips hat, ist längst auf und davon.«

Klingt nach Mordor. Der Hund bekommt zum Abschied eine Ohrfeige von der hellgrauen Katze, ich noch einen Ratschlag.

»Wenn Sie mit Leuten von internationalen Organisationen sprechen, tun Sie so, als wüssten Sie, was abläuft. Nennen Sie Bücher, die Sie gelesen haben. Alle machen das. Sonst weiß niemand, wie er mit Ihnen umgehen soll.«

Das leuchtet ein. Auf dem Weg zurück ins Zentrum denke ich mir ein paar Titel aus. »Bomben auf Bihać«, »Sarajevo und danach«, »Die Kinder von Karlovac«. Letzteres ziehe ich zurück, weil Karlovac in Kroatien liegt. Weil ich überzeugt bin, dass es Bosnien nicht gibt, passen Bücher, die es auch nicht gibt, wie der Deckel zum Topf.

Der Hund sieht aus, als hätte er eine Theorie entwickelt, den Zweck unserer Reise betreffend. Er ist heute dreimal von Rüden angefallen worden, die größer waren als er. Die Lufttemperatur beträgt dreißig Grad, und beim Versuch, ein Bad zu nehmen, wäre er beinahe im beleuchteten Brunnen ertrunken, weil das Wasser tiefer war, als es aussah. Was bleibt ihm anderes übrig, als eine Theorie zu entwickeln?

Am Abend habe ich das Gefühl, immer hier gelebt zu haben und selten woanders gewesen zu sein. Man redet mit mir, in jeder Sprache, die gerade frei ist. Alles betrifft mich nur halb. Ich gehöre nicht mehr dazu als der Korken zum Wasser, auf dem er treibt. Dieses Gefühl, stelle ich fest, hat etwas von »Heimat«.

In Gedanken habe ich den ganzen Tag Frühstücksbrötchen in Eckläden gekauft, Autos geparkt, bin unterm Regenschirm geduckt zur Arbeit gehetzt, bei Sonnenschein auf den Markt gegangen und habe vor dem Schlafengehen Wein in der Altstadt getrunken. Bei manchen Haustüren zuckt mir die Hand in die Hosentasche, ich will den Schlüssel herausholen und ins Türschloss zwängen, aufschließen und oben meine Wohnung vorfinden, von der ich genau weiß, wie sie aussähe: Holzboden und Balkon, verwahrloste Blumenkästen vor den Fenstern und Klo auf dem Gang, und schon atme ich den Waschpulverduft feuchter Wäsche, die im Hof in der Sonne trocknet.

Mile hat noch gesagt, dass dieser Krieg, den wir im Westen alle nicht begriffen haben, ein Krieg der Bauern gegen die

Städter war. Mir wird der Hals steif vom Zurücklegen des Kopfes vor einem Prachtbau, in dem, völlig unvorstellbar, normale Menschen zu leben scheinen.

Auf einer Pritsche im Jugendherbergszimmer liegend, betrachte ich die Wände, an denen große Wasserflecken mit Plakaten italienischer Urlaubsorte abgedeckt sind. Um Mitternacht weiß ich die Theorie vom Hund: Unsere Reise dient dem höchsten Zweck. Höhere Zwecke sind solche, die über der Augenhöhe von Hunden liegen, die oben auf Tischen oder in Regalen stehen oder an der Wand hängen. Weil ich seit unserer Ankunft in Zagreb nicht wie sonst mit zu Boden gerichtetem Blick durch die Gegend laufe, sondern mit zurückgelegtem Kopf gegen Autos und Laternenpfähle pralle, vermutet der Hund, dass der Zweck der Reise auch meine Augenhöhe übersteigt.

Wie recht er hat. Heute Zagreb, morgen Sarajevo, übermorgen hol ich der Königin ihr Kind.

Die Acht-Uhr-früh-Sonne, schon bleich glühend im weißen Himmel, steht genau zwischen den Türmen der Kathedrale. Der Schatten des rechten wandert wie der Zeiger einer Sonnenuhr über glänzende Äpfel in erster Reihe, über hellgrüne Ballungen von Weintrauben dahinter, Berge erlegter Salatköpfe und satzzeichenhaft gebogene Bananen. Während die volle Stunde von Glocken besungen wird, als wäre es zum ersten Mal in der Menschheitsgeschichte acht Uhr früh, betrachte ich die großen Steinengel, hinter Gitter gesperrt für die Zeit der Renovierung, und Gott läuft mir als Schweißbach den Rücken hinunter.

Im Park vor dem Bahnhof lege ich mich auf die Wiese, breite Arme und Beine aus, bis ich ein Kreuz bilde, mit mir selbst die Stelle auf dem Erdball markiere, an der ich liege. Das müsste von hoch oben zu sehen sein, so dass alle himmlischen Wesen erkennen: Dorthin mit unserem Segen!

Dann gehe ich los, um einen Zug nach Sarajevo zu suchen.

The Catcher in the Rye

Sie haben Glück. Es gibt wieder Züge zwischen Zagreb und Sarajevo«, lautet das Ergebnis einer zehnminütigen Verhandlung, während der ich mich mit dem Mann hinter der Glasscheibe auf einen Grundstock an gemeinsamen Handbewegungen und Vokabeln geeinigt habe. Nur weil man am internationalen Reiseschalter arbeitet, muss man noch lange nicht Englisch können.

Ist ja toll. Und wann fährt die Bahn?

»In zwei Wochen. Wenn die Linie wieder in Betrieb genommen wird.«

Nein, sonst gibt es keine Züge in Bosnien. Warum?

Man fährt halt hin. Wo soll das Problem sein.

Im Rucksack befindet sich alles, was ich wegen der Hitze nicht am Leib tragen kann, dazu ein halber Sack Hundefutter plus Napf, Turnschuhe, Bücher, Walkman und noch vieles mehr, an das ich mich nicht erinnere. Ameisen können das Doppelte ihres Körpergewichts mit sich tragen, aber die haben eine andere Technik.

Zwei Stunden schon beobachte ich das Treiben am Busbahnhof. Ich habe noch nie einen Bankraub geplant, aber gewisse Dinge lernt man in Sekunden, wenn es sein muss.

Der Mann hinter der Glasscheibe war sich seiner Sache sicher: Hunde sind in Autobussen nicht erlaubt. Auch nicht mit Leine. Auch nicht der beste Hund der Welt, nicht mit Maulkorb, gefesselt, geknebelt oder betäubt. Vielleicht könnte er im Gepäckraum reisen, am besten in einer Tasche. Wenn der Fahrer einverstanden ist. Ich hatte Lust auf eine international verständliche Handbewegung.

Dem Fahrer des ersten Busses habe ich Geld geboten. Erst fünfzig Prozent des Fahrpreises, dann hundert, dann zweihundert, es blieb bei Nein. Das also bedeutet »Probleme mit der Korruption«.

Zwei Frauen nähern sich, Zigaretten zwischen den Fingern, die sie mit schnellen Bewegungen an den Mund führen und ersetzen, sobald sie ausgeraucht sind. Ich muss entscheiden, in welche der beiden angebotenen Schachteln ich greife.

Ob ich Soba brauche, ein Zimmer? Nein, ich brauche ein Wunder, um den Hund und mich nach Sarajevo zu bringen.

Die Frauen lächeln mit dunklen Zahnreihen voller Lücken und streicheln den Hund, der mit dem Leben abgeschlossen hat. Weit und breit nichts als Abgase und Asphalt.

Schnell beschließe ich die Entstehung einer neuen Sprache: Das Endepol. Es besteht aus zehn englischen, hundert deutschen und einer Menge polnischer Wörter und kommt fast ohne Grammatik aus. Es gibt nur eine Zeit, die Gegenwart, und keine Personen. Dafür zeigende Bewegungen auf mich selbst, den Hund und den Autobus.

Ich erkläre meinen Plan, fuchtele mit den Armen und könnte ohne weiteres eine Skizze zeichnen, mit gestrichelten Linien und Richtungspfeilen. Die beiden Frauen wollen eine Rolle.

»Das ist ein Scheißland«, sagen sie. »Wo man es verarschen kann, soll man es verarschen.«

Das lasse ich offen und ernenne sie zu Rucksackbewacherinnen.

Als der Bus vorfährt mit dem Sarajevo-Schild auf der Stirn, sind wir in Position. Der Hund schlecht versteckt hinter meinem Gepäck, flankiert von den rauchenden Damen, die andauernd lachen, was ich ein bisschen auffällig finde. Der erste Fahrer geht pinkeln, der zweite bückt sich zum Verladen der Koffer und verschwindet halb im Bauch des Busses. Das ist der Moment. Ich zerre den Hund zur offenen Vordertür und springe die teppichbeklebten Stufen hinauf. Ein paar der anderen Fahrgäste beobachten mich, ich lächele, damit sie nicht petzen. Über den Mittelgang rennen wir nach hinten. Der Hund legt sich auf die Seite und lässt sich an den Pfoten unter die Sitzbank schieben, es klappt, als hätten wir nie etwas anderes gemacht. Wenn er in dieser Haltung die Fahrt überlebt, muss er unsterblich sein.

Draußen klatschen die Damen in die Hände und lassen den Rucksack verladen. Während andere Passagiere einsteigen, tanzen sie mit hochgereckten Daumen vor meinem Fenster. Ich verteile Kusshände und Siegeszeichen und fürchte, dass die Fahrer Verdacht schöpfen bei dem Spektakel. Als der Bus anrollt, habe ich schon zwanzig Minuten lang das Atmen vergessen. Ich schaue mich um und bemerke das zarte Lächeln und Nicken einiger Mitreisender. Anscheinend hält man zusammen gegen jede Art von Obrigkeit.

Hinten auf der letzten Bank, wo bei Schulfahrten die Klassenelite saß, ist das Brummen des Motors von Halswirbel bis

Unterschenkel im ganzen Körper zu spüren. Der Hund atmet flach, er hat keinen Platz, um tief Luft zu holen. Lange sitze ich vornüber gebeugt und halte ihm eine Pfote. Ich kenne ihn seit acht Jahren und bin immer wieder erstaunt, wie hart er im Nehmen ist. Ich würde auch für ihn unter der Sitzbank reisen, und die Vorstellung, er könnte das nicht wissen, schmerzt wie Heimweh.

Unablässig flieht die Landschaft in die Richtung, aus der ich gekommen bin. In Leipzig muss sich ein ganzer Haufen vor meiner Haustür ansammeln. Bäume und Häuser rasen vorbei, während die am Horizont beratend im Halbkreis zusammensitzenden Bergriesen dem Bus eine Weile das Geleit geben und sich dann, einen gediegenen Halbkreis beschreibend, langsam nach hinten abwenden. Schnell türmt das sogenannte Landesinnere sich auf. Oben verschwimmen Gipfel im Hitzenebel, unten dehnen sich graugrüne Flächen, die an manchen Stellen Felder sind. Wenn die Felswände dicht an den Bus heranrücken, steht der nächste Tunnel bevor.

Eine Weile freue ich mich daran, dass ganz Kroatien nach Waschpulver riecht, und betrachte glücklich die dazugehörende, weiß flatternde Wäsche in den Gärten am Straßenrand. Bis ich zwei Reihen weiter vorn zwischen den Füßen einer Frau die Familienpackung Ariel bemerke.

Mein Plan hatte einen Fehler: Er sah keine Zeit zum Einkaufen von Proviant oder Aufsuchen der Toilette vor. Der Bus hält, ich will den Hund nicht allein lassen und bleibe als einzige sitzen, ganz hinten in meiner Ecke. Mir ist klar, dass ich nicht durchhalten werde bis zum Ende der Fahrt. Meine Blase fühlt sich hart und rund an wie ein Stein, und es ist nur noch eine Frage der Zeit, bis die Buckelpisten beginnen.

Vor mir liest einer »The Catcher in the Rye«. Ich lasse das Endepol gleich beiseite und frage auf Englisch.

Seine Berechnungen ergeben, dass wir etwa ein Elftel der Strecke bewältigt haben. Er legt das Buch zur Seite und setzt sich zu mir. Kaum hat er erfahren, wo ich herkomme, wechselt er ins Deutsche.

»Wieso quatschst du mich denn auf Englisch an?«

Ja, wieso eigentlich. Als Deutsche bin ich gewöhnt, im Ausland leise zu sprechen. Oder Englisch.

Und woher er so gut Deutsch könne? Er grinst, woher wohl, saudoofe Frage. Gut, dass ich schon rot bin von der Hitze.

Dario hat seinen Namen vom italienischen Gewinner der Europameisterschaft im Kanufahren, die vor zweiundzwanzig Jahren in Jajce ausgetragen wurde. Damit ist er noch jünger als mein kleiner Bruder, der für mich immer der jüngste Mensch der Welt gewesen ist. Von Jajce habe ich noch nie gehört. Nicht weiter schlimm, war bloß die Hauptstadt Bosniens bis zur Eroberung durch das Osmanische Reich. Vielleicht hätte ich es doch ausleihen sollen, das Buch über Bosnien im Mittelalter. Ich starre Dario an wie einen Außerirdischen. Mein erster Bosnier, mein erster echter Bosnier. Er sieht gut aus.

Beim nächsten Halt kann ich nicht mehr und bitte ihn, kurz auf den Hund aufzupassen. Er bückt sich, um unter die Sitzbank zu sehen, und taucht lachend und kopfschüttelnd wieder auf.

»Was wollt ihr hier, zum Teufel?«

Die Frage wird mir auffällig oft gestellt, meistens von mir selbst. Es ist höchste Zeit, mir eine kurze, prägnante Antwort zurechtzulegen.

Je weiter wir uns der Grenze nähern, desto unentschiedener wird das Gelände. Die struppigen Felder sind sich nicht im Klaren darüber, was auf ihnen wächst, und die Sonnenblumen schauen in alle Himmelsrichtungen, als könnten sie nicht erkennen, wo das Licht herkommt. Die Autobahn endet, es beginnt zu ruckeln und zu schütteln wie in einem Pferdekarren, ohne dass es in der Abfolge von Stößen zu Wiederholungen käme. Straße und Bus sind erfinderisch wie die Zahl Pi persönlich.

»Mach einfach, was sie sagen.«

Dario schubst mich vor sich her, mir bleibt kaum Zeit, den Hund anzuflehen, dass er ruhig liegen bleibt. Sie lassen uns das Gepäck ausladen und zu einem Campingtisch tragen. Der Bus entfernt sich, leer bis auf einen Fahrer. Und bis auf meinen Hund. Die Hitze hätte schon ausgereicht, um mich in Schweiß zu baden, ich spüre Darios Hand glitschig an meinem Unterarm. Gerade als ich ihn abschütteln und dem Bus hinterher sprinten will, hält dieser an, noch in Sichtweite. Zwei Uniformierte mit Taschenlampen steigen ein. Mein Herz hat Fäuste bekommen und trommelt damit von innen gegen die Wand. Jemand flüstert »Abwarten, erst mal abwarten« in mein Ohr.

Die beiden Männer steigen wieder aus. Sie haben ihn nicht gefunden. Oder sich nicht für ihn interessiert. Wäre ich eine Sonnenblume, ich hätte keine Ahnung, wo das Licht herkommt.

Bei den ersten zerstörten Häusern, die als Geröllhaufen in den Feldern sitzen, denke ich an einen Steinbeißer, der das Gebiet durchwandert und seinen Kot hinterlassen hat. Dann denke ich an den Zahn der Zeit und daran, dass alles mal kaputtgeht. Als wir an einer katholischen Kirche vorbeifahren, die mit zerrissenen Betonwänden aussieht wie ein kaputter Karton und deren Turm, waagerecht abgeknickt, bis fast in die Straße ragt, höre ich auf mit dem Unsinn.

In Folge sehe ich:

Die Knubbeldächer einer orthodoxen Kirche, von Kunstlicht angestrahlt trotz der Nachmittagssonne. Leere Denkmalsockel. Sattelschlepper voller Melonen am Straßenrand, jede groß wie ein Globus und das Stück zu achtzig Pfennig.

Das Hotel »Milka«, ganz lila und mit typischem Schriftzug. Daneben eine Milka-Tankstelle, deren Benzinpreise mit weißer Schnörkelschrift auf lilafarbenem Untergrund angegeben sind.

Ich verstehe nicht ganz. Die anderen Ausländer sind aus Aachen, ich sehe es an den Kennzeichen. Schilder mit Pfeilen bieten Dinge zum Verkauf, die kein vernünftiger Mensch geschenkt haben will. Eine junge, gut gekleidete Frau gibt einem schweißnassen Pferd mit Heuwagen etwas von der flachen Hand. Etwa hundert Fragen will ich Dario stellen und bringe nicht eine über die Lippen. Er erzählt von Berlin, wo er gerade zu Besuch war, und von seiner Entscheidung damals, mit den Eltern nach Jajce zurückzukehren, anstatt die Schule in Deutschland abzuschließen.

»Der Krieg«, sagt er gerade, »raubt dir die Kindheit. Heute bin ich ein großes Baby. Völlig kindisch. Das darf dich nicht stören.«

Als er aufsteht, um etwas aus seiner Tasche zu holen, sehe ich, dass er mindestens ein Meter neunzig groß ist.

Melonen gibt es nicht nur auf Sattelschleppern, sondern auch in Kisten, auf Handkarren, in Autos oder als statisch zweifelhafte Haufen auf dem Boden. Ich komme nicht darauf, wer die alle essen soll. Außerdem habe ich noch nie Melonen wachsen sehen. Ich will in die Felder spähen, aber da sind nur noch Straßendörfer, eins ins nächste übergehend, lauter frisch gebaute, unverputzte Ziegelwürfel, seltsame Gebilde, die manchmal Zwiebeltürme nachahmen oder die Form eines amerikanischen Motels. Manche sind groß wie Wohnkomplexe im Vorort einer Großstadt, da sollen wohl Leute einziehen, die dann die ganzen Melonen essen. Den meisten Häusern ist ein kleines, mit Werbung gepflastertes Geschäft angeschnallt wie ein greller Bauchladen.

»Ich habe noch nie jemanden gesehen«, sagt Dario, »der so leuchtend blaue Augen hat wie du.«

Falls aus mir sonst nichts wird im Leben, kann ich Kurse anbieten: »Hakenkreuze zeichnen – jetzt auch richtig rum«. Und die Fortgeschrittenen lernen, dass man »NATO« mit vier Großbuchstaben schreibt.

Über mehrere hundert Meter erstreckt sich die wilde Müllkippe, von Bebauung kann keine Rede mehr sein.

»Das ist die Grenze«, sagt Dario, aber zwischen was und was? Gerade noch sehe ich das Schild vorbeiflitzen: Auf Wiedersehen in der Republika Srpska. Nach ein paar Minuten gibt es wieder Felder. Von Melonen keine Spur.

»Also dann.«

Der Bus steht, das ist Jajce, aber müssen wir nicht erst durch Banja Luka? Da waren wir vor anderthalb Stunden. Dario zögert. Wie weit es noch bis Sarajevo ist, frage ich, sehr weit, sagt er, noch mal so weit. Sarajevo, da bin ich sicher, gibt es nicht. Jajce sehe ich durchs Fenster. Spatz in der Hand, denke ich und stehe auf. Im ersten Moment kann der Hund nur taumeln, dann wird er wach und folgt mir durch den Mittelgang, die Fahrgäste raunen, wir springen raus, der Busfahrer ruft mir etwas hinterher, das ich nicht verstehe, und Dario hat meinen Rucksack schon ausgeladen.

Meine Füße, tastend beim ersten Kontakt mit bosnischem Boden: Alles klar. Trägt.

Stadt der Eierschalen

Das Plätschern des türkisfarbenen Wassers ist in meinen Ohren schon Sirenengesang. Den Hund würde kein Mastbaum halten. Alle guten Vorsätze im Kopf, versage ich bei erster Gelegenheit. Gelbe Plastikbänder, die aussehen wie Absperrungen an einer Baustelle, sehe ich nicht, aber die sind nicht überall, wo sie sein sollten, und, wie auch immer, die befestigte Straße darf nicht verlassen werden. Niemals.

Ein seltsames Gefühl, diese ersten Schritte auf möglichem Minenfeld, die Beinmuskeln reagieren mit Verspätung. Als könnte das helfen, taste ich mich mit den Fußspitzen vorwärts wie über dünnes Eis, bis mir auffällt, dass das Gras gemäht ist. Eine Weile denke ich über die Bauweise von Rasenmähern nach, ob sie beim Drüberrollen alles zum Detonieren brächten. Eins ist klar: Ich kann nicht die gesamte Reise auf Asphalt verbringen, das Land auf Sicherheitsstegen durchqueren wie einen tückischen Sumpf. Ich gebe den Hund frei. Wir sind hier, und es ist, wie es ist.

Schmetterlinge schwitzen nicht, immer sind sie frisch und unbeschwert. Eine kleine himmelblaue Sorte mit orangefarbener Borte an jedem Flügel interessiert sich für meine ausgezogenen Stiefel, unzählige bedecken die schweren Schnallen und das Innere der Schäfte. Der Hund fischt Kiesel aus dem Fluss, taucht prustend die Nase unter Wasser, quietscht und singt vor Vergnügen. Das hat er lange nicht gemacht.

Erst glaube ich, der Wind wirbele Plastikfetzen durch die Luft, aber es geht kein Wind. Es sind Libellen, knallblau mit schwarzen Flügelunterseiten, und ich würde gern sehen, was passiert, wenn eine von ihnen sich im Netz der daumenlangen Kreuzspinne verfängt. In manchen Welten geht der Krieg nie vorbei.

Die bemoosten Felsen kauern im Fluss wie Tiere, die ständig den Kopf unter Wasser haben. Eine Wolkenfamilie führt ihre Schatten gemächlich über Berghänge, deren Gestein durch löchriges Mischwaldgewand schimmert. Es ist friedlich, besonders im Maisfeld zur Rechten. Trotzdem sehe ich mich alle zwei Minuten um, ob mein Rucksack noch da ist, ob doch noch etwas in die Luft fliegt oder ein Mörder sich nähert.

Was ich auf den ersten Blick für garstige Brennnesseln gehalten habe, stellt sich als duftende Minze heraus. Ich entschuldige mich bei Gras und Pflanzenbüscheln und überhaupt bei allem: Es ist halt mein erster Tag.

Dario kommt sorglos quer über die Wiese gestiefelt: »Schön hier, oder?«

Ansonsten ist Jajce ein Scheißnest. Allein der Name: »Jaje« heißt »Ei«. Ich soll raten. Ich murmle etwas von Neuanfang, von Keimzelle einer neuen Ära. Oder so.

»Sie haben den Mörtel aus Eierschalen gestoßen«, sagt er. »Die Stadt war weiß. Als es die alten Häuser noch gab.«

Ansonsten alles im Lot: Die Eltern sind übers Wochenende an die Adria gefahren, andernfalls wäre ich mit dem Hund nicht in die Wohnung gekommen. Mir ist das unangenehm, vielleicht brauche ich erst mal einen Kaffee.

Damit ich was lerne über bosnische Kultur: Schuhe aus und vor der Tür lassen, raunzt er mich an. Die dicken Teppiche sind angenehm unter den Fußsohlen. Das Kaffeepulver ist mit an die Adria gefahren, wir trinken das sauberste Wasser Europas aus der Leitung. Seit die Fabriken kaputt sind, ist alles voller Forellen, und trinken kann man direkt aus den Flüssen.

Während er duscht, nehme ich Trauben, Pflaumen und Nektarinen aus der Obstschale und ordne den Rest so, dass es nicht auffällt. Mein leerer Magen zwickt sich selbst, er glaubt zu träumen. Im Zimmer herrscht Ordnung, die Gardinen hängen in parallelen Falten, die Bücher im Regal sind nach Größe sortiert, die Kissen auf Couch und Sessel liegen perfekt, als wären sie festgenäht. Wir stören, mein Rucksack, der Hund und ich.

I say my darling, you look wonderful tonight: An meinem ersten Nachmittag in Bosnien-Herzegowina, in einer kleinen Stadt, von der ich nur gesehen habe, dass sie auf seltsame Art zerfahren wirkt und keine Geschäfte besitzt, außer den Lebensmittelläden mit von Coca-Cola-Werbung umrandeten Schaufenstern und dem immer gleichen Sortiment aus Melonen, Äpfeln und Limonadenflaschen vor der Tür, bringe ich die Sofakissen eines bosnischen Ehepaars durcheinander und singe dabei Eric Clapton. Im Duett, mit Gitarrenbegleitung.

Wenn man's weiß, erkennt man die mittelalterliche Form des Marktplatzes, die von kommunistischen Flachbauten nachgezeichnet wird. Einer von ihnen ist »Dom Kulture«, durch dessen Glasscheiben riesige, photorealistische Portraits der Familienangehörigen eines jungen Künstlers auf die Straße starren. Wo kein Lebensmittelladen ist, befindet sich ein Café, und in jedem wird eine andere, zu laute Radiomusik gespielt, die ich am liebsten gegen das Pfeifen leerer Wellen tauschen würde. Eine Katze mit einem Viertel Pizza im Maul rennt vorbei, ohne dass der Hund sie bemerkt. Er starrt die lebensgroßen Bronzeabbildungen junger Löwen an, die unmotiviert auf einem Rasenstück sitzen. Immerhin kann ich drei Tassen Kaffee in schneller Folge trinken.

Wenn ich an Darios Arm entlang irgendwohin schauen soll, muss ich mich auf eine kleine Mauer stellen, auf einen Stein oder umgedrehten Eimer. Da unten liegen die Reste des Hauses seiner Familie, mit bloßem Auge schwer auszumachen. Sie haben es nicht nur mit Granaten zerschossen, sondern später noch gesprengt. Von Hand. »So gründlich waren sie bei uns.«

Jajce hat eine verfallene Krönungsburg, darunter eine Gruppe in den Hang gekauerter Häuschen im türkischen Stil, ein Stück römischer Tempel, leerstehende Habsburgische Verwaltungsgebäude, Teile einer osmanischen Befestigungsmauer, eine Menge Höhlen, Titos Villa, einen vier Kilometer langen Wasserkanal aus Österreich-Ungarn, kroatische Alltagsarchitektur, eine stillgelegte Fabrik, viele weiß schäumende Staustufen und einen dreißig Meter hohen Wasserfall mitten in der Stadt, von dem ein Showspringer sich einst zu Tode stürzte. Ich stehe in einem Setzkasten der Geschichte, und nichts ist nicht kaputt. Sogar der Wasserfall war höher, bevor ein Felsbrocken in den Fluss hinunterbrach.

Wir kommen mühsam voran, weil Dario alle zehn Meter einen Bekannten begrüßen muss. Und zu jedem Kieselstein gibt es eine Geschichte.

»Und die Menschen?«

»Was für Menschen?«

Ja. Eben, irgendwie. Ich beiße die Zähne zusammen.

»Hast du ein Problem mit, sagen wir, zum Beispiel Serben?«

»Ich hab mit niemandem ein Problem. Es gibt Leute, die reden nicht mehr miteinander, aber das sind nicht viele.«

Außer mit den Bauern, fällt ihm ein, mit denen gibt es ein Problem. Sie sind von den Feldern in die Städte gekommen und haben sich genommen, was sie schon immer wollten. Viele sind stinkreich geworden, und deshalb hat es ihn gegeben, den Krieg. Er zeigt auf zwei Lebensmittelläden und ein Café.

»Der Typ, dem die gehören«, sagt er, »hat vor zehn Jahren noch Mais angebaut.«

Irgendetwas hat er mit meinen Augen. Er schaut nicht hinein, er schaut sie an, betrachtet sie wie etwas Lebloses, wie zwei interessant geformte Steine, und dass es die schönsten Augen der Welt seien, hat er den Nachmittag lang wiederholt. Am Anfang hielt ich es für Schmeichelei. Inzwischen vermute ich eine Obsession.

»Deine Augen lachen«, sagt er, »auch wenn du ernst bist.«

Über meinen Gesichtsausdruck habe ich immer nur gehört, ich solle nicht grimmig schauen, und das, während ich bloß dasaß und nachdachte.

Ab und zu steht er auf, um mich von der Seite und von hinten anzusehen. Auch ich stehe ab und zu auf, um nach dem Hund zu schauen, der außerhalb der Terrasse auf der Wiese warten muss. Wenn jemand mit Hund ein Restaurant betreten will, sagt Dario, weiß man sofort: Das ist ein Deutscher.

Oder wenn jemand davon ausgeht, es habe sich auf dem Balkan um einen Krieg aus Völkerhass gehandelt.

Uns trennen vier Forellen, zwei Platten in Öl gebratener Kartoffelscheiben und ein paar Schüsselchen mit verschiedenen Salaten, die über den Rand des Tisches zu kippen drohen. Der Kellner ist wie jeder in Jajce außer den Bauern ein alter Freund von Dario. Er heißt »Svemir«, was »Universum« bedeutet, und behandelt uns vorzüglich. Der Mond beendet seinen Klimmzug am oberen Rand des Bergkessels, er ist vollkommen rund, ein in den Himmel gestanztes Loch, durch das die dahinterliegende Lichtmenge schimmert. Ich freue mich, ein schönes Startlicht. Tief im schwarzen See liegt ein zweiter Vollmond bereit, der in einem Monat aufgehen wird. Zum Ende der Reise.

Berlin hat sich in fünf Jahren gar nicht verändert, und im Vergleich zu Bosnien mag das stimmen. Dario hat seine ehemalige Basketballmannschaft besucht, seine Ex-Freundin, die fast genauso heißt wie ich, und seinen früheren Deutschlehrer.

»Es ist kaum zu verstehen«, sagt er, »dass Berlin und Jajce die ganze Zeit auf dem selben Planeten existieren. Gleichzeitig, nicht abwechselnd.«

Das Problem kenne ich. Spätestens seit wir hier sitzen, kommt mir die Existenz von etwas wie Leipzig fragwürdig vor. Wir essen mit einer Hand, mit der anderen schlagen wir Mücken tot.

Als ich etwas Nettes über Jajce sage, will Dario wissen, ob ich ihn verarsche. Von dem Geld, das er als Fahrer beim UNHCR verdient, leben auch seine Eltern, und so schafft er es, seine Rückkehr nicht zu bereuen. Ich schlucke einen Satz herunter, der mit »Du könntest doch« anfängt, und verbiete meinem Kopf, für alles eine Lösung finden zu wollen. Ich höre zu, verschlinge mein Essen und sammele Fischhäute für den Hund.

Leider, sagt Universum, ist das Boot des Restaurants voll Wasser, sonst könnten wir rausfahren. Stattdessen setzen wir uns an den See und öffnen die zweite Flasche Wein. Als Dario wieder von meinen Augen anfängt, lenke ich vom Thema ab und frage, ob er Geschwister hat.

»Gehabt«, sagt er. »Eine Schwester, sechs Jahre älter. Wie du.«

»Jahrgang vierundsiebzig«, sage ich, als ob das eine Rolle spielte.

»Ja, ja«, sagt er. »Vierundsiebzig.«

Wir lauschen eine Weile der Partymusik, die vom anderen Ufer herüberdringt.

»Die haben keinen Stil«, sagt Dario. »Das sind die Bauern.«

»Warst du hier«, frage ich, »als sie kamen?«

»Sicher«, sagt er. »Jajce war schon ein halbes Jahr unter Belagerung. Ich saß im Treppenhaus, und durch die Einschusslöcher in der Wand hörte ich, wie sie sich draußen vor dem Haus unterhielten. Ich hörte ihre Stiefel und was sie planten. Es war ein schlechter Moment.«

Wir schweigen lange, anfangs wegen der schlechten Momente, dann auch, weil das Wasser so schwarz ist und der Berg dahinter noch schwärzer.

»*Mach doch mal die Augen auf*. Du bist ja müde.«

Und mir ist kalt. Der Hund schnarcht leise hinter uns und zittert im Schlaf.

»Weißt du, was ich mir am meisten wünsche?«

Er sagt es mir, und ich gebe ohne Zögern mein Wort. Für die schlechten Momente, seine und meine und die der ganzen Welt.

Schon wieder vergesse ich, die Schuhe auszuziehen. Ich warte mitten im Wohnzimmer, während Dario im Schrank zu kramen beginnt. Er reicht mir eine Lederjacke, dreiviertel lang, tailliert, mit Gürtel. Sie passt wie angegossen. »Stell dich ans Fenster, schau über die Stadt. Zünde eine deiner Zigaretten an. Die Asche wirfst du auf den Teppich.«

Ich wüsste gern, wie sie hieß. Ich rauche. Der Himmel ist weißlich von Sternen. Es ist vollkommen still. Ich höre den gleichmäßigen Atem vom Hund, meinen eigenen Herzschlag und Dario, der am anderen Ende des Raums, ab und zu leise die Nase hochzieht.

Als die Zigarette heruntergebrannt ist, richtet er mir ein Bett auf der Couch.

»Schlaf«, sagt er, »so tief und sicher, als könnte dir nie im Leben etwas passieren.«

Ich liege, wie versprochen, mit Jacke unter der Bettdecke, und kann lange nicht einschlafen, weil das Leder bei jedem Atemzug knirscht.

Im Taxi nach Mostar

Meine Augen sitzen wie Fremdkörper im Gesicht: Wenn ich sie schließen will, spüre ich Sand unter den Lidern, also lasse ich sie offen und starre durch das Küchenfenster, unfähig zu entscheiden, ob der zellstoffdichte Nebel draußen ist oder in meinem Kopf. Der Kaffee, den ich bräuchte, um das herauszufinden, hält sich nach wie vor an der Adria auf.

Dario ruft quer durch die Wohnung. Ich soll mich beeilen, unter die Dusche gehen und mich anziehen, er muss zur Arbeit. Sofort gehorche ich und ärgere mich nicht einmal über seinen Tonfall. Das ist einer der Tage, an denen ich alles tue, was man mir sagt, und aufpassen muss, dass es niemand merkt. Ich bin erschöpft, als wäre ich den Weg von Zagreb nach Jajce zu Fuß gegangen. Ohne irgendwo anzukommen. Die Lederjacke lege ich auf den Couchtisch, vorsichtig wie etwas Lebendiges. Als ich aus dem Bad komme, ist sie verschwunden.

Er trägt mir den Rucksack die Treppen hinunter. Zum Abschied sage ich »Laku noc«, gute Nacht. Es ist der einzige Satz, den er mir beigebracht hat auf Kroatisch.

Nach Sarajevo kann ich wirklich zu Fuß gehen, wenn ich mich nicht zusammenreiße. Den ersten Bus habe ich durchfahren lassen, mit Hund und Gepäck hinter einer Säule lauernd, weil jeder Moment der falsche war. Kaum lichtet sich der Nebel, wird es heiß.

Gestern liegt, wie üblich, weniger als vierundzwanzig Stunden zurück. Dringend müsste eine zweite Zeitrechnung eingeführt werden, die sich nach jedem Einzelnen richtet, wie beim Wetter nach tatsächlicher und gefühlter Kälte unterschieden wird. Ich wäre seit einer gefühlten Woche auf Reisen und hätte täglich zehn gefühlte Zigaretten geraucht.

Nachschub kaufen muss ich so oder so. Weil Dario bis zur letzten Fischgräte alles für mich bezahlt hat, ziehe ich zum ersten Mal in diesem Land einen deutschen Geldschein aus dem Portemonnaie. Es funktioniert. Die Zigaretten kosten eins fünfzig, als Wechselgeld erhalte ich bunte, taschentuchweiche Lappen Konvertible Mark. Am besten gefällt mir der froschgrüne, konvertible Fünfzig-Pfennig-Schein. Meine deutschen Banknoten können sich glücklich schätzen: Im Exil werden sie den Euro überleben.

Das Kunststück gelingt beim nächsten Bus, als beide Fahrer ausgestiegen sind. Der Hund macht sich flach und kriecht freiwillig unter die Sitzbank. Ich überlege, was er sich am meisten wünscht, um es ihm zu schenken, sobald wir zu Hause sind. Weil ich das Gefühl nicht loswerde, dass einer der Fahrer uns gesehen hat, verrechne ich mich beim Bezahlen des Tickets zu seinen Gunsten. Er verzieht keine Miene.

Der Fluss Vrbas begleitete mich gestern schon bis Jajce, er ist wieder da, hat die Straßenseite gewechselt und glänzt wie aus Silberplatten zusammengesetzt. Der Straßenrand ist mit hellblauen Blumen gepudert, jetzt weiß ich, wo die Stiefel-Groupies von gestern sich Form und Farbe abgeguckt haben. Alle fünfhundert Meter dreht sich in einer Art Fahrradschuppen ein Kadaver am Spieß. Lange tippe ich auf Schweine, bis ich an einer Haltestelle das haarlose, gebratene Gesicht eines Lamms erkenne.

United-Nations-Konvois nerven auf engen Serpentinenstraßen. Der Laubwald tauscht sich gegen Nadelwald aus, so langsam, als sollte es niemand bemerken. Von Weitem entdecke ich einen See, dessen Oberfläche merkwürdig weiß zwischen den Bäumen leuchtet. Er ist zur Hälfte von Plastikflaschen bedeckt, die dicht an dicht auf dem Wasser schwimmen.

In den Kniekehlen der Serpentinen sind die Abhänge orangefarben vom Rost der Autowracks, die mit den Nasen zwischen Felsen klemmen oder auf dem Rücken liegend ihre Stummelbeine von sich strecken. Anscheinend klettert jemand von Zeit zu Zeit an der Steilwand herum und nimmt ihnen die Räder ab.

Am Horizont lungert das nächste dunkel bewaldete Gebirge. Man kann Berge atmen sehen, wenn man hinschaut, bis sie sich gerade mal unbeobachtet fühlen.

Über eine Passstraße geraten wir ins Paradies. Ich bin nicht vorbereitet, auf der Karte ist See gleich See. Dieser glänzt gewölbt wie eine Quecksilberpfütze, und ich rechne damit, dass er zitternd durchs Tal zu rennen beginnt, von den Rändern verdampfend. Jede Wiese ist eine Obstwiese, rundum von Walnussbäumen bewacht, und auf den Feldern drängelt sich der Mais. Melonen sehe ich keine. Stromleitungen steigen hochbeinig über alles hinweg. Hier haben die Dörfer Namen, auf handgeschriebenen Schildern am Ortseingang stolz präsentiert.

Das Paradies endet mit einem Stauwehr, aus kühlschrankgroßen Quadern errichtet, perfekte Kulisse für einen Science-Fiction-Film. Das steile Flussbett dahinter ist trocken. Statt Wasser fließen Geröllfelder die Hänge hinab, sammeln sich unten zur Imitation eines Flusses, der sich durch den Canyon windet. Erstarrt, trockener als trocken, eine Drohgebärde der Natur.

Dann richten die Hänge sich auf, ein paar hartnäckige Bäume rotten sich in Felsspalten zusammen. Die Straße führt den Bus um die Kurve, weg von der Szenerie, ruckelnd wie ein Gefährt in der Geisterbahn.

Weil sich draußen eine Zeitlang nichts ändert, lese ich zum Zeitvertreib die Aufschrift meines Fahrscheins. Kroatisch und Polnisch sind sich in der Tat ähnlich. Besonders ein Wort ist in allen Sprachen gleich: Mostar. Ich entschließe mich, ganz ruhig zu bleiben, weil das immer eine gute Entscheidung ist. Ich muss nicht als erstes nach Sarajevo fahren. Höchstens, um meinen Mietwagen abzuholen.

Das war kein Störgeräusch im Motor, sondern das Geschrei der Zikaden, regelmäßig an- und abschwellend, als hielte die Schlucht das Echo eines vor langer Zeit erzeugten Geräuschs gefangen. Den Schrei eines Flugsauriers zum Beispiel. Der Hund und ich stehen einen Moment wie betäubt in der offenen Tür, dann springen wir aus dem Bus und rennen die Treppe hinunter zum Fluss.

Das ist die Schwester des Vrbas, Neretva. Auch aus der Nähe verliert sie nichts von ihrer grünen Farbe. Schwärme von Fischen suchen das Licht. Ich teste mit den Händen und mache die Arme nass, sofort ist der Wind, der heftig bläst, nicht mehr so heiß. Das Wasser hat mit dem Rest der Welt und ihren Temperaturen nicht das Geringste zu tun.

Also nicht baden. Der Hund macht sein Kieselsteinspiel und wird mich im Fall eines Wadenkrampfes bestimmt nicht retten. Ich setze mich, vergesse die zugeschissene Treppe hinter mir und schaue mich um. Mir fällt auf, wodurch dieser bezaubernde grüne Fluss sich von anderen bezaubernden grünen Flüssen unterscheidet: Keine Ferienhäuser säumen seinen Rand, es wird nicht Boot gefahren, es gibt keine Uferpromenade und keine Angler und keine Wanderwege. Es gibt nur Felsen, Wasser, ein paar Bäume und das Geschrei der Zikaden, das sich zunehmend in meinem Kopf abspielt und nicht im Canyon um mich herum. Das kein Geräusch mehr ist, sondern das Wesen der Stille selbst.

Immerhin haben sie mir den Rucksack in die Mitte des Kiesplatzes gestellt. Wie auf einen Präsentierteller, wie zum Hohn. Ich sollte froh sein, dass sie mich nicht ohne Gepäck ausgesetzt haben. Ich beschließe, ein Taxi zu nehmen, und wenn ich es aus Sarajevo kommen lassen muss, schon allein um mich an den Busfahrern zu rächen, sie auf dem Weg nach Mostar zu überholen, ihnen zu winken, einen Ellenbogen im offenen Fenster.

Das Taxi kommt, der Fahrer streichelt den Hund und lacht so nett, dass ich aufhöre, mich verstoßen zu fühlen von einer ganzen Nation.

Endepol versagt, weil die Komponenten »En« und »De« ihre Wirkung verfehlen. Wie es sich in einer Unterhaltung gehört, sprechen wir abwechselnd. Ohne dass ich ein Wort seiner Fragen verstehe, gelingen meine ersten drei Antworten mit

Bravour: »Aus Deutschland«, »keine Rasse, Mischling«, und »er heißt Othello«. Von da an errate ich pro Satz ein Wort. Langsam und deutlich erwidere ich auf Polnisch etwas, das ich immer mal sagen wollte. Wir freuen uns, nicken und lächeln wie Bekloppte. Der Hund sitzt im Fußraum zwischen meinen Füßen und will seinen Kopf auf der Gangschaltung ablegen, egal wie oft er beiseite geschoben wird. Als der Fahrer zum dritten Mal einen Satz wiederholt, in dem das Wort »restoran« vorkommt, suche ich unter dem Vorwand, den Hund am Bauch zu streicheln, das Fahrtenmesser im Handgepäck und schnalle es mir unter der Hose an den Unterschenkel.

Mitten im Wald biegen wir von der Straße ab, rollen aber nicht in einen Vergewaltiger-Holzweg, sondern auf den Parkplatz eines flachen Gebäudes. Zwischen den Bäumen stehen Holztische und Bänke wie in einem Biergarten. Wir sind bei »Gojko«. In einem offenen Unterstand drehen sich zwanzig gehäutete Lämmer an Spießen, drei schwitzende Männer begießen sie mit Öl. Der Geruch von gebratenem Fleisch ist, Vegetariertum hin oder her, überwältigend. Beim Aussteigen halte ich den Hund am Halsband.

Kaum hat er das brutzelnde Massengrab entdeckt, reißt er sich los, springt mit einem Satz zurück in den Wagen und weigert sich, wieder auszusteigen. Er sträubt das Fell, bei kurzgeschorenen Haaren nur eine Verfärbung am Rücken. Seine Hinterbeine schlottern, als ich ihn vom Beifahrersitz zerre und mit über den Asphalt kratzenden Pfoten am Grill vorbeischleife. Den Blick wendet er nicht von den hundegroßen Kadavern ab, mit Eisenstange im Leib vom aufgesperrten Maul bis Darmausgang. Ein Held war er nie. Obwohl der Taxifahrer und alle Gäste uns auslachen, nehme ich die Panik beim Anblick toter Tiere als Zeichen seiner seltsamen Intelligenz.

Das amerikanische Magazin GQ ist der Meinung, dass Gojko zu einem von zehn Restaurants auf der Welt gehört, für die es sich lohnt, in ein Flugzeug zu steigen. Während des Krieges war geöffnet, und Gojko sagt im Interview, er und seine Lämmer seien nie in Gefahr gewesen, was auch sonst im Land passierte. Auf den Bänken sitzen alle Arten von Menschen: Internationale und einheimische Soldaten, Familien, Geschäftsleute, Landarbeiter, eine junge, elegante Blondine, die allein gekommen ist. Ich vermisse eine asiatische Reisegruppe. Bei den Tellern mit Bergen von Fleisch und Knochen muss ich an Wildschweinfestessen bei Asterix denken. Die Speisekarte rechnet mit Kilogrammpreisen.

Der Taxifahrer nimmt es als Beleidigung, dass ich Salat bestelle, und Alkohol will ich auch keinen. Der Hund steht unterm Tisch, als wären seine Beine zu Stöcken geworden. Wir essen schweigend, ich stehe auf, bevor der Taxifahrer fertig ist, und besuche die großen Maschendrahtkäfige, in denen Gojko im Wald gefundene Rehe, Fasane und Füchse gesund pflegt. Auch zwei Wölfe sind dabei, struppig in eine Ecke geduckt, mit Augen, flach wie Jetons eines verlorenen Spiels.

Was es wohl zu sagen hat, wenn ein Volk seine Wäschestücke auf der Leine nach Größe und Farben sortiert, meistens ansteigend von links nach rechts, manchmal auch andersherum? Ich drehe dem Taxifahrer eine Zigarette, und schon sind wir versöhnt. Wäsche und Dörfer werden weniger, schließlich taucht am Ende einer weiten zerwühlten Ebene der Turm der Aluminiumwerke von Mostar auf. Die Hitze verwischt die Gestalten der Zigeuner. Sie stehen über die Fläche verteilt,

Bewohner einer Stadt aus Pfählen mit UNO-Lastwagenplanen darüber, aus Containern und braungerosteten Daimlern, die mit dem Unterboden auf der Erde sitzen. Mütter von Kindern ohne Gesicht unter dicken schwarzen Haaren. Besitzer von Ziegen mit Hautkrankheit. Spaziergänger auf ausgedehnten muslimischen Friedhöfen, deren kantige Steine wie große weiße Radiergummis im Gras stecken.

Und dann sind wir mitten in der Stadt.

Jednokrevetna

Ich sehe alles zugleich, die ganze Stadt auf einen Blick, als hätte ich rund um den Kopf einen Kranz von Augen, jedes zweite mit Röntgenfunktion. Der Taxifahrer bietet mir eine Stadtrundfahrt an, ohne Bezahlung. »Da, da«, sage ich, was praktischerweise auch gleich »Ja« bedeutet.

Türkische Seite, Altstadt: Wenn Menschen Wasser wären, das hier müsste der Amazonas sein. Ausgerechnet mit einem alten Opel Ascona versuchen wir hindurchzupflügen. Fußgänger keilen uns ein, überholen auf beiden Seiten und strömen uns entgegen. Einkaufstüten streifen raschelnd die Seiten des Wagens, ab und zu hört man ein metallisches »Dong«, wenn eine Handtasche nicht rechtzeitig an den Körper gepresst wird. Die Menge ist in Patchwork aus den Farben von Kleidung zusammengesetzt: Bunte Muster der in Tücher gehüllten Frauen neben dem Jeansblau junger Männer, schneeweiß die muslimischen Gewänder, dazwischen das Flecktarn der Soldaten und die beige-wollweiß-olivgrünen Töne schlanker Benettonmädchen. Kinder werden an länger werdenden Armen beiseite gezogen, dabei bleiben die kleinen Gesichter mir zugewandt, starren mich an, und die Köpfe drehen sich wie bei Eulen bis fast auf den Rücken. Links und rechts wechseln Cafés mit Friseurläden mit Lebensmittelgeschäften, darüber leere, ausgefranste Fensteröffnungen und verbrannte Dachstühle. Orientalischer Pop und Discomusik lagern in

Schichten übereinander, gesprenkelt mit Hundegebell und dem Klopfen von Hämmern. Ich bin auf Stand-by, ich sehe alles und nichts. Die Geräusche werden zu Dröhnen und Rauschen, und die Gerüche, welche mich anfallen von allen Seiten, vermischen sich zu Gestank.

Autobrücke über der Wie-heißt-sie-noch: Das erste Detail, an dem ich mich festhalten kann, ist der Anblick eines Mädchens, das sich im Gehen Kartoffelchips auf die weit herausgestreckte Zunge legt und in den Mund flitzen lässt. Eine Amphibie auf zwei Beinen. An sie werde ich mich erinnern, deutlicher als an die Verwüstung, an fußlose Frauen und armlose Männer, Sternenhimmel aus Einschusslöchern, an die fußballtorgroßen Granatenlöcher und weggesprengten Dächer.

Der Schock macht mich hellsichtig, ich verstehe das Kroatisch des Taxifahrers. Er hat gefragt, ob ich zum ersten Mal in Mostar bin, und obwohl es eine rhetorische Frage war, nicke ich mit dem Kopf. Ich brauche nicht in den Spiegel zu sehen, um zu wissen, wie blass ich bin.

Alte Frontlinie: Die Fassaden gucken wie Totenschädel, hohle Augen, grinsend aufgesperrte Mäuler, der Kugelhagel hat ihnen die Gesichter abgeschmirgelt bis auf die porösen Knochen. Mit eingeschalteter Warnblinkanlage wartet der Taxifahrer im Wagen und raucht drei Walter-Wolf-Zigaretten, während ich dastehe, allein auf dem Bürgersteig dieser abgestorbenen Straße, Auge in Auge mit den Häusern, die mich anstarren, wie ich sie. Ich frage mich, was es zu grinsen gibt. Vielleicht ist es unser Kinderkampf gegen die Zeit, der sie belustigt. In Mostar wurde der Witz in der Tat gelungen zu Ende erzählt, und die Pointe dauert an. Sagt die Menschheit zu sich selbst: Wir wollen nicht nur zwischen Dach und Fußboden leben, schließlich sind wir auch nicht bloß Fleisch und Knochen. Schönheit und Ordnung der Städte sollen unsere Seelen spiegeln, wie sie sind: In Ordnung und schön. Baut sich die Menschheit über Jahrhunderte Denkmäler und Symbole, um darin zu leben, bildet sich ab in Holz und Stein. Und schon an dieser Stelle beginnt es zu kichern im Innern der Häuser, dass es zwischen leeren Wohnzimmerwänden hallt. Schlägt die Menschheit nach fünfhundert Jahren mitten hinein in ihren mühsam errichteten Spiegel, dass alles splittert und bricht. Starrt fassungslos in die Scherben und sieht Fratzen, wo Gesichter waren. Sieht sich selbst, wie sie wirklich ist. Sieben Jahre Unglück. Wenn das nicht witzig ist. Ich fliehe vor dem schallenden Gelächter, zurück ins Auto.

Ruinen-Sightseeing: Der Fahrer ist stolz auf die Trümmer, als hätte er sie persönlich arrangiert. Ich mache »Au« und »Wow« zu falltürenartig ins Wasser hängenden Brückenteilen, zu Müllkippen unter durchgebrochenen Zimmerdecken. Wie viele Stockwerke hat ein elfstöckiges Hochhaus? Antwort: Noch eins. Dieser Schrottplatz war ein altes türkisches Bad, das Geröllfeld daneben ein elegantes Hotel. Ich spule die Zerstörung im Kopf rückwärts wie einen Videofilm, in Zeitraffer richten Wände sich auf, springen Steine wie Flöhe an ihre Plätze, falten Dächer sich in ihre ursprüngliche Form, saugen Fenster die Scheiben wieder ein, und ich sehe, wie schön die Stadt gewesen ist. Einmal hörte ich jemandem zu, der sich aufregte über die Wendung, eine Frau sei »früher schön gewesen«. Der Satz zeige nur, dass die Frau noch immer schön sei. Und das solle man gefälligst auch sagen.

Der Hund wird nervös vom ständigen Ein- und Aussteigen. Ihm zuliebe erheben sich die Streuner aus dem Schatten, springen durch glaslose Fenster auf die Straße und folgen uns kläffend. Wenn einer zu nahe kommt, stelle ich mich dazwischen und hebe drohend den Arm. Kaum flüchtet er, vorne und hinten eingezogen, um die nächste Ecke, tut es mir leid. Den Hund versöhnt ein Bad im kalten, grünen Wasser der, wie heißt sie, Nirwana –

Nichts hat mit dem eigenen Namen zu tun, ich auch nicht, und den des Taxifahrers habe ich von Anfang an nicht verstanden und nicht nachzufragen gewagt. Ebenso wenig weiß ich, ob er Moslem ist, Serbe oder Kroate, nur dass er in Livno geboren wurde, lange in Mostar gelebt hat und rechtzeitig nach Metković gezogen ist, bevor es brenzlig wurde. Sein Finger beschreibt die Flugbahn von Granaten durch die Luft. Man müsste eine ethnographische Karte zücken, wenn man jemanden kennenlernt, und es würde vermutlich nicht helfen. Ich bin nicht sicher, ob es für mich eine Rolle spielt, das »Who is who« des Balkans.

Verloren fühle ich mich, losgelöst von allen Erinnerungen. Ich bin wieder Kind und wachse heran innerhalb weniger Stunden, staunend darüber, wie die Welt ist. Es war doch sonst immer alles ganz und unversehrt. In meinem Kopf gibt es nur noch Imperfekt und für mich selbst kein »Ich«, sondern die dritte Person. Meine Gedanken klingen, als erzählte in ferner Zukunft jemand über mich und diesen ersten Tag in Mostar.

Der Abendgesang von den Minaretten tauscht mit einem Schlag die Stimmung in den Straßen aus, wie es in Leipzig beim Anspringen der orangefarbenen Laternen geschieht. Alle Bewegungen verlangsamen sich, die Geräusche sind gedämpft wie bei Schneefall. Die Stadt wechselt den Platz mit ihrer nächtlichen Doppelgängerin, die nicht mit Autolärm und Stimmengewirr angefüllt ist, sondern mit hallenden Schritten entlang von Mauern, die gerade zu hoch sind, um hinüberzuschauen. Über die Ränder hängen gelb oder rosa blühende Äste, Zipfel der Paradiesgärten, die dahinter liegen müssen.

Der Gesang erzeugt Echos in leerstehenden Häusern, als säßen auch dort ein paar Muezzins. Oder Tonbandgeräte. Der Taxifahrer versteht die Frage nicht, obwohl das Wort für »Kassette« im Kroatischen nicht viel anders lauten kann.

Wir haben den Wagen geparkt, stehen auf einer der provisorischen Brücken und schauen auf den Fluss, über dem gerade der Mond aufgegangen ist. Er wirkt zu groß wie ein Auge hinter dickem Brillenglas. Damit es nicht zu romantisch wird, dröhnt im Kneipenlabyrinth auf der rechten Flussseite schlimmster Radiopop, von Lautsprechern auf die Straße geblasen.

Noch drei weitere Brücken vertäuen muslimische und kroatische Seite, und auf jeder herrscht reger Betrieb. Das Nachtleben zirkuliert durch die Gassen wie Flüssigkeit durch ein Kapillarensystem. Schwer zur sagen, ob irgendwo eine unsichtbare Grenze verläuft, hinter der ein zweiter, geschlossener Kreislauf aus kroatischen Spaziergängern beginnt. Unter uns im Wasser baut eine türkische Firma das Fundament der Alten Brücke wieder auf. Fünfhundert Jahre später werden die Steine zum zweiten Mal aufeinander gesetzt, nach den alten Plänen aus dem Staatsarchiv in Ankara.

Die Berge sehen hinter den wie eine Theaterkulisse angestrahlten Ruinen nicht mehr aus wie ein Ort, von dem Granaten oder benzingefüllte Lastwagenreifen auf eine Stadt geworfen wurden. Das riesige beleuchtete Kreuz auf dem höchsten Gipfel der kroatischen Seite scheint in der Luft zu schweben. Auf muslimischer Seite flammen vereinzelte Lichter an den Hängen auf, nach und nach erschaffen sie eine Fortsetzung des Sternenhimmels, der als fein durchstochene Haube auf dem Rand des Talkessels steht. Endlich hat die Hitze nachgegeben, wenn auch nur um ein paar Grad.

Immer wieder höre ich »dvokrevetna«. Die Rezeptionistin schenkt den Ausführungen des Taxifahrers wenig Beachtung, spricht mich auf Deutsch an, Dortmund bis 1998, und schiebt eine zweisprachige Preisliste über die Theke. Darauf erkenne ich »dvokrevetna soba« wieder: Zimmer mit Doppelbett. Ich wähle »jednokrevetna«, wende mich dem quasselnden Fahrer zu, mache eine obszöne Handbewegung und schüttle den Kopf. Er nickt und lacht zum Zeichen, dass er verstanden hat, drückt mir die Hand, als gäbe es Anlass zur Gratulation, und geht mein Gepäck holen. Das Zimmer ist hübsch und sauber, mit Schreibtisch, Klimaanlage und kleinem Bad, es sieht aus, wie ich mir ein Kriegsreporterzimmer vorstelle. Nachdem der Fahrer das eine, schmale Bett besichtigt hat, verabschieden wir uns als alte Freunde.

Ich drehe den Heißwasserhahn bis zum Anschlag und zwinge mich, nicht aus der Dusche zu springen, bis meine Haut feuerrot ist und der Dampf in dicken Wolken aus der Kabine quillt. Es bringt keine Sauberkeit, nur Schmerz. Es verhindert nicht, dass sich, als ich im Bett auf dem Rücken liege, Häuser und Menschen hinter meinen geschlossenen Augen wiederholen, während aus vorbeifahrenden Autos der Techno stampft. Es gelingt mir nicht, die Schüsse in einem entfernten Teil der Stadt für Fehlzündungen zu halten, jeder pfeifende Keilriemen ist der akustische Schweif einer Granate. Hinter geschlossenen Augen sehe ich mit schwarzen Tüchern maskierte Soldatengesichter, dazu andere, unverhüllte, die sich in Affenfratzen verwandeln, verzerren, nach hinten wegklappen und durch andere ersetzt werden. Unten an der Rezeption schreit jemand in ein Telephon.

Zum Frühstück kaufe ich mir eine Postkarte, finde eine, die Mostar nach dem Krieg zeigt und nicht davor. Ich nehme sie mit in den Speisesaal zu Carokaffee, Weißbrotstücken und Marmelade in Aluminiumdöschen. Die Wurst- und Käseplatte verfüttere ich an den Hund, alles andere esse ich selbst bis zum letzten Krümel. Der Übernachtungspreis würde sich nicht amortisieren, wenn wir auch noch Teller und Tisch und den Stapel Thunfischdosen samt Büchsenöffner verschlängen.

Ein Traum kommt zu mir zurück, um sich selbst kreisend wie ein Bumerang, habe ich also doch geschlafen. Am Postschalter neben mir stand eine Frau, an ihren Fingern bemerkte ich die gleichen Ringe, wie ich sie seit Jahren trage, in identischer Anordnung. Erleichtert stellte ich fest, dass unsere Hände sich nicht glichen. Auf einmal wusste ich den Grund, aus dem genau meine Ringe an dieser fremden Frau zu finden waren, und ich wandte mich ab, den Kopf schüttelnd über mein anfängliches Erschrecken.

Ich überlege angestrengt, was für ein Grund das war, als zwei Frauen den Raum betreten, eine von ihnen dick für drei, mit weichem, direkt auf den Schultern sitzendem Gesicht. Sie hat eine viel zu hohe, quenglige Stimme, als hätte sie ein Kind verschluckt, das jetzt aus ihr spricht, in bestem Oxfordenglisch:

»Let's start another wonderful day with toxic Bosnian food.«

Schade um die Erklärung für meine Ringe an den Fingern einer andern, die mir nie wieder einfallen wird. Es war ein Fehler, die Frau im Traum nicht anzusprechen. Ein entscheidender, nie wieder gutzumachender Fehler.

Ich habe Lust, die Dicke in bestem Amerika-Englisch zu fragen, ob sie in ihrem Leben nicht schon genug gegessen hat. Besorgt diagnostiziere ich noch mehr böse Gedanken als gewöhnlich, vielleicht verschlimmert sich das mit dem Klima wie Asthma. An der Photoausrüstung unter dem Tisch erkenne ich, dass die beiden Journalistinnen sind.

Die Rezeptionistin ist nicht die von gestern, aber auch sie spricht Deutsch, Ludwigsburg bis 1999, und ich bin nicht Deutsche, sondern wieder einmal »Ah-aus-Deutschland-wie-schön«. Sie hat Angst vor dem Hund und entschuldigt sich dafür. So nett werde ich behandelt, dass wir vor lauter Höflichkeit aus »Tausend Dank« und »Bittebitte« nicht mehr herauskommen. Ich stelle die falschen Fragen, nach dem Ehemann in Deutschland, arbeitet die ganze Zeit, und nach dem nächsten Urlaub, wenn wir das Geld beisammen haben, und lasse aus Versehen ein Bündel Hundertmarkscheine auf die Theke fallen, meine ganze Reisekasse in bar, weil ich nicht sicher war, ob es in Bosnien Geldautomaten gibt. Das erkläre ich, während ich die Scheine zurück in die Brieftasche stopfe. Sie antwortet, dass Mostar noch nie, wirklich noch nie einen so heißen August gesehen hat und dass es noch schlimmer wird.

Überall hängen Photos und Bilder der Alten Brücke, in den Zimmern, an der Rezeption, im Speisesaal, in den Cafés, bestimmt ist Stari Most auch in Sofakissen gestickt und mit Lippenstift auf Badezimmerspiegel gemalt, vielleicht steckt sie hinter Plastikfolie im Einschubfach jeder Brieftasche, anstelle des Personalausweises. Eine Weile sehe ich das Telephon an, ich würde gern anrufen, jemanden, den ich gut kenne, aber mir fällt niemand ein.

Die Hitze wartet vor der Tür, als hätte sie die ganze Nacht dort gesessen. Sie beißt mich mit spitzen Zähnen, und das so früh am Tage. Ich lasse mich durch die bürgersteiglosen Gassen treiben und warte darauf, zufällig am Bahnhof vorbeizukommen. Für jedes Auto presse ich mich an die Wand, am liebsten würde ich gleich in den Wänden verschwinden, um den Blicken der Menschen zu entgehen. Alle schauen mich an, die Frauen verstohlen, Männer und Kinder offen und unverschämt. Ich sehe doch nicht so viel anders aus als der Rest der Bevölkerung. Manche rufen mir nach. Der Taxifahrer hat immer zurückgebrüllt, und wenn ich bat, die Rufe zu erklären, behauptete er, es sei um den Hund gegangen.

Mit Rucksack bin ich unbeweglich, sperrig, zu groß und zu schwer für jede Bewegung, auf meinem Rücken staut sich der Schweiß. An der Stelle, wo der Hund gern badet, setze ich mich auf den Betonsockel und lege mir die Postkarte aufs Knie. Schließlich schreibe ich: »Bin in Mostar. Hier ist es auch nicht anders als anderswo.« Ich brauche lange für diesen Satz, ziehe beim Nachdenken die Zigaretten mit den Zähnen aus der Packung. In das Feld für die Adresse schreibe ich »Deutschland« und lasse es ansonsten frei. Der Hund beobachtet das Leben unter Wasser, reglos und konzentriert sitzt er wie vor einem Fernsehgerät, starrt auf wirbelnde Babyfische und eine Wasserschlange, die sich, lang wie ein Bein und dünn wie ein Finger, am Grund zwischen Steinen hindurchwindet.

Weil Briefkasten und Mülleimer gleich nebeneinander an die Wand geschraubt sind, überlege ich einen Moment, in welchen der beiden Blechkästen ich die Postkarte werfen soll. Die Wand gehört zum Bahnhof, der aussieht wie ein Flugzeugträger in klein, nur ohne Flugzeuge und ohne Wasser. Vier von fünf Gleispaaren sind verrostet, die weitläufige, düstere Bahnhofshalle ist menschenleer. Schließlich entdecke ich hinter einer blind gewordenen Plexiglasscheibe den Vollstrecker. Er ist im Sitzen größer als ich im Stehen, und weil ich nach Sarajevo fahren will, zeigt er mir lachend die Überreste seines Gebisses. Auf Endepol unterhalten wir uns über das Wie und Warum meiner Anwesenheit im Allgemeinen und in Bosnien, diesem winzigen Muttermal auf dem Erdkörper, im Besonderen. Ich stehe unter Rechtfertigungsdruck, denn vor allem in Begleitung des Hundes bin ich unglaubwürdig. Der Vollstrecker hat Zeit, kein Wunder, wenn man Fahrscheine verkauft für Züge, die nicht mehr fahren. Wir reden so lange, bis ich zu Besuch im Heimatland meiner Vorfahren bin und ein Zug zu existieren beginnt, zwischen sieben und acht. Der Vollstrecker schiebt ein paar vergilbte Fahrplantabellen hin und her, mit einem Mal habe ich zwei Tickets erworben, knete sie in der Hand, also gut, ich soll auf dem Bahnsteig warten am Abend. Warum ich nicht Busfahren will, bleibt verdächtig, trotz der pantomimisch dargestellten Geschichte mit dem Hundeschmuggel.

Alle außer mir angeln. Die Schatten der Passanten auf der Brücke springen und biegen und falten sich über mich hinweg. Gegenüber plätschert ein kleiner Zufluss als Miniwasserfall über ausgespülte Felsen. Früher hat er ein Mühlrad bewegt, jetzt ist er so schmächtig, dass er sich gerade noch selbst bewegen kann. Die Leute auf der kroatischen Seite trinken ihn aus. Der Hund frisst Trockenfutter auf den Betonstufen, Ameisen stürzen sich auf die Reste, krabbeln winzig und wild durcheinander wie eine Sehstörung. Inzwischen habe ich auch die Bekanntschaft der Heuschrecken gemacht, die so laut singen im Canyon außerhalb der Stadt. Sie sind ein gutes Stück länger als mein Mittelfinger. Ich beschließe, nicht zu rasten und zu ruhen, bis ich einen Namen für die Farbe des Flusses weiß.

Der Zug rollt ein um neunzehn Uhr dreißig, ich kann es kaum glauben und steige trotzdem ein.

Ob das wirklich Mostar war?

Sa – ra – je – vo

D*ie leere Plastiktüte am Boden ist rötlich und feucht,* als habe sich etwas frisch Blutiges darin befunden. Meine Finger sind klebrig bis zu den Handrücken und riechen nach Erdbeeren. Abendessen. Der Hund hat sich auf die Seite geworfen und schläft wie ein Stein, die Vibrationen des Zuges lassen ihn immer tiefer unter die Sitzbank rutschen. Er bewegt sich nicht einmal, wenn ich ihn anspreche.

Drei Mal geht Thomas aus Sarajevo an der Tür vorbei, bevor er das Abteil betritt, seinen Schritten habe ich schon beim ersten Mal angehört, dass er reinkommen wird. Er fragt auf Kroatisch, ob ein Platz frei ist. Sieben Plätze sind frei, weitere siebenhundert im Rest des Zuges. Er steigt über meine ausgestreckten Beine, Rucksack und Hund und lässt sich am Fenster nieder, wo die feuchte Zeitungsseite liegt, von der eine alte Frau Fischstücke gegessen hat, bevor sie ausstieg in einem kleinen, von der Nacht eingekesselten Dorf. Er fragt mich, woher ich komme, und schon spricht er deutsch. Berlin, wie Dario. Nennt seinen Namen: Thomas. Das also, denke ich, ist Thomas aus Sarajevo. Als wäre er mir angekündigt worden.

»Was Sie machen hier?«

»Willst du das wirklich wissen?« frage ich.

Er nickt und schraubt eine Plastikflasche auf, die mit irgendetwas Alkoholischem gefüllt ist, das ursprünglich nicht hineingehörte.

»Ich halte es in Deutschland nicht aus.«

Er bietet mir die Flasche an, ich lehne ab.

»Warum? Hier will jeder in Deutschland sein.«

Ich habe das Gefühl, mich schämen zu müssen, und versuche, etwas Ehrliches zu sagen.

»In Deutschland schaue ich die Leute auf der Straße an und wundere mich ständig, was zum Teufel sie von morgens bis abends machen. Ich fühle mich dafür verantwortlich, ihnen eine Existenz zu erfinden, sie in einem Supermarkt hinter die Kasse zu setzen oder ans Steuer eines Lastwagens, ihnen ein Telephon ans Ohr zu pressen oder dafür zu sorgen, dass sie Bücher aus einem Regal nehmen und zurückstellen. Nicht einmal mein eigenes Leben habe ich bisher erfunden. Deshalb muss ich das Land verlassen, von Zeit zu Zeit. Kapierst du?«

Diese Erklärung für mein Hier-Sein ist mir selber neu. Thomas aus Sarajevo sieht aus, als hätte er kein Wort verstanden. Aber Irrtum.

»Es klingt«, sagt er, »Sie sprechen über dieses Land. Über Bosnien. Nicht über Deutschland.«

Wir stellen keine Fragen mehr. Er schaut mich an, unverhohlen, ohne Vorwand, erst von vorne, dann, nachdem er sich neben mich gesetzt hat, von der Seite, und alle zehn Minuten sagt er etwas Belangloses, gerade so, als führten wir ein entspanntes Gespräch und säßen nicht in einem See aus Schweigen. Er kann nicht älter sein als zweiundzwanzig. Vielleicht kennt er Dario aus seiner Zeit in Berlin. Ich werde auch über ihn nichts erfahren, genauso wenig wie über Dario, über den Taxifahrer oder die Frauen im Hotel. Meinem Blick weicht er nicht aus. Weil es keinen Grund gibt, ihn anzusehen, starre ich vor mich hin und spüre, wie mein Gesichtsausdruck etwas übertrieben Nachdenkliches annimmt.

Als ich mich der Länge nach ausstrecke, wechselt er die Sitzbank, ich lege den Kopf in die Arme und gebe meinen Atemzügen Regelmäßigkeit. Nach ein paar Minuten spüre ich seine Finger auf meiner Hand, ganz leicht, nur ein Kitzeln, als klebte dort ein Haar. Als nächstes berührt er mein Knie, verstärkt den Druck, bis ich das Bein zucken und die Augenlider flattern lasse. Dabei sehe ich im Dunkeln sein Gesicht, eine verschwommene weiße Scheibe, nur wenige Zentimeter vor meinen Augen, und rieche seinen Atem, der süßsauer ist von dem Zeug aus der Plastikflasche. Er schaut mich an, so dicht vor mir, dass unsere Nasen sich fast berühren.

Ich träume, dass alle Gegenstände, die mir zufällig aus der Hand rutschen, spurlos verschwinden, sobald sie den Boden berühren. Etwas später verschwinden auch Dinge, die ich absetze, auf dem Boden oder einem Tisch, und schließlich verschwinden Menschen, denen ich zum Abschied die Hand gegeben habe. Ich denke darüber nach, wo das Verlorene wiederzufinden sei, als ich an der Schulter gerüttelt werde. Der Zug steht, draußen wird die Elektrolok gegen eine Dieselmaschine getauscht, und Thomas aus Sarajevo sagt, dass er aussteige, weil er keinen Fahrschein habe und der Kontrolleur bald komme, dass er auf diese Art durch ganz Kroatien gereist sei und Autobusse meide, weil man sich dort schlecht verstecken könne. Offensichtlich braucht man zum Bahnfahren immer einen merkwürdigen Anlass. Er hat nichts dabei außer den Kleidern, die er am Leib trägt, »Freunde besuchen«, sagt er, als ich nach dem Zweck seiner Reise frage. Ich versuche mir auszumalen, wie er an einem beliebigen Morgen aufgebrochen ist, ohne Vorbereitung, aus der Haustür getreten, als wollte er nur in die Stadt, wie er die Schritte zum Bahnhof lenkte und wegfuhr.

Endlich setzt der Zug sich wieder in Bewegung, ich hänge im offenen Fenster, und Thomas ist plötzlich wieder neben mir. Wie Kinder vergraben wir das Kinn in den Armen, schlitzen die Augen, aus denen der Fahrtwind trotz geringer Geschwindigkeit seitlich die Tränen bis zum Haaransatz treibt, und draußen liegt Bodennebel in tümpelgroßen Tälern, die aussehen wie mit Milch gefüllt unter dem fast noch vollen Mond. Vor der nächsten Biegung lässt der Zug seine tiefe Stimme ertönen, wir lachen, als das elegante Band aus Lichtern sichtbar wird, von denen wir eines sind. Thomas aus Sarajevo kennt die ersten beiden Zeilen des Erlkönigs auswendig und sagt sie auf, ansonsten wird sein Deutsch von Minute zu Minute schlechter. Er freut sich an meiner Freude, während ich mich für kahle Felsen begeistere mit borstigem Gestrüpp darauf, weil es wie dunkles Haar auf weißer Haut aussieht.

Mein Ticket wird zum sechsten Mal abgestempelt, Thomas aus Sarajevo ist nicht mehr da. Ich gehe aufs Klo und komme zurück, er steht wieder im Gang. Ich öffne das Fenster, der Mond ist kleiner geworden und heller, die Landschaft wölbt sich an den Rändern. In den Tälern sind kopfgroße Steine zu endlosen, krummen Mauern gesammelt, das muss jahrzehntelange Arbeit gekostet haben. Für den Wind, erklärt Thomas aus Sarajevo und zitiert noch einmal den Erlkönig. Wir hängen nebeneinander im offenen Fenster, und diesmal ist es, als hätten wir das seit unserer Kindheit andauernd zusammen gemacht. Mit langem Arm zeigt er auf die Überreste eines zerstörten Dorfs, dem anzusehen ist, dass man es erst beschossen, dann jedes Haus einzeln gesprengt hat.

»Es wird wieder Krieg geben«, sagt er fröhlich. »Bald. Dann Sie denken an mich. Dass ich das gesagt.«

Er hat recht. Ab heute werde ich nicht anders können, als im Kriegsfall an ihn zu denken. Er freut sich noch mehr. Im nächsten Dorf sind die beschossenen und gesprengten Häuser mit Benzin übergossen und abgebrannt worden.

Er protestiert, als ich mich hinlege, sagt, er sei nicht müde, dabei ist ihm anzusehen, dass er gleich umfällt. Meine Gedanken machen, was sie wollen, die Augen gehen manchmal von alleine auf und begegnen seinem Blick. Ich drehe sie nach oben, bis es schmerzt und ich sicher sein kann, dass es eklig aussieht, wie die Augäpfel zwischen den Lidern leuchten.

Als Thomas aus Sarajevo mich das nächste Mal weckt, um sich zu verabschieden, wundere ich mich, wie tief ich geschlafen habe. Ich rapple mich hoch und strecke den Kopf aus dem Fenster, kein Zweifel: Wir sind da. Den Hund muss ich lange rütteln, damit er aufsteht.

Noch nie stand ich in einem Nichts, das aus so vielen Gebäuden besteht. Mein Kopf wehrt sich, ich zwinge den Anblick in ihn hinein: Nichtssagende, graue Häuser, nicht einmal zerbombt, das ist auch nicht nötig. Es ist immer noch dunkel, außer uns niemand unterwegs. Ein Schild sagt »Centar«, ich gehe darauf los, schnell, als könnte ich meinem Gepäck entfliehen, das mir in den Rücken drückt. Der Hund taumelt auf schlaftauben Beinen hinter mir her. Thomas stößt beim Gehen gegen mich, schwankt in meine Richtung, als wäre ich ein Magnet und er ein Eisennagel. Wenn ich stehen bleibe, kippt er fast vornüber. Wir durchqueren ein Wohnviertel, ich sehe das Holiday Inn mit frisch gestrichener Fassade, ehemals Hauptquartier der Kriegsjournalisten und Ausgangspunkt für Streifzüge in den Belagerungsdschungel. Dahinter das neue Wahrzeichen der Stadt: Das Parlamentshochhaus, im Stehen gestorben, von allen Seiten in Fetzen geschossen, es zeigt seine zerfledderten Innereien. Ich scheue mich hinzusehen, man starrt auch einen Behinderten nicht an. Weil es so still ist, höre ich den Aufprall eines Betonklumpens, der hinunterstürzt und das Pflaster trifft. Ohne Nachhall, ohne Rieseln und Brechen, ein einziger Schlag wie das Ticken einer großen, langsamen Uhr. Der Highway dahinter muss die berühmte Sniper Alley sein, Jagdstrecke der Scharfschützen. Im Morgengrauen gehört die Stadt ihren eigenen Erinnerungen, für die sie keine Menschen braucht, erst recht nicht Zaungäste wie mich. Ich gehe schneller, der Hund hat sich erholt und läuft voraus, Thomas aus Sarajevo fällt nach und nach zurück.

Banken ziehen vorbei, Kaufhäuser, Boutiquen, zweifellos erhebt sich um uns eine Innenstadt, etwas wie Warschau oder Budapest oder Belgrad, und das einzige, was ich nicht sehe, ist McDonald's. Ich gehe weiter, bis ein Fluss mich stoppt.

Ein paar Fledermäuse stechen in die Dunkelheit, die sich fernhält von den Lichtkreisen der Laternen am Ufer. Thomas aus Sarajevo ist weg, und ich weiß nicht, wo ich ihn verloren, wann ich mich zuletzt nach ihm umgedreht habe. Vielleicht ist er doch noch umgekippt, oder er hat unterwegs das Haus erkannt, in dem er lebt. Der Fluss stinkt, ist schnell und braun und hat mit der Farbe des Himmels nichts zu tun. Er ist so hässlich, dass ich ihn Styx nennen will, ohnehin drängt sich kein anderer Name auf. Sarajevo an der – ? Sarajevo am – ? Bei der Gelegenheit erinnere ich mich daran, dem Grün der Neretva einen Namen zu suchen.

Ohne den Rucksack abzunehmen, lasse ich mich auf den Hintern fallen. Hellwerden muss es von allein. Mir fällt auf, dass es regnet. Dazu ist es kühl, das Wetter hat sich in sein Gegenteil verkehrt, die Wolken hängen tief, in sattem Zementgrau, als sollte die Stadt während der Nachtruhe heimlich einbetoniert werden. Ich traue dem Frieren nicht, hinter der nächsten Ecke lauert bestimmt wieder die Hitze, um mich zu überfallen.

Als wir nicht mehr die einzigen Wesen in den Straßen sind, gehe ich los.

Auf dem Markt gibt es alles, was man als Moslem so braucht: Pantoffeln, Kappen, Teppiche, Teegeschirr, Wasserpfeifen und Kopftücher, Schmuck, Gewänder und Handtaschen und dazu Gerüche von Gewürzen, deren Namen man sich schlecht merken kann. Verkauft wird in dunklen Holzhütten, die dicht an dicht in einem Labyrinth zusammenstehen. Es ist sechs Uhr früh, ich bin im Morgenland.

Schon ein paar »Rosen von Sarajevo« habe ich gesehen, Granatenlöcher am Boden, die zum Andenken an jeweils drei Opfer mit leuchtend roter Gummimasse aufgefüllt wurden. Es sieht aus, als wären an diesen Stellen mit Blut gefüllte Ballons auf dem Pflaster zerplatzt. Trotzdem kann ich nicht glauben, dass jedes Stück Boden, das meine Füße berühren, jede Mauer, jedes Fenster, jedes Blatt an jedem Baum ein kleines Stück dieses Namens tragen, »Sarajevo«, der sie miteinander verbindet zu einer wirklichen Stadt. Jahre lag sie für mich in der Blackbox hinter dem Eisernen Vorhang, war ein Ort, über den man auf der Weltkarte mit dem Finger hinwegfuhr. Bis die Stadt auf internationalem Parkett mit einem Kriegsauftritt debütierte, sich vorstellte mit qualitativ schlechten TV-Aufzeichnungen von dunklen Staubwolken und hochspritzenden Häusersplittern. »Sarajevo« ist ein verwirrender Kampf, bei dem man nicht weiß, wem die Daumen gedrückt werden sollen. Aus Steinen, Holz, Metall oder gar aus Menschen ist es nicht. Ich hab's geschafft, ich bin da.

Im Takt meiner Schritte flüstere ich den Namen, Sa-ra-je-vo, als könnte ich ihn auf diese Art ins Pflaster stampfen, wo er hingehört. Es klappt nicht. Er verliert noch den Rest seiner Bedeutung, wird zu etwas wie Do-re-mi-fa-sol.

Zwillingspflaumen

Der Himmel hängt tief, die Minarette zielen wie zu gut gespitzte Bleistifte auf ihn, bereit, die Botschaft Allahs oder »I love Sarajevo« in die Wolken zu zeichnen. Mit leichtem Schaudern sehe ich voraus, dass sie abbrechen müssen bei der ersten Berührung und dass wir die Botschaft Allahs nicht erfahren und Sarajevo nicht lieben werden.

Am Obststand suche ich mir lauter zusammengewachsene Zwillingspflaumen aus. Ob ich vielleicht einsam bin?

Ich bin ganz nass. Es gibt so viel zu sehen, dass mir schon wieder langweilig ist. Ich sehne mich hinauf in die Hänge, die betupft sind mit den rosafarbenen Dächern kleiner Häuser, darüber gerupfte Baumreihen, wo die Bosnier Holz geschlagen haben für lange Winter und sich selbst der Deckung gegen die Serben beraubten.

Wie ein Haufen Kartoffeln fühlen sich die alten Treppen unter den Füßen an, und ihre Stufen sind so bemessen, dass man um einen Zwischenschritt nicht herumkommt und den ersten Kilometer bergauf immer mit der Arbeit des gleichen Beins bewältigt, bis das Bein abfallen will und man wechselt, als gälte es, sich dem Schritt eines größeren Partners anzupassen. Auf dem Weg zur Burg kommt mir ein Schäfer entgegen mit zwei großen Schafen, er sieht aus wie Heiner Müller, und die Tiere haben die Mäuler voll mit nassem Gras.

Dieses Tal verlangt danach, umzingelt zu werden, von Serben oder Wolken. Wo es am stärksten regnet, ist der Himmel gelb verfärbt, vor allem über den Plattenbauten, die danach verlangen, eingeregnet zu werden. Vom Krieg ist nichts zu sehen, man muss davon wissen, um die muslimischen Friedhöfe zu verstehen, die sich wie kalbende Gletscher von den Bergen ins Tal senken, von allen Seiten, wegschmelzend, einzelne Schneewehen hinterlassend in einem gewöhnlichen Park, auf den Grasstreifen am Fluss, in Straßenbiegungen im Zentrum, in den Vorgärten gewöhnlicher Häuser. Man muss davon wissen, um die eingravierten Sterbedaten zu bemerken, die alle nicht weiter als vier Jahre auseinanderliegen. Um zu spüren, dass das Reparieren von Dächern und Fassaden nichts repariert, dass die Seele einer Stadt nicht unabhängig von den Menschen existiert, weil nicht die Straßen, sondern die Verläufe der in ihr gelebten Leben ihre Gehirnwindungen sind.

Ein Mann führt eine Kuh, das ist seine Arbeit, die Kuh grast, und er wartet und sieht zu. Wieder spüre ich dieses Unbehagen, als müsste ich etwas dagegen unternehmen. Dabei handelt es sich nur um echtes Leben, das man daran erkennt, dass Fragen nach ihm ohne Antwort bleiben.

Je höher ich komme, desto kleiner sind die Moscheen, ganz aus Holz gezimmert wie Gartenhäuschen oder Privatsaunen. Am Hang ballen sich Schafe zusammen und sehen aus wie schmutzige Wolken, vielleicht regnen sie zurück, es würde mich nicht wundern, wenn hier der Regen von unten nach oben fällt.

Oben Stacheldraht und zerschossenes Gemäuer, ich öffne ein Tor und stehe einer Reihe von Soldaten gegenüber, die ihre

Maschinengewehre auf mich anlegen. Einen Moment glaube ich, sie seien vom Himmel gefallen, aber sie sind mir von ihren Wachtposten links und rechts des Eingangs in den Weg gesprungen. Wir sind alle erschrocken, stehen wie angewurzelt, die Gewehrläufe zeigen wie lange Finger auf mich, und ich stehe allein, der Außenseiter auf dem Schulhof im Kreis seiner Spötter.

»Tourist«, sage ich, es klingt wie ein Grund für Schuldunfähigkeit. Langsam verwandelt der Schreck sich in Erstaunen, dann, als ich die Hände über den Kopf hebe, in Belustigung. Die Gewehre sinken, und die fünf Männer, alle jünger als ich, wollen mit mir und dem Hund photographiert werden. Bei dem Regen packe ich die Quicksnap nicht aus. Draußen prüfe ich die Burgmauer: Kein Hinweis darauf, dass sich drinnen eine Kaserne befindet.

Der Rucksack wird immer größer, ich komme mir vor wie eine Karawane, nur leider ohne Kamele. Zum Unterstellen gibt es nichts, außer den über die Stadtmauer hängenden Zweigen, die das Wasser zu dicken Tropfen sammeln und bei jedem Windstoß Schauer niedergehen lassen. Rätselhaft, warum ich mich nicht um ein Hotel gekümmert habe, nicht nach einem Touristenbüro gesucht, obwohl der Stadt anzusehen ist, dass sie eines hat. Warum ich nicht nachschaue, ob mein Mietwagen noch wartet, ich könnte im Auto schlafen, falls niemand mich aufnimmt, so wie ich aussehe, triefend mit Hund. Es gibt Zustände, die sind so ekelhaft, dass man zu ihrer Verbesserung nichts unternimmt.

Eine Stadt, in deren Baumstämme am Fluss Namen geschnitzt werden nach dem Muster: Nachname, Komma, Vorname und das Datum der Anwesenheit in der nächsten Zeile, hat ein Rechtfertigungsproblem. Wenigstens kann man inzwischen wegfahren, das ist Fortschritt. Sarajevo, Komma, Tschüs. Da sind sie wieder, die klimabedingten bösen Gedanken.

Den Mund voller Milchschaum, habe ich einen hellen Moment. Ich verstehe, dass das Leben der vier fetten Bosnierinnen in Pelzen und Stöckelschuhen am Nebentisch in Untätigkeit und weit entfernt von Sinn verlaufen kann, weil ihnen nie einer gesagt hat, dass der Mensch eine Beschäftigung braucht. Weil sie schon als Kind nicht mehr sein mussten als erstens vorhanden und zweitens gut gekleidet. Das erklärt nicht Heiner Müllers Schafe und den Mann mit der Kuh, aber einen Moment lang, den Mund voller Milchschaum, bin ich erleichtert.

Eng ist es wie in einer Schiffskabine, Wände und Decke sind mit Holz ausgekleidet, der Regen sorgt für Wassergeräusch. Mir gefällt an der Unterkunft, dass sie über der Stadt gelegen ist, am Rand des türkischen Viertels. Und dass es drinnen trockener ist als draußen.

Meine Füße sind mit den Stiefeln verwachsen, Knochen, Fleisch, Haut und Leder müssen eine Einheit geworden sein, ich traue mich nicht, die Schnürsenkel zu lösen. Still sitze ich auf dem Bett und überlege, wie viele türkische Männer sich vorne im Flur befinden, der mit unter die Decke montiertem Fernseher und Plastikstühlen als Rezeption dient. Mindestens zwanzig, die Kinder nicht mitgerechnet. Alle zeigen Respekt vor dem Hund, obwohl er Pazifist ist und das schlecht zu verbergen weiß. Der Preis für ein Zimmer liegt unter fünfzig

Mark. Die Zimmeragentur wies darauf hin, es sei mit Polizeirazzien zu rechnen.

Der Regen prasselt gedämpft auf dem Steindach vor meinem Fenster, im Nebenzimmer murmelt einer mit Allah. Auf dem Weg zur Toilette sehe ich durch den Türspalt, wie er sich vor dem Spiegel die feuchtglänzenden Haare zurückkämmt. Alle Gespräche verstummen, Teegläser und Spielkarten verharren in der Luft, Kindergesichter wenden sich mir zu, als ich den Rezeptionsflur Richtung Waschraum durchquere.

Gerade habe ich mich abgetrocknet, die zwei bereitgestellten Handtücher auf den Hund verwendet und eine große Portion des Trockenfutters, an dem ich so schwer trage, in den Napf gekippt, als es klopft und der Mann mit den frisch gestriegelten Haaren eintritt, ein silbernes Teegeschirr vor sich her tragend. Er setzt sich unaufgefordert neben mich aufs Bett, der Hund schaut nicht einmal auf von seinem Fressen. Ich fülle das halbe Teeglas mit Zucker. Ich frage auf etwas, das ich für Kroatisch halte, nach seinem Namen. Er kann kein Kroatisch und fragt auf Deutsch, wo mein Mann sei. Mitten in Bosnien höre ich Baustellenschwäbisch von einem Türken. Stuttgart, 1995. Die Frage nach meinem Mann lässt ihm keine Ruhe. Weil ich ausweiche, greift er nach meiner Hand, um sie auf Eheringe zu untersuchen, und ich schmeiße ihn raus, muss ihn fünfmal zum Gehen auffordern, der Hund frisst ungerührt. Als er weg ist, verriegle ich die Tür, schiebe ein Hosenbein hoch und schnalle mir das Fahrtenmesser an den Unterschenkel. Dann höre ich zu, wie drüben im Nachbarzimmer stöhnend ein Orgasmus simuliert wird, mit deutschen Ausrufen, »Ich zeig's dir« und »Ich fick dich«.

Ich kriege kein Auge zu, als hätte ich den Grund vergessen, aus dem man schläft. Ich gebe auf, noch bevor es dunkel ist, und gehe in die Stadt.

Von allem etwas: Auch diese Stadt ist ein Setzkasten europäischer Erinnerungsstücke, jede Epoche, jede Kultur hat ein Haus hingestellt, von Rom über christliches Mittelalter, jüdische Diaspora und türkische Besetzung. Österreich-Ungarn, Faschismus, Kommunismus, Kapitalismus und American Dream, Bürgerkrieg und europäische Integration. Man könnte irgendwo eine holländische Windmühle hinbauen, der Vollständigkeit halber. Erst jetzt, peinlich genug, begreife ich, dass ich mit eigenen Augen sehe, was man den Schnittpunkt europäischer Kulturen, die Grenze zwischen Morgen- und Abendland, den Vielvölkerstaat nennt. »Plopp« macht es, als die Wirklichkeit andockt an den Begriffen.

Dennoch spüre ich weder Spannung noch Geheimnis. Die Dinge sitzen unbeteiligt nebeneinander wie Ausstellungsstücke, Sarajevo sieht aus wie ein Freilichtmuseum, ein Kriegsmuseum, ein Museum europäischer Geschichte. Die Gegensätze, Moslems und Christen, Kathedrale und Synagoge, Westen und Osten, Verwahrlosung und Eleganz stehen sich auf zwei Seiten einer Gleichung gegenüber, kürzen sich weg, und unter dem Strich bleibt: Null. Oder ich bin zu müde.

So geht es nicht weiter. Ich werde System in die Sache bringen. Folgende Fragen gilt es zu beantworten:

Wo wachsen die Melonen.
Wie grün ist der Neretva-Fluss.
Warum war hier Krieg.
Wer hasst wen und wie sehr.

Irgendwo müssen die vielen Menschen hergestellt und in die Fußgängerzone entlassen werden, damit sie sich in breitem Strom an den Caféhausterrassen vorbeischieben, deren Stühle schon trocken gesessen sind, kaum dass der Regen aufgehört hat. Dass sie herumspazieren, hat Mile gesagt, heißt nicht, dass es ihnen gut geht, Spaziergänge kosten nichts. Aber die Klamotten, die man dazu braucht? Die Mädchen sind schlank und elegant, Italien muss in der Nähe sein, und die Härchen aus gezupften Brauen müssen jedes Jahr einen ganzen Berg ergeben, groß wie ein Heuhaufen. Keine Turnschuhe mit Plateausohlen, welch eine Erleichterung. Man versteht sich zu kleiden, man versteht zu gehen und zu lachen, man versteht, wie ein Student auszusehen, wie ein muslimischer Intellektueller, die Umgangsformen so gepflegt wie der Bart, wie eine ausländische Dame, ein aufstrebender Bankangestellter oder eine freche Großstadtgöre, deren enges bedrucktes T-Shirt über den Brüsten spannt. An die vielen Soldaten gewöhnt man sich wie andernorts an Kinder in Schuluniformen, die zur Nachmittagsstunde an den Bushaltestellen stehen, auf Rückbänken von Autos sitzen, an Häuserecken und Kiosken in Gruppen miteinander plaudern, hier und da einen Zivilisten zwischen sich wie einen Paradiesvogel.

SFOR-Soldatinnen spazieren vorbei, die tarnfarbenen Mützen auf dickes Blondhaar gedrückt, und ich kann mir auch unter Anstrengung ihr Privatleben nicht ausmalen. Wenn Sie was brauchen, hat Mile gesagt, eine Unterkunft, eine Stadtführung oder einfach nur Gesellschaft, gehen Sie zu den Organisationen: SFOR, OSZE, UNO, egal. Die werden alles für Sie tun. – Und warum? – Weil auch Sie Ausländerin sind, aus dem Westen. Das genügt.

Daran, dachte ich, erkennt man ein besetztes Gebiet. Deutschland '47: Hi, I'm American, would you give me a ride in your aircraft? – Sure, honey, jump in. Ein bisschen Autosuggestion noch, bis ich mich traue, schnurstracks in ein *Headquarter*, eine *Base* oder *Mission* zu marschieren.

Wer über dreißig ist oder schlecht gelaunt, hat Ausgangssperre. Ohne Regen sieht die Fußgängerzone nach Nürnberg aus. Zögernd wird es dunkel, alle reißen mit den Fingern ihr fettiges, arabisches Essen in Stücke, Röllchen, Pasteten, gefüllte Taschen. Aus jeder Ecke riecht es so stark, dass man sein Leben lang essen will oder nie wieder. Ich entscheide mich für »nie wieder«. Meine Liebe soll nicht durch den Magen gehen. In den Schaufenstern der Konditoreien liegen walnussgroße Süßigkeiten von Gewicht und Gehalt dreier Schokoladentafeln, in ungenießbaren Farben.

Endepol ist nett, aber nicht die richtige Sprache, um ein Buch zu kaufen. Das Logo des Ladens fällt auf: Zwei kahlrasierte Bruce-Willis-Typen, die zwischen ihren Stirnen eine Bücherreihe halten, die Münder vor Anstrengung aufgesperrt. Weil »Buybook« über der Tür steht, trete ich ein und frage auf Englisch nach bosnischer Gegenwartsliteratur in Übersetzung. Außer »Die Brücke über die Drina«, füge ich schnell hinzu. Ein Mädchen mit ausgefranstem Pagenkopf und bohrendem Blick zeigt mir ein Regalfach, in dem neben einem halben Meter Nobelpreisromanausgaben drei Bände mit Kurzgeschichten stehen, in blassbraun, blassblau und blassgrau, zwei davon auf Deutsch, einer auf Englisch. Ich nehme das blassbraune Buch in die Hand: »Das Kind. Die Frau. Der Soldat. Die Stadt.« Auf Serbokroatisch klingt das bestimmt auch nicht besser. Ich schlage es auf und entdecke vier Rechtschreibfehler. Als mir der Preis genannt wird, schlucke ich ein paar Mal und kaufe es. Der zweite Ladenraum ist ein kleines Café, es riecht gut, und vor dem Schaufenster stehen Korbstühle auf einem Rasenstück.

Sind Erinnerungen etwas Akustisches, eine innere Musik oder ein unerträglicher Klang wie Fingernägel auf Wandtafel, etwas, das sich übertönen lässt? Radio ist Lärm, der nichts kostet, genau wie Rumschreien auf der Straße. Ich will mir die Ohren verstopfen. In mir gibt es anscheinend nichts, das übertönt werden müsste.

Die Männer küssen sich links und rechts zur Begrüßung, gleich vier Mal in Folge, dabei steht ihnen die fremde Sprache wie Sprechblasen vor den Mündern. Reden ist Körperkontakt, langsam gewöhne ich mich daran, dass mir ständig jemand den Arm tätschelt. So muss der Hund sich fühlen, der sein Leben lang angefasst wird von Fremden. Der Betrieb in den Straßen strebt seinem Höhepunkt entgegen, die Lufttemperatur steigt unter den letzten Sonnenstrahlen. Natürlich, es ist Freitagabend. Mir wird es schon Samstag Nachmittag bei IKEA zu viel. In diesem Land wechseln die Städte sekundenschnell das Gesicht, genau wie Landschaft und Wetter. Zum Spaß stelle ich mir vor, an einem Abend wie diesem eine Reisebusladung Deutsche mit verbundenen Augen hierher zu transportieren und sie dann raten zu lassen, wo sie sich befinden.

Meinem Fragenkatalog füge ich »Fünftens« hinzu: Warum gibt es keinen McDonald's?

Eine Ladung Cappuccino und Coca-Cola soll mich in die Lage versetzen, wieder aufzustehen. Ich spüre die Vibrationen des Schnarchens vom Hund unter meinen strümpfigen Fußsohlen auf seinem Bauch. Ich will was einkaufen, was essen, Musik hören, mich unterhalten, ich will im Internet surfen, Kneipen besuchen, ich will nach Hause ins Bett. Ich fühle mich wie einer, der am Ufer eines Flusses sitzt und mitzuschreiben versucht, wie viel Wasser vorbeifließt – und was für welches.

Ein roter Lichtpunkt verfolgt mich die Straße hinunter, immer hinter mir am Boden, suchend, zuckend, meine Unterschenkel streifend. Ich brauche mein Gehirn nicht, um mich in den nächsten Hauseingang zu werfen. Dann sehe ich die Kinder mit der kleinen Laserlampe auf einem Balkon. Nichts gegen Fingerpistolen, aber das geht ein bisschen weit.

Wie ein Schlafwandler ziehe ich weiter, wache nur manchmal auf, wenn ich zwischen den vielen Menschen, die alle gleichzeitig reden und lachen, etwas zu erkennen glaube, ein Stück bodenloses Schweigen, ein seltsames Wesen aus Hund und Mensch, fremd wie ich selbst: Das Gesicht von Thomas aus Sarajevo. Ich suche ihn in der Menge, instinktiv, schnüffelnd. Hoffe, ihn irgendwo zu entdecken, an eine Hauswand gelehnt. Warum sollte er endgültig verschwunden sein, nachdem es ihm die halbe Nacht lang nicht gelungen ist, aus dem Zug zu steigen? Mein Wunsch, ihn zu finden, wird immer drängender, immer absurder, er muss doch hier irgendwo sein, alle sind irgendwo hier.

Ölig umgibt mich die Nacht, aus Brodeln wird Schlendern, ohne dass er dabei gewesen wäre. Um die Laternen kreisen fingerlange Heuschrecken und stoßen prasselnd gegen das Glas. Etwas ist mir ins Auge geraten, ich bleibe stehen und fahre mir mit den Fingern in die Augenwinkel, der Schmerz sticht tief ins Hirn, dann öffne ich die Lider, warte, bis die Straße sich zurechtgeschwommen hat, und merke, dass ich mich leergelaufen habe, dass der Wirbel in meinem Kopf ausgebremst wurde wie eine Berg-und-Tal-Bahn am Schluss der Fahrt. Auf meiner Fingerkuppe liegen gleich drei Wimpern, die ich wegblasen will, um mir drei Dinge zu wünschen. Mir fällt nichts ein. Nicht, weil ich glücklich bin, sondern weil ich vergessen habe, worum es sich handelt auf der Welt.

Ich will aufschluchzen vor Erleichterung, als mein Handy für einen Moment Netzkontakt findet, das Display mit Anzeige einer Kurznachricht leuchtet noch eine Weile, bevor das Licht automatisch verlischt. »Es wird bald dazu kommen«, schreibt ein Freund aus Wien, »dass du Abenteuer nicht mehr suchst, um ihr Held zu sein, sondern um von ihnen erzählen zu können.« Ich lese den Text vier Mal, versuche, meine Wut zu beruhigen, ich bin nicht sicher, ob er mich auf den Arm nehmen will. Das Telephon schalte ich aus und stelle mich in einen geschützten Winkel, um ein paar Minuten zu heulen.

Ankommen passiert in dem Moment, als ich mich auf den Weg zurück zur Pension mache, die Treppen hoch hinter der Kathedrale in die türkische Altstadt hinauf, barfuß, die Schuhe in einer Hand, eine langsame Zigarette zwischen den Fingern der anderen. Meine schmutzigen Füße sehen beim Gehen über die alten Steine aus, als gehörten sie hierher. In den spärlich beleuchteten Gassen sitzen Menschen vor ihren Häusern und fangen den frischen Wind auf, der durch das

Tal streicht, den letzten Regengeruch hinauswaschend. Der Hund ist zu zweit, die Streuner sind nicht aggressiv, und unter ihnen gibt es das eine oder andere hübsche Straßenmädchen.

Heute reise ich ab

Um sechs Uhr früh weckt mich das Geräusch von Taubenfüßen, die hart über das Aluminiumfensterbrett kratzen. Zwei landen, rutschen ab, fangen sich flatternd und landen erneut, alles nur, um zu mir hereinsehen zu können. Als sich unsere Blicke treffen, erschrecken sie und verschwinden.

Ich muss mich auf den Ellenbogen stützen, um aus dem Fenster zu sehen. Zu mehr bin ich nicht in der Lage. Falls der Wald sich zum Schlafen hinlegt, ist er jedenfalls als erstes wieder auf den Beinen und steht im oberen Drittel der Berghänge stramm. Soweit ich sehen kann, ist Sarajevo noch da.

Die Sonne kommt raus und zeichnet eine zweite Stadt aus Schatten zwischen die Dächer der ersten, verleiht manchen Fassaden leuchtende Augen und stellt ihre Strahlen mitten in der Plattenbausiedlung ab, schräg an die Ränder der löchrigen Wolkendecke gelehnt. Von hier oben gesehen ist die Stadt ohne Straßen, belagert sich selbst von den Hängen hinunter, ein Haus sitzt dem nächsten im Genick. Wenn man vom höchsten Punkt der alten Befestigungsanlage einen Zipfel der Wolkendecke zu fassen kriegte, um sich daran hinaufzuschwingen – ich würde es tun, weiterklettern, immer höher, bis das Gefühl der Beklemmung sich löst. Es geht nicht, ich habe es ausprobiert. Drei Mal war ich auf der Burg, immer unter dem Vorwand, mein Handy wie einen Köder mit hochgerecktem Arm in die Funkwellen halten zu müssen, um Nachrichten einzufangen, die dort herumschwimmen.

Als ob ich wichtige Botschaften erwarten würde. Die Wahrheit ist, dass ich bei einem Kessel lieber auf dem Rand sitze als im Inneren.

Bevor ich aus dem Bett steige, entscheide ich, heute abzureisen.

Die ganze Stadt heiratet, das Gedröhn der Autohupen und Geflattere von Fahnen geht mir auf die Nerven. In der Fußgängerzone ist es ruhig, die Menschen bewegen sich mit Bedacht, führen winzige Kaffeetassen oder Teegläser zum Mund, zerteilen die ersten fettigen Blätterteigfladen des Tages, machen Einkäufe auf dem kleinen quadratischen Markt, wo sechzig Menschen von einer Granate getötet wurden, gar nicht lang her. Kaum jemand ist zu jung für die Erinnerung. In den Augen der Händler suche ich nach Spuren davon und finde nichts.

Ich wollte weder duschen noch frühstücken, habe kaum geschlafen, dafür viel in dem blassbraunen Buch gelesen und an die Soldaten in den Bergen gedacht. Wie sie aufhörten sich zu waschen und nichts mehr aßen, um die knappen Ressourcen der Stadt nicht an jemanden zu verschwenden, der sowieso bald erschossen wird. Ich kenne das Gefühl nicht, durch alles, was man für sich braucht, einem anderen etwas wegnehmen zu müssen, Nahrung, Wasser, Kerzen, Brennholz, Öl. Jede Zigarette, jede Tasse Kaffee wird zu einer, die jemand anderes nicht trinkt oder raucht. Wenn man gemeinsam etwas zu bewachen hat, ist selbst der Schlaf gestohlen aus einem Topf, der allen gehört.

Ich gehe durch die Straßen, als hätte jemand meinen Körper ausgeliehen, um eine Weile damit herumzulaufen.

Der Copy-Shop hat die Größe eines Dixiklos, darin stehen ein Tischkopierer, ich und ein sechzigjähriger Mann, dessen Augen von einem großen, eckigen Brillengestell eingerahmt werden wie Kunstwerke in einer Galerie. Er sieht aus wie ein berühmter Regisseur, der als Selbsterfahrung für einen neuen Film ein paar Wochen in diesem Kopierklo arbeitet. Wir drängeln uns um den Kopierer und reichen einander umständlich die Seiten zu. Er schiebt sie einzeln in das Gerät. Dass ein automatischer Papiereinzug vorhanden ist, macht mich fertig. Auf seine Frage, was ich hier will, gebe ich zur Abwechslung die einfachste Antwort: Dass ich über dieses Land ein Buch schreibe, für das wir gerade die Notizen kopieren.

»In this case, my dear, you should visit the OHR!«

Ich drehe mich um, der Türrahmen wird ausgefüllt von der dicken Journalistin aus Mostar. Sie lässt Sonne, Himmel und ganz Sarajevo hinter ihrem Rücken verschwinden und ist nassgeschwitzt, als hätte sie zu schmelzen begonnen. Ihren Anblick ordne ich ein unter »Wahnvorstellungen, die keiner braucht« und reiche dem Copy-Shop-Besitzer die nächste Seite. Er guckt mich an, als wäre ich verrückt, aber ich gucke ihn wahrscheinlich genauso an. Falls er wirklich einen Film dreht, hoffe ich, darin vorzukommen.

Als wir fertig sind, ist die Journalistin noch da. Mit eingezogenen Bäuchen schieben wir uns aneinander vorbei.

»I planned to anyway«, sage ich zu ihr.

Das OHR hört alles und sieht nichts. Groß geschrieben wie ER in der Bibel, ein mächtiger Lauschgott in einer überwachten Welt. Trotzdem kennt es niemand, und auch »Office of the High Representative« hat keinen Wiedererkennungswert. Ich probiere Studenten, Anzugträger mit Aktentaschen und Taxifahrer, male die Buchstaben »O-H-R« in den Staub auf der Heckscheibe, sage »Dayton-Vertrag« und »Wolfgang Petritsch«. Keine Chance. Weil der Dayton-Vertrag nicht nur dieses Land erschaffen hat, sondern auch die bosnische Verfassung enthält und vom OHR vollzogen wird, hatte ich erwartet, dass jeder mir gleich den Weg weisen würde: »Lieber Freund, wo geht's zum ...?« – »Zum Königsschloss? Immer da lang! Auf dem Hügel, wo die Fahnen wehen!«

Durch Zufall sehe ich Fahnen am Fluss, und zwar solche der OSZE. Zeit zum Üben: Hi, I'm German. Ich lasse mir von einer Internationalen Organisation den Weg zur nächsten weisen. Immer am Fluss entlang, die Hitze steigt mit jedem Schritt. Unterwegs finde ich einen Kiosk mit Cola light im Angebot und kaufe eine Flasche mit zwei Litern Inhalt, die zu schleppen mich zweieinhalb Liter Schweißverlust kostet. Die Ausdünstungen des Flusses machen das Atmen zur sportlichen Disziplin. Rotbraune Schmetterlinge klatschen mir gegen Bauch und Brust, vielleicht sind Schmetterlinge blind in dieser Region. Ich kann es nicht leiden, wenn der Hund sich hinter mir hält, und schnauze ihn an, woraufhin er ein paar Schritte voraustrabt und sich gleich wieder zurückfallen lässt. Der sanierte Teil der Stadt geht zu Ende, hier und da recken Häuser wie Ertrinkende ihre klaffenden, schwarz gebrannten Dachstühle in die Luft. Gut, dass Häuser keine Stimmen haben. Ihr Stöhnen, ihre Schreie und Hilferufe wären nicht auszuhalten.

In so einem weißen Betonwürfel kann man nicht regieren, nur verwalten. Das OHR ist weder an Fahnen noch an einem Schild zu erkennen, dafür an Zaun, Kameras und panzerverglaster Pförtnerkabine. Von so einem schlichten kleinen Bürogebäude aus werden also innerstaatliche Grenzen verändert und die Verfassung interpretiert. Eigentlich klar, dass die internationale Bürokratie keine Wimpel und Türme hat. Angeblich gibt es nichts zu repräsentieren, Kriege wie dieser werden nicht gewonnen oder verloren. Nicht von den beteiligten Parteien. So gewaltig und schnell ändern sich die Zeiten. Trotzdem merkt man es kaum.

Mir gefallen die runden Verbotsschilder mit durchgestrichenen Maschinengewehren. Der Pförtner telephoniert und öffnet vorschriftswidrig das Gittertor, damit ich in die Nähe des Ventilators gelange, der ihm ständig das Telephonverzeichnis vom Tisch bläst. Während ich warte, lächeln wir uns an, bis wir etwas sagen müssen.

»Und«, fragt er auf Englisch, »wie gefällt Ihnen unser Land?«

Ich bin zu höflich, um ihn zu beleidigen, und zu ehrlich, um zu lügen.

»Ganz gut«, sage ich. »Warum gibt es eigentlich keinen McDonald's?«

Er lacht, patscht sich mit der einen Hand auf den Schenkel und wischt sich mit der anderen den Schweiß ab.

»Ich sag Ihnen was. Dieses Land ist ein Nichts. Früher war es alles, jetzt ist es nichts.«

Auf solche Sätze kann man schlecht antworten, also wiege ich den Kopf in einer Art, die »Du hast ja recht, aber sei nicht so streng mit dem armen Land« bedeuten soll. Dabei hat er gar nicht recht.

»Zukunft«, sagt er, »ist hierzulande das, was fünf Zentimeter vor deiner Nase liegt. Dahinter beginnt das Nichts.«

Zum Spaß gehe ich noch ein paar Mal durch das Metalldetektoren-Tor, es piepst so nett.

Weil er nicht Deutsch spricht, nehme ich an, dass er die Belagerung miterlebt hat. Wenn Zukunft und Gegenwart Nichts sind und die Vergangenheit der Ort, an dem das Nichts produziert wurde, frage ich mich, was bleibt. Bevor ich das ausformulieren kann, summt oben die Tür.

Weil das OHR den Hund nicht reinlässt, gehen wir ins Café. Amelie Lauscher kenne ich von der Uni, sie hat Jura und Völkerrecht studiert wie ich, dazu Politologie, hat in Den Haag gearbeitet, in New York, Brüssel und Genf und ist echter Teil der »international crowd«, deren Mitglieder sich durch die mangelnde Fähigkeit auszeichnen, still an einem Ort auf ihrem Hintern zu sitzen. Auch Amelies Freund kenne ich von der Uni, er ist gerade aus Indien zurück und stellt seine Doktorarbeit fertig. Mich kenne ich ebenfalls von der Uni, ich habe kürzlich eine Arbeit über die Osterweiterung geschrieben und reise über den Balkan. Wir kommen mir ein bisschen komisch vor, rund um die Plastiktischplatte eines türkischen Imbiss' sitzend, der wie alle gastronomischen Betriebe bis hin zum guten bosnischen Restaurant mit »fast food« wirbt. Wir trinken Kaffee aus Kupferkännchen mit fingerdickem Bodensatz. Ab und zu hebt Amelie ihre Nickelbrille an, die auf dem Nasenrücken einen roten Abdruck hinterlässt. Sie trägt ein dunkelblaues Kostüm mit kurzärmligem Blazer, ihr Freund Jeans und Jackett und ich seit drei Tagen dasselbe T-Shirt. Ich bitte um einen Schnellkurs »Bosnische Politik für Anfänger«. Amelie zerpflückt zwei Servietten und formt daraus ein Hufeisen. Das sind Kroatien und Serbien. In die Mitte stellt sie den Aschenbecher: Bosnien-Herzegowina.

»Die serbische und die kroatische Seite«, sagt sie, »wollten das Land unter sich aufteilen. Zwischen Zagreb und Belgrad hat es während des Kriegs immer wieder verdeckte Verhandlungen zu diesem Thema gegeben. Aber stell dir vor, was dann aus den Moslems geworden wäre.«

»Vielleicht ein eigener Staat?«

»Gegründet aus einer Handvoll Leute, die noch dazu weit verstreut im Land leben? Ihnen ein Territorium zuweisen, Kroaten und Serben verjagen und darauf warten, dass Moslems aus den anderen Gebieten einwandern oder was?«

Wir schütteln die Köpfe. Das klingt nach Israel.

»Man wollte Bosnien erhalten. Deshalb der Kompromiss. Bundesländer: Ein serbisches, die Republika Srpska, und ein gemischt muslimisch-kroatisches, die Konföderation.«

»Und Politik wird weiterhin in Zagreb und Belgrad gemacht, statt in Sarajevo?«

»Die Republika Srpska sucht engen Kontakt zu Serbien. Währenddessen unterstützt Kroatien Bestrebungen, die Konföderation noch einmal zu teilen. Sie wollen ein drittes, kroatisches Bundesland. Das ist der sogenannte Third-Entitiy-Streit.«

»Was soll das bringen, sechs Jahre nach dem Krieg?«

»Naja«, sagt Amelie, »ein Kunstgebilde wie Bosnien, durch die SFOR zusammengehalten, könnte eines Tages auseinanderbrechen. Ein rein kroatischer Teil würde sich Kroatien anschließen.«

Das klingt logisch. Ich frage mich, warum so etwas wie Logik in Balkanangelegenheiten von Deutschland aus nie zu erkennen ist.

»Abstrus ist«, sagt Amelie, »dass die Grenze zwischen den beiden Bundesländern zwar unsichtbar ist, aber genauso wirkt wie eine Grenze zwischen Staaten. Bosnien hat zwei Polizeien, zwei Verteidigungssysteme, hier zahlst du Steuern und dort nicht. Beide Teile geben ihre eigene Staatsangehörigkeit aus.«

Auf Wiedersehen in der Republika Srpska, denke ich. Willkommen in Baden-Württemberg. Halten Sie Ihre Pässe bereit.

»Das alles«, sagt Amelie, »wird von Mostar und Banja Luka aus gelenkt.«

So ein kleines Land, kaum größer als Hessen, und gleich drei Hauptstädte. Ich sehe ein Wesen mit schmächtigem Leib und drei schweren, zur Seite knickenden Köpfen.

»Und das Parlament in Sarajevo?«

»Hat nicht viel zu entscheiden. Was nicht weiter schadet, weil es ohnehin ständig blockiert ist.«

»Amelie«, fange ich an, »sag mal ehrlich. Glaubst du, dass so ein abgefucktes System jemals als normaler Staat funktionieren wird?«

Sie zuckt die Achseln und wirft ihrem Freund, der mit dem Zeigefinger kleine Fliegen am Rand der Zuckerdose zerquetscht, einen Blick zu.

»Ich bin noch nicht lange hier«, sagt sie, »und ich werde rechtzeitig weg sein, bevor ich das beurteilen kann.«

Ich nehme die Serviette, welche Kroatien darstellt, um mir den Schweiß aus dem Gesicht zu wischen. Amelie benutzt Serbien zum gleichen Zweck. Wir sitzen bucklig da, als würde die politische Situation allein auf unseren Schultern lasten.

»Wenn jemand auf den Dayton-Vertrag schimpft«, sagt Amelie, »frage ich, ob ihm schon aufgefallen ist, dass seit dem Abschluss keine Schlachtfeste mehr stattfinden.«

»Und warum gab es Krieg?« frage ich. »Mir hat jemand gesagt, dass immer die Deutschen glauben, es habe sich um einen ethnischen Krieg gehandelt.«

»Unsinn«, sagt Amelie, »sicher war es ein ethnischer Krieg.«

»Und«, frage ich, »bist du keine Deutsche?«

Als das Schweigen lange genug gelastet hat, reden wir lieber über Fundamentalismus in Indien.

Bis meine Hände zittern vom Kaffee und meine Gedanken die Konsistenz einer Portion Mozzarella haben, der man die Tomatenscheiben und Basilikumblätter weggegessen hat. Schon auf der Straße stehend, tippt Amelie bezüglich McDonald's auf mangelnde Rechtssicherheit, ihr Freund auf mangelnde Nachfrage. Zum Abschied empfiehlt sie mir einen Besuch bei der SFOR und kritzelt eine Telephonnummer auf ein Stück Papier. Ich sage, dass ich heute abreisen will.

Zwei Stunden lang hänge ich in einem Korbstuhl vor dem Buchcafé. Goran, dem Buybook gehört, erklärt mir, dass alle, die hier arbeiten, einkaufen oder Kaffee trinken, Schriftsteller sind. Glück gehabt, ich auch. Goran und sein Partner schreiben erfolgreich, Suada, das Mädchen mit fransigem Pagenkopf und durchdringendem Kinderblick, für die Schublade. Sie will, dass ich sie »Cuki« nenne, was »Hündchen« bedeutet. Gorans Frau ist Schriftstellerin. Maja, ein schmales Gesicht zwischen Schwingen schwarzen Haars, stumm, erschreckt vom Hund, schreibt Lyrik. Ich verliere den Überblick, wir sitzen zu zehnt. Ein Buchladen, ein Café, alles voller Autoren, ein Gespräch über europäische Literatur, den Lauf der Dinge, über dies und das. Pausenlos drehe ich Zigaretten für uns aus meinen zu Ende gehenden Tabakvorräten, weil das an gute alte Belagerungszeiten erinnert. Im Schatten an der Hausmauer ist es nicht so heiß, der Hund schläft ruhig. Goran schaut meine ausgestreckten Beine an und schickt immer jemand anderen los, um mir ein Getränk zu holen. Er ist jung und gerne Chef. Weil sein Englisch schwächelt, ernennt er alle Anwesenden zu Privatübersetzern. Seine Stimme ist tief und angenehm, nur wenn er lacht, wird sie hoch und kreischt.

»For one mark an hour«, ruft er, »everybody is my translator.«

»Bitte Chef«, sagt Cuki, »ich will zahlen, um für dich arbeiten zu dürfen.«

Cuki lacht nie, man muss erraten, ob sie einen Witz macht oder nicht. Alle ihre Freunde, hat sie mir zugeflüstert, sind drogenabhängig.

Nicht nur die Liebe zur Literatur haben sie gemeinsam. Keiner von Buybook war Flüchtling, ich habe eine Gruppe Hierbleiber gefunden und bin einfach Deutsche, nicht »Aus-Deutschland-wie-schön«.

Alles, wie es sein soll in einer europäischen Hauptstadt, die Stimmung leicht und kultiviert. Cuki erzählt, wie sie nach dem Krieg auf eine kroatische Insel floh, um ein Jahr lang fern von den Menschen zu leben. Sie war achtzehn. Goran gibt Anekdoten zum Besten, wie er irgendwann die Uniform überzog und sich in den Matsch der Schützengräben sinken ließ, wo sein Freund Damir schon zwei Jahre lag. Wie ihm dort eine kleine weiße Katze zulief, die er lieber fütterte als sich selbst, bis sie erschossen wurde. Das kann uns nichts anhaben, nicht hier im Sonnenschein. Geschichten eben. Goran hat den ganzen Thomas Mann gelesen, Grass, Bachmann und Böll, während ich keinen einzigen bosnischen Autor kenne, und das beunruhigt mich mehr als die Frage, wie viele Menschen jeder der Anwesenden umgebracht hat. Goran verlegt und verkauft Literatur aller Volksgruppen, zu ihm kommen Kunden aus Belgrad und Zagreb.

»Auch wenn die Texte schlecht sind.« Er lacht schrill.

»Der Krieg hat nicht nur Menschen getötet, sondern auch ihre Geschichten.«

Cuki geht zurück an die Arbeit, Gorans Frau nach den Kindern sehen. Maja bringt Distanz zwischen sich und den Hund. Damir sitzt schon eine Weile nicht mehr dabei.

»Sie alle«, flüstert Goran, »schreiben nur über den Krieg. Ich schreibe gar nicht mehr. Zehn Jahre nach einem Krieg kannst du nichts schreiben als ...«

Er ruft Cuki hinterher, um das Wort für »Kitsch« in Erfahrung zu bringen. Ich habe schon verstanden.

Kurz darauf, mit einem Programm für das Filmfestival und Telephonnummern wichtiger Jungregisseure ausgestattet, sitze ich wieder in den Hügeln mit ihren Stoppelfrisuren aus muslimischen Friedhöfen. Am Samstagnachmittag kommen die Alten, um mit den Gräbern zu sprechen. Eng liegt man beieinander, im Leben wie im Tod.

Mich packt das Grauen. Nicht darüber, dass Menschen zu töten imstande sind, sondern darüber, dass man es ihnen nicht ansieht. Dass das Töten, anders als die Geburt eines Kindes, eine Hochzeit oder der Tod eines geliebten Menschen, keine Spuren hinterlässt, nicht auf dem Gesicht, in den Gesten oder an der Hand, die den Finger heute nur noch krümmt, um ein Feuerzeug unter dem Zigarettenende anspringen zu lassen.

Als ich aus den Hügeln zurückkehre, geht es mir besser. Ich bin kräftig genug, um den Mietwagen abzuholen. Es klappt so reibungslos, dass ich bitte, das Telephon benutzen zu dürfen, und die Nummer auf Amelies Zettel wähle. Ich erschrecke zu Tode, als jemand sich meldet. Sollte man sie wirklich anrufen können, die SFOR?

»Sprechen Sie deutsch«, frage ich, um Zeit zu gewinnen.

»Nein«, sagt die SFOR mit französischem Akzent, »ich spreche französisch, englisch, spanisch und portugiesisch.«

»Und ich deutsch, englisch, polnisch und sehr wenig französisch.«

»Also englisch.«

Wir fragen uns gegenseitig aus, er heißt Monsieur Pescaran und ist Presseoffizier, in Mostar stationiert. Und ich? Im Buybook war ich Schriftstellerin, und nun? Jurist, Tourist, Buddhist? Journalist ohne Presseausweis? Monsieur Pescaran hat längst versprochen, alles für mich zu tun. Immerdar und überall. Ich weiß kaum, wie mir geschieht, schon bin ich verabredet mit der Friedenstruppe. Also doch nicht abreisen. Während ich nicke, »Oui oui« sage und versuche, weitere Telephonnummern für den Erhalt eines SFOR-Ausweises zu notieren, kann ich mich plötzlich nicht mehr erinnern, wie man eine Fünf schreibt. Mir wird schwindlig wie zehnmal um die eigene Achse gedreht, meine Finger sind geschwollen, dass die Ringe einschneiden. Monsieur Pescaran hält mich bestimmt für debil, lässt sich aber nichts anmerken. Ich sollte was essen, irgendwann.

Die Belagerung von Sarajevo

Als ich drinsitze, Fenster und Türen geschlossen, der tonnenschwere Rucksack außer Sichtweite im Kofferraum, als die Klimaanlage anspringt und das Autoradio meine Kassette einsaugt, beschließe ich, den Opelwerken einen Strauß Rosen zu schicken.

Ich pfeife auf die Reisekasse und ziehe in ein erträgliches Hotel, noch ein Stück höher über der Altstadt gelegen, mit Parkmöglichkeit vor der Tür, Frühstück im Wintergarten und Hotelbesitzer an der Bar. Er will erzählen, wie er drei Jahre lang durch die Scheiben des Wintergartens Granaten auf dem Weg ins Tal beobachtet hat und auf die Idee kam, ein Hotel zu eröffnen, für die *Washington Post* und *Herald Tribune.* Ich sage »Schlimm, schlimm« und »Schön, schön«.

Weil ich ein Auto habe, will ich irgendwohin fahren und entscheide mich für den Stadtteil Ilidža, weil er weit weg ist.

Die Sniper Alley nimmt kein Ende. Parallel läuft ebenso endlos die einzige Straßenbahnlinie Sarajevos, die von einem Ende des Tals zum anderen fährt, hin und her wie ein Fisch im Aquarium. Ich passiere einen schreiend bunten, halb eingestürzten Neubau mit Bullaugen. Zigeuner haben aus Schrott ganze Wohnungseinrichtungen gebaut, draußen vor dem Haus und auf den Balkonen. Teppiche sind über das Gras gebreitet, beinlose Sofas auf Bücherstapel gesetzt, kaputte Wanduhren und leere Bilderrahmen an die Hausmauer genagelt. Offene Kühlschränke enthalten alles Mögliche, nur kein Essen, verdorrte Topfpflanzen balancieren auf leeren, wacklig gegeneinander gelehnten Regalen. Eine Kopie der sogenannten zivilisierten Welt, errichtet aus deren Müll. Etwas abseits schrubben die Frauen Wäsche auf dem Kies der Wege, die laufenden Gartenschläuche erzeugen große, flache Lachen, an denen Kinder spielen. Zwischen allem flattern die gelben Plastikbänder von Minenabsperrungen.

Ich schiebe eine Kassette ins Radiogerät, und die ersten Klänge der Musik versetzen mich in einen anderen, vergessenen Zustand. Mit einem Ruck wird das Tuch weggerissen, unter dem mein Hirn gebrütet und gearbeitet hat wie ein Hefeteig. Es ist Sommer, Sarajevo ist nur eine Stadt. Ich entspanne mich, zum ersten Mal seit Tagen.

Trabende Fiaker und ein Arrangement von Kurhäusern auf Rasen: Hinter der Morbidität von Ilidža kann Wien sich verstecken. Die wie Sicherheitsglas aus winzigen Kästchen bestehenden Fensterscheiben lösen das prunkvolle Innere verrottender Casinos in Pixel auf, zeigen es als Mosaik ineinanderfließender Farbstücke. Drinnen unterhalten sich Stühle anstelle von Menschen und haben Tische statt Themen zwischen sich. Der Park ist halbiert, vor den großen Schildern mit Totenköpfen und gezeichneten Explosionswolken toben Hunde im Kreis über die Wiese. Familien schlagen sich Federbälle zu.

Schon zwanzig Minuten gehe ich auf der Platanenallee. Es wächst der Verdacht, dass sie kein Ende hat, ich auf ihr die Welt umrunden werde, den Gürtel gefunden habe, der Mutter Erde das Kleid zusammenhält. Ich werde ausgetrunken durch feine Kanäle, welche die Mücken unter dem Kleid in meine Beine legen. Ich verbiete dem Hund, den Weg zu verlassen, was er für eine grundlose Strafe hält, und zünde mir eine Zigarette nach der anderen an, um zu beweisen, dass die Zeit nicht stehen geblieben ist. Das ist kein Spaziergang, das ist eine Metapher. Ich lasse die Stelle hinter mir, an der die Fiaker umkehren, und trinke aus einem Steinbecken Wasser, das direkt aus der Erde quillt. Die Bäume rechts und links, fehlerlos aufgereiht, schließen sich wenige Schritte voraus zu einer lückenlosen Mauer. Dahinter beginnt Natur, der ich nicht traue.

Ich denke mir einen Film aus für den Mann im Copy-Shop: Ein Paar geht die Allee entlang. Der Mann hat nach zehn Jahren seine Jugendliebe aufgesucht, in der Hoffnung, die Begegnung würde Gefühle wecken, die ihn Gedichte schreiben lassen, wie sie ihm seit dem Krieg nicht gelungen sind. Aus dem Flirt am Frühlingsabend wird Vertrautheit und daraus Geständnisse, die Jugendliebe erzählt, wie oft sie während des Kriegs vergewaltigt wurde und wie sie sich selber anbot, um ihr Leben zu retten. Andernfalls hätten sie sich zu diesem Spaziergang nicht wiedertreffen können. Der Dichter erkennt die Wahrheit: Kein einziges Gedicht wird er mehr schreiben bis zum Tod. Er will die Jugendliebe loswerden, aber die Allee nimmt kein Ende. Das Ganze wäre in einer Einstellung zu drehen, drei Kameras würden auf Dollys vor, neben und hinter den Spaziergängern fahren.

Ich berühre den letzten Baum mit beiden Händen, hab ich dich, du kannst nicht weglaufen, einmal um den Erdball herum. Wir treffen einen winzigen schwarzen Welpen zwischen den Mülltonnen, er begleitet uns ein Stück, bis ihm die kurzen Beine versagen. Die Quelle der Bosna ist ein Netz aus Flüssen und Tümpeln, nirgendwo dringt Wasser aus der Erde, überall ist es schon da. Das Gras ist gemäht, zwischen den Bäumen spannen sich bunte Lichterketten der Restaurants. Ich setze mich zum Pinkeln hinter einen Schuppen und verwechsle beim Abwischen eine Brennnessel mit einem Löwenzahnblatt. So kann man sich auch den Abend verderben.

Vor einem Café verteidige ich mich mit autogenem Training gegen die zunehmende Kälte. Mit dem Geschmack des Weins im Mund könnte ich bei geschlossenen Augen auch irgendwo anders sein. Neben mir schmatzt einer über seinem Teller, als würde er sein Essen leidenschaftlich küssen. Der Name der Zigaretten, Walter-Wolf, klingt immer noch nicht nach etwas, das man anzünden kann.

Auf dem Rückweg ist die Allee noch länger geworden. Unzählige Male überholt mich mein Schatten, wächst mir über den Kopf, verlässt mich, um von hinten anzuschleichen. Ab und zu reißen die Scheinwerfer eines Autos den Bäumen Münder auf. Als ich zum vierten Mal geglaubt habe, das Ende zu sehen, warte ich nicht mehr darauf, denke darüber nach, ob ich Monsieur Pescaran heiraten könnte, allein wegen seiner netten Stimme und auch gegen die Einsamkeit. Das Ende erreiche ich, als es seine Bedeutung längst verloren hat.

Ich eröffne ein Restaurant für Streuner mit dem Futter vom Hund und zwei Laib Weißbrot an der Ecke vor dem Hotel. Die Hunde sind hungriger nach meinen streichelnden Händen als nach Nahrung, unterbrechen, wenn ich sie berühre, sofort ihr Kauen und Schlingen und werfen sich auf den Rücken, um mir Hälse und Bäuche hinzuhalten, auf denen die Flöhe in Scharen spazieren gehen. Ein junger Schäferling mit Riesenohren hat uns am Nachmittag schon Gesellschaft geleistet, wartete abseits des Buchcafés im Gras, verließ uns an einer Straßenecke, traf uns an der übernächsten wieder, folgte in Bocksprüngen die Hügel hinauf. Wie soll ich ihn begrüßen und mich von ihm verabschieden, wenn er keinen Namen hat? Was brächte es, ihm einen zu geben, den nach mir niemand mehr sagen wird?

Sie an der Bar zu sehen, überrascht mich nicht. Zum Sitzen benutzt sie zwei Hocker, einen für den Hintern, den anderen für die Beine. Sie schaut mir entgegen, als hätte sie auf mich gewartet.

»Don't wonder, dear«, sagt sie. »It's a small world. Particularly in this country.«

Ein Getränk steht vor mir, bevor ich darum gebeten habe. Beim dritten Zufallstreffen gibt man einen aus, dagegen ist nichts zu machen. Ihre weißhaarige Begleitung, erfahre ich, ist keine britische Hauslehrerin, sondern eine Bildreporterin, die nur gute Photos macht, wenn ihr dabei Projektile um die Ohren fliegen. Sie ist dabei, weil sie gerade in Mazedonien unterwegs war, langweilt sich zu Tode und ist schon im Bett. Es geht um eine Reportage über Gewalt gegen Frauen, vor allem in Tuzla. Schon der zweite Versuch.

»How did you like the OHR?«

Ich erkläre, dass ich eine alte Bekannte besucht habe.

»The OHR, my dear«, sagt sie, »is the devil's administration.«

Dann höre ich die Geschichte des ersten Versuchs ihrer Reportage.

An einem Aprilfreitag diesen Jahres flog sie, von Süden kommend, im kroatischen Grenzstädtchen Metković aus dem Bus.

»Er kehrte um, zurück nach Split«, sagt sie, »ohne ein Wort der Erklärung.«

Natürlich regnete es. Dass bald Ostern sein musste, erkannte sie an einem Ei, welches sie am Bahnhof von Metković von vier kartenspielenden Schaffnern geschenkt bekam. Das Ei war außen und innen grün verfärbt und sah nicht aus wie etwas, das man essen kann. Züge nach Mostar gab es nicht. Alle Geschäfte waren geschlossen, die Straßen leer. Einer der Schaffner entpuppte sich als Gelegenheitstaxifahrer, und sie erhöhte den Preis, bis er einwilligte, sie nach Mostar zu bringen.

Ich trinke das zweite Glas aus, ein scharfes, aromatisches Zeug, und habe die Szene klar vor Augen. Der Dampf aus ihren nassen Kleidern beschlägt die Fenster, draußen versucht der strömende Regen, verlassene Felder hinter sich zu verstecken. Fast berührt der Taxifahrer mit der Nase das Glas, auf dem die Scheibenwischer hektisch hin und her rucken. Schemenhaft tauchen Gestalten im Nebel auf, sie stehen mitten auf der Fahrbahn und an den Straßenrändern, jede für sich, niemals zwei beieinander. Alter und Geschlecht sind nicht zu unterscheiden, aber unzweifelhaft sind sie in Uniform. Das Taxi sieht zwischen Militärjeeps, Polizeiwagen und Panzern wie ein Spaßmobil aus.

Die Journalistin dreht das Fenster herunter, Wasser spritzt ihr ins Gesicht. Was auch immer geschehen ist, es geht alle an, sie zählt zehn verschiedene Uniformen: Drei Sorten Polizei, dazu Grenzbeamte aus Kroatien und Bosnien-Herzegowina, Militärs aus drei verschiedenen hiesigen Armeen und schließlich SFOR-Soldaten aus Spanien und Frankreich, auch zwei Briten sind dabei. Sie könnte ihnen zurufen: »Hey, where are you from?«, und sie würden antworten: »Huddersfield!«, oder »London, and you?« Hier trifft man sich, Menschen aus fünf europäischen Ländern, um auf einer bosnischen Landstraße im Regen zu stehen. In meiner Phantasie ist die Journalistin schlank und beweglich wie Lara Croft.

»Der kroatische Grenzer kannte meinen Fahrer«, sagt sie, »und winkte uns durch, bevor einer der Soldaten den Wagen erreichte.«

In Mostar stehen SFOR-Fahrzeuge in den Straßen, vor allem rund um Hotel Ero, in dem das OHR seine Büros hat. Oben auf den Panzern spanische Soldaten, breitbeinig und regungslos, durch Kriegsausrüstung zu doppelter Größe aufgebläht, die Gesichter schwarz maskiert.

»Warum maskiert?« frage ich.

Sie kommt aus dem Takt. Woher soll sie das wissen.

»Das war die Mostarer Bankenkrise«, sagt sie, »die erste riskante Lage seit Dayton. Und ich bin durch Zufall mitten rein gefahren.«

Dieses Land ist ein Pulverfass! Es klingt wie etwas, auf das sie persönlich stolz ist. Ich sage ihr, dass ich nicht das Gefühl habe, ein Pulverfass zu bereisen.

»For God's sake, my dear!«

Ich komme mir naiv vor, aber trotzdem: Große Anspannung, Hass zwischen den Menschen müsste zu spüren sein. Das dritte Getränk lasse ich stehen, wünsche gute Nacht und wecke den Hund unterm Barhocker.

Am Fenster vergewissere ich mich anhand des Lichterpanoramas, dass ich nach wie vor in Sarajevo bin. Ich komme nicht weg. Die Stadt hat den Job ihrer eigenen Belagerung übernommen. Vielleicht müsste ich bei Nacht im Laufgraben entlang Sniper Alley Richtung Flughafen krabbeln, im Schutz der Dunkelheit die Rollfelder überqueren, mit zweihundert anderen Menschen durch einen handgebuddelten Tunnel den Belagerungsring verlassen. Wir würden uns aneinander festhalten, eine lange Reihe Fremder, Hand in Hand, um zwischen den Abstützungen aus Schrottteilen im engen Stollen nicht panisch zu werden. Am Ausgang empfinge uns das handgemalte Schild: Paris 3765 Kilometer. Vielleicht verlangt die Stadt als Tribut solche Gesten, vielleicht würde sie mich dann gehen lassen.

Den ganzen Tag hadere ich mit dem Gefühl, nichts mit mir anfangen zu können, obwohl das eine Großstadt ist, obwohl ich mir lange gewünscht habe herzukommen. Ich sehe keinen Sinn mehr in Stadtbesichtigungen, ich schaffe es kaum, meinen Hintern vom jeweiligen Stein zu trennen, auf dem er gerade sitzt. Letztlich ist der Kampf gegen die Lähmung wohl mehr Stadtbesichtigung, als das Anschauen von großen Moscheen, alten Bibliotheken und neuen Museen es sein könnte.

Im blassbraunen Buch lese ich eine von Gorans Geschichten. Als man auf dem Friedhof von Sarajevo die Bäume abgeholzt hatte im härtesten Winter, die großen Kastanien, Trauerweiden und Platanen, fand niemand seine Toten wieder, und die Menschen irrten verloren umher und fragten einander nach ihren verstorbenen Söhnen, Müttern und Brüdern.

Jetzt ist es amtlich, ich kann nicht schlafen. Manchmal hilft Ehrlichkeit: Es liegt nicht an der Klimaumstellung. Bei Tag, in der Stadt, gibt es ihn nicht, diesen Krieg, auch wenn er an jeder Ecke, in jedem zweiten Satz der Menschen seine Markierungen hinterlassen hat. Das mag sein Revier sein, aber er selbst ist nicht da. Er kommt bei Nacht, wenn ich in einem kleinen, zu gut ausgestatteten Zimmer liege, zwischen Teppichen, Spiegeln und bereitgestellten Pantoffeln, wo es still ist bis auf das Rauschen der Klimaanlage, wo ich in einem Buch lese über vergewaltigte Kinder, abgeschnittene Geschlechtsteile, Massenerschießungen und die Minuten davor, über brennende Häuser und den Geruch in den Lagern. Seit Tagen gelingt mir nicht mehr, das Böse als Ausnahme von der Regel des Guten zu begreifen. Stattdessen schalten die beiden Seiten sich beliebig an und aus, abwechselnd, wie zwei Funktionen eines Schalters mit Wackelkontakt. Unterschwellig wächst die Angst, irgendwann zu verstehen und nie wieder vergessen zu können, nicht mehr in der Lage zu sein, ins eigene Leben zurückzukehren. Aus Versehen könnte ich Mitglied werden bei jenem kleinen Verein von Menschen, die sich unablässig die Welt anschauen, zusehen, wie alles grundlos zwischen Gut und Böse pendelt. Als Beobachter und Boten des Unerhörten werden sie zu Einzelgängern, die sich mit Familie und besten Freunden nicht mehr verstehen. Auch untereinander haben sie nicht viel gemeinsam. Sie liegen in kleinen Hotelzimmern in allen Teilen der Welt und lesen in Büchern, die solche wie sie für solche wie sie geschrieben haben. Niemand sonst würde das freiwillig lesen.

Ich habe Angst, weil ich nicht weiß, wovor. Wenn die Scheißmenschheit sich selbst den Krieg erklärt, gibt es nichts, was zu sagen oder zu denken übrig bliebe. Hör auf zu suchen. Fahr nach Hause. Sie haben im Kleinen vorgeführt, was auch woanders und im Großen jederzeit möglich ist. Das will niemand wissen, und auch ich darf es nicht wissen wollen. Wie sollte ich mich sonst zwischen Menschen bewegen, die hier wie überall ihre Grausamkeit nicht ahnen lassen, so dass ein Ausbruch von Gewalt nicht nur bis zur Sekunde, in der er geschieht, sondern auch eine Sekunde nach seinem Ende wieder völlig ausgeschlossen erscheint?

Der Hund macht es vor. Jede seiner Bewegungen ist ein Appell: Lebe. Der Hund denkt weniger über den Krieg nach als ich, aber das nimmt seiner Aussage nichts von ihrer Wahrheit. Zu dem, was er tut, gilt es zurückzukommen, immer wieder, solange man kann.

Und schon sitze ich mitten im Kitsch, von dem Goran gesprochen hat. Aber es beruhigt.

Später träume ich, im echten Sarajevo zu sein. Zwischen den Mauern einer türkischen Befestigungsanlage bewege ich mich auf Straßen aus gestampfter Erde, spüre die historische Bedeutung des Ortes, seine besondere Schönheit. Ein gut erhaltenes Gebäude in einem Innenhof ist bewohnt, und obwohl kein Mensch zu sehen ist, weiß ich sofort, dass sich hier Macht konzentriert, dass hier ein Mufti lebt oder Milošević oder Wolfgang Petritsch, ich habe keine Ahnung, in welcher Zeit ich mich befinde. Von einem Wachtturm überblicke ich die verschachtelten, mit flachen Steinplatten gedeckten Häuser am Hang, ein kleines Gebiet, in zwei Stunden mühelos zu umlaufen. Menschen unterhalten sich aufgeregt in den Gassen, sie haben wache, offene Gesichter. Mit einem Mal verstehe ich, dass dies das wahre Sarajevo ist. Ein Vorhang wurde beiseite gezogen, mit der Projektion der anderen, falschen Stadt darauf. Ich bin erleichtert, eine Last fällt von mir, etwas Schlechtes ist zu Ende gegangen. Lange schaue ich mich um und genieße die Echtheit des Ortes, sein Verwachsensein mit dem eigenen Namen, die Abwesenheit von Täuschungen, und ich bin froh, keine Sekunde an das andere, falsche Sarajevo geglaubt zu haben.

Süß und stark und ohne Milch

Am Morgen verschwindet die Stadt von neuem in einem Übermaß von Licht, Kerzen schmelzen auf den Fensterbänken des Wintergartens. Eine ist umgeknickt und hängt wie der Hals eines toten Vogels über den Kerzenständer. Die Aluminiummanschetten frisch sanierter Hausdächer blenden und brennen mir Löcher in die Netzhaut, wenn ich zu lange hingucke.

Man sollte »die Himmel« sagen statt »der Himmel«, weil es viele sind. Die Stadt wechselt das Wetter wie andere die Hemden, tauscht den Himmel, als müsste nur eine neue Scheibe in die vorgesehene Halterung geschoben werden.

Im Radio spielen sie Paparoach. Zum rhythmischen Schreien einer elektrischen Gitarre und den verzweifelten »Running-home«-Rufen des Sängers schlage ich Frühstückseiern, groß wie von Gänsen, die Köpfe ein. Als der Hotelbesitzer eines der Fenster öffnet, bringt der Wind die Berge heran, die Wiesen mit Ziegen und die Quellen der Flüsse.

Über die deutsche Bundeswehr weiß ich nichts, außer dass sie von hinten nach vorne spricht. Ich fand die Vorstellung immer bizarr, dass die Angehörigen eines so mächtigen Apparats in »Hosen, Bade, blau« schwimmen gehen.

Hinter der Kathedrale wartet ein grüner Kleinbus auf mich. Jolas, Mann, Haupt ist aus meiner Perspektive hoch wie ein Turm, auf dem der in der Mitte geknickte Mützenschirm das

Giebeldach bildet. Seine schrägstehenden Augen haben sich der Form der Mütze angepasst, so dass sie immer freie Sicht haben. Wir fahren Passphotos machen. In den Tito-Baracken erhalte ich einen Ausweis mit NATO-Abzeichen und auf dem Weg ins Lager Rajlovac eine Einführung über die zweitausend deutschen von insgesamt zwanzigtausend SFOR-Soldaten in Bosnien. Als ich vorbringe, dass es bestimmt nicht leicht ist, Soldat zu sein, habe ich recht, aber nicht wegen Landminen, Lagerleben und der Frage, wie Serben deutsche Offiziere finden, sondern wegen der Beziehungsprobleme. Sechs Monate sind lang, Soundso und Derundder schon geschieden, alle anderen leben in Trennung, Streit oder Sorge. Die psychologische Vorbereitung auf den Einsatz bezieht sich weniger auf den Umgang mit Leid, Kriegstrauma und den für Deutschland nicht so günstigen historischen Bedingungen, sondern auf Kommunikationsfähigkeit am Telephon. Der Grund, sich für den Einsatz zu melden, liegt auf der Hand: D-Mark, hundertdreißig, steuerfrei, am Tag, zusätzlich zum Einkommen. Aber in Deutschland ist ein halbes Jahr kürzer als hier. Er will wissen, ob ich schon mal probiert habe, »woanders« zu leben, und ich weiß nicht, wie ich ihm sagen soll, dass mein Problem eher darin besteht, ein halbes Jahr lang zu Hause zu bleiben. Ich stelle mir das Heimweh von zweitausend Männern als dicke violette Wolke vor, die über dem Lager schwebt.

Jolas, Mann, Haupt beginnt seine Sätze mit »Wie Sie wissen«. Erzählen ist Beleidigung, als wüsste der andere nicht schon alles. Bestimmt will er nicht nur Bosnien beschützen und wiederaufbauen, sondern die ganze Welt. Trotzdem werde ich misstrauisch, als er zum dritten Mal wiederholt, wie viel Gutes die SFOR tut. Hinter jeder Uniform muss sich ein Missstand verbergen, zumindest hinter jeder deutschen.

Er bittet, niemanden im Lager, vor allem nicht auf der Lackschuh-Etage, nach Massengräbern oder Kriegsverbrechern zu fragen, weil das die Stimmung verdirbt. Dann gehen uns die Gesprächsthemen aus, und wir rollen schweigend durch überfüllte Straßen auf den Stadtrand zu.

Das Lager ist mit Stacheldrahtmauern und tarnfarbenen Plastikplanen eingepackt. Gleich hinter dem Eingangstor steht ein klappriger, beigefarbener Renault Vier, das Wort »SFOR« ist auf die Motorhaube gemalt. Monsieur Pescaran springt heraus, rennt um das Auto herum und tritt gegen die Beifahrertür, die sich sonst nicht öffnen lässt. Er ist extra aus Mostar gekommen. Die Gangschaltung ist dort, wo andere Wagen ein Radio haben. Angeschnallt bei vorschriftsmäßigen 15 km/h hoppeln wir über grob zementierte Lagerstraßen, fast überholt von joggenden Kolossen in Sportblau. Hübsch, die langgestreckten weißen Häuser auf Gras, beinahe eine normale Wohnsiedlung, in der die Kinder mit fünfzehn ein Mofa wollen und runter von der Schule. Die Militärjeeps stören das Bild. Mit ihren langen Antennen und den komischen kleinen Wimpeln sehen sie wie ferngesteuerte Spielzeugautos aus. Ab und zu passieren wir ein Ortsschild von Prenzlau, Rheinbach oder Castrop-Rauxel. Ein Tante-Emma-Laden trägt den Namen »Tante-Emma-Laden«, andächtig betrachte ich das Schild, die Übereinstimmung tut gut. Monsieur Pescaran klärt mich auf, dass Dekorationen dieser Art bei den Franzosen und Spaniern nicht zu finden seien. Das habe ich mir gedacht. Im Laden gibt es Cola in Zwanziger-Paletten, außer SPIEGEL und STERN keine Pornomagazine, und die Sweatshirts mit NATO-Abzeichen sind in den kleinen Größen reduziert. Leider muss ich sparen.

Am Ende der Fahrt weiß ich, dass Monsieur Pescaran eigentlich Minenexperte ist und nicht Presseoffizier, lange in Kambodscha und Afrika beschäftigt war und dorthin zurückwill. Wir verstehen uns auf Anhieb, er gehört zu den Männern, die mit und ohne Sonnenbrille gut aussehen.

Die Veranda ist mit Sandsäcken verbaut, ich gucke abwechselnd zu den Nachbarvillen und in den aufgesperrten Rachen des Wildschweinkopfs an der Wand, blättere in der Wochenzeitung »Keiler« und sichte die unzähligen Anzeigen mit Grüßen von der Familie, Photos von Meerschwein und Katze, mit rundlicher Kinderschrift, dass Papi bald nach Hause kommen soll. Auf einem Fragebogen erfahre ich, dass die wichtigste Sache, die man mit ins Lager nehmen kann, eben diese Photos sind. Die unwichtigste ist der ABC-Trinkschlauch. Drinnen brüllt jemand.

»Wem gehört die Leberwurst?«

Ich sprinte über den Gang, vorbei am Pressebüro, an dessen Tür ein Zettel »Tolle Informationen« verspricht, und in die Kaffeeküche. Dort finde ich den Spieß namens »Der-ist-Ostfriese-aber-sonst-in-Ordnung«, zwei weitere Uniformierte und meinen Hund, versammelt vor der offenen Kühlschranktür. Der Hund hat glasige Augen und möchte nicht mitkommen zum General. Ich ziehe ihn an den Ohren ins Freie, bevor sie herausfinden, dass er mit Vergnügen auch das vollmondgroße Käserad im Gemüsefach verspeisen wird.

Auf der Gittertreppe zum General verrenkt der Hund sich fast die Pfoten. Der General hat ein Feldherrenkinn und graumeliertes Haar, dem man ansieht, dass es morgens ausgiebig gestriegelt wird. Seine Augen sind blau und hell wie von hinten beleuchtet und immer über die weite Ebene eines zu überwachenden Gebietes gerichtet, auf dem ich ein Felsbrocken oder Baumstumpf bin. Das Büro im Jurassic-Park, »wo die großen Tiere verkehren«, ist holzgetäfelt im Schwedensaunastil, enthält außer Wandkarten eine Vitrine voll militärischer Auszeichnungen und einen Photokalender aus einem französischen Kaff. Gute Ideen hat der General, über die Schwächen des Dayton-Vertrags und über Zurückhaltung anstelle von militärischer Dauerabschreckung, aber er spricht auf eine Art, dass man nie seiner Meinung sein kann. Beim Reden sehen wir uns nicht an, sondern schauen auf die Minenkarte, deren Punktmarkierungen sich wie roter Froschlaich entlang der innerstaatlichen Grenze zusammenballen, die Region um Mostar verdecken und Sarajevo einschließen mit einem dicken Kranz. Als ich zufällig das Wort »Logistik« verwende, fällt ihm ein, mir etwas zu trinken anzubieten.

Eine halbe Stunde lang schützt sein Dienstgrad ihn davor, von mir unterbrochen zu werden. Kontingentstärken, Zuständigkeitsbezirke und Kompetenzverteilungen mischen sich mit dem Näseln einer Fliege an der Fensterscheibe. Dann frage ich auf gut Glück nach der Zusammenarbeit mit dem OHR. Wir stehen Auge in Auge. Statt einer Antwort fragt er mich, ob ich mit der Mostarer Bankenkrise vertraut bin.

»Klar«, behaupte ich, »der berüchtigte Aprilfreitag.«

Ich überlege kurz, ein Buch zu nennen, das ich zu diesem Thema gelesen habe, aber es geht wohl auch so.

»Wenige wissen«, sagt er, »dass es zuvor einen weiteren Versuch des OHR gegeben hatte, an die Beweise ranzukommen.«

Über welches Kreditinstitut die Gelder aus Kroatien ins Land gelangten, um separatistische Extremisten zu finanzieren, war bekannt. Wolfgang Petritsch verfügte über »gesicherte Informationen«, der General spricht es wie ein Schimpfwort aus. Im März setzte das OHR ein Präsidiumsmitglied ab.

»Sie wissen, dass Bosnien nicht über einen Präsidenten verfügt, sondern über ein dreiköpfiges Präsidium?«

Klar, ich weiß alles, außerdem gibt es hier alles in dreifacher Ausfertigung. Trotzdem erstaunt mich, dass das OHR einen Präsidenten absetzen kann. Bosnien ist kein richtiges Land. Nicht weniger überraschend ist der erste Plan des OHR. Schritt Eins: Bei Nacht und Nebel in die Bank einbrechen. Schritt Zwei: Akten rausholen.

»Sie hätten uns Bescheid sagen sollen. Als sie geschnappt wurden, konnten wir gerade noch das Schlimmste verhindern. So viel zum Thema Kooperation.«

Ich versuche, mir Amelie Lauscher vorzustellen, wie sie mit Nickelbrille und Kostüm und ein paar Kollegen mitten in der Nacht eine Bank überfällt. Eine Art Comic-Szene kommt dabei heraus, beim Schleichen angehobene Knie, die Sprechblasen über den Köpfen vom Flüstern gestrichelt: Frau Lauscher, Sie gehen hinten rum.

Der zweite Plan funktionierte genau wie der erste, nur doch lieber mit Hilfe der SFOR. Sie holten sich die Akten unter Militärpräsenz, die Lage eskalierte, einundzwanzig Soldaten wurden verletzt. Ich frage ihn, ob das zur militärischen Zurückhaltung gehört, wenn man halb Mostar mit Panzern verstopft. Aber der Einsatz lag in der Amtszeit seines Vorgängers.

»Und warum waren die spanischen Soldaten maskiert?«

Er schüttelt den Kopf. Er glaubt nicht, dass jemand eine Maske trug, außerdem soll ich die spanischen Kommandeure fragen.

Zum Abschied bittet er mich, niemanden auf Massengräber oder Kriegsverbrecher anzusprechen, um die Stimmung nicht zu verderben, vor allem nicht bei den Soldaten der unteren Dienstgrade. Beim Händedrücken komme ich ihm zuvor, fasse hart zu, dass ihm kleiner und Ringfinger samt Ehering übereinander rutschen, und halte lange fest. Damit hat er nicht gerechnet. Unser Lächeln ist stählern. Monsieur Pescaran scheucht mich ins Freie, wir liegen eine Viertelstunde hinter dem Zeitplan.

Auf dem ehemaligen Exerzierplatz stehen die Füchse, Wölfe und Luchse bereit, hier und da wird eine Scheibe gewienert oder ein Stück Metall. Unter dem Sommerhimmel haben wir leuchtend blaue Augen, bis auf Jolas, der hat Farbe, Augen, grün, und alle sehen wir sportlich, gesund und wohlgenährt aus, *mens sana,* mir wird ganz schlecht. Wir machen Aufsitzen, Absitzen, Umsitzen, bis jeder in seinem Fahrzeug hockt, der Fahrer meines Jeeps ist der einzige, der nach dem Grüßen jedes Mal die Hand an den Oberschenkel knallt. Dann brechen wir in Richtung Dobrinja auf. Der Kompaniechef ist verblüffend jung für seine Position, er und sein Oberleutnant könnten Freunde aus der Uni-Handballmannschaft sein. Ich konzentriere mich, um nicht »Du, Kompaniechef« zu sagen. Wir schreien uns an im Motorenlärm, es geht darum, wie man tägliche Patrouillen, bei denen der Panzer in allen Stadtvierteln vorgezeigt wird, dazu nutzt, Kontakt zur Bevölkerung herzustellen. Erste Regel: Nicht ohne meinen Dolmetscher. Zweite Regel: Geduld haben, täglich im Vorbeifahren grüßen. Am Straßenrand heben Café- und Ladenbesitzer, Frauen mit Einkaufstüten und Männer mit Kuh oder Schaf die Hände. Wir winken zurück. Das können nicht alles miese Kollaborateure sein. Zögernd beginne ich zu glauben, dass sie es hinkriegen, das mit dem Kontakt zur Landesbevölkerung.

»Habt ihr die Blumensträuße?« Außerhalb des Lagers ist das Tragen der Maschinengewehre Pflicht, auch bei vierzig Grad im Schatten. Seltsam klicken meine Sandalen und die Pfoten vom Hund zwischen zwanzig Paar schwerer Stiefel, bis die Handballer mich anhalten lassen, mit einem Bein in der Republika, mit dem anderen in der Konföderation. Dobrinja ist eine hässliche Plattenbausiedlung mit überquellenden Müllcontainern, Kiosken und schmutzigen Grasbüscheln. Der Dayton-Vertrag schlägt einen Zipfel der Stadt der serbischen Republik zu, »mit dem Filzstift auf dem Reißbrett«. Jahrelang konnte man im einen Bundesland auf dem Klo sitzen, im anderen fernsehen, innerhalb derselben Wohnung. Die im Alltag entstandene Ersatzgrenze erkennt man an den sanierten Hausfassaden, Aushängeschilder der Entitäten. An den Häuserrückseiten klaffen Granatenlöcher. Der Schiedsspruch des OHR zur Grenzverlegung hielt sich nicht ans Gewohnheitsrecht und zog eine Zick-Zack-Linie durch die Häuserblocks, wir gehen ein Stück darauf entlang. Am Straßenrand stehen Menschen, junge Männer, die aussehen, als warteten sie auf etwas. Ein Bäumchen-wechsel-dich-Spiel hat begonnen, seit Monaten wird ein-, aus- und umgezogen, und das geht weiter, bis jeder wieder auf der richtigen Seite lebt. Die SFOR hat die Frequenz ihrer Patrouillen erhöht und will den Eindruck erwecken, stets in der Nähe zu sein, ohne etwas Bestimmtes zu tun.

»Alles kommt daher«, sagt der Kompaniechef, »dass das OHR die Bevölkerungsgruppen gleichzeitig trennen und vermischen will. Genauso bei der Rückführung von Flüchtlingen: Sie sollen an ihre früheren Wohnorte zurück, obwohl die innerstaatliche Grenze ethnische Trennung befestigt, die der Krieg erzeugt hat.«

Wir rauchen im Schatten des Panzers eine Zigarette, die niederen Ränge halten sich abseits. Monsieur Pescaran kann der deutschen Unterhaltung nicht folgen, er stellt sich so hin, dass zwischen den Handballern und mir ein gewisser Abstand besteht. Nur weil sein Flecktarn anders gefärbt und gemustert ist, sieht er aus wie einer, der nicht dazugehört.

»Die Leute haben Angst«, sagen die Handballer und kneifen die Augen zusammen wegen der Sonne. »Stellen Sie sich eine kroatische Familie vor, die in ein inzwischen rein serbisches Dorf zurückkehrt, vollgepackt mit Erinnerungen daran, was an diesem Ort geschah. Man kann auch einer Kaninchenfamilie sagen, dass sie ab jetzt im Löwenkäfig wohnt.«

»Gibt es denn soviel Hass?« frage ich.

»Von Hass war nicht die Rede«, sagt der Kompaniechef, »sondern von Angst.«

»Ist die begründet?« frage ich.

Er lächelt das Lächeln dessen, der mehr weiß.

»Ich habe drei Monate gebraucht, um zu verstehen, dass es darauf nicht ankommt. Die zweite Hälfte meiner Zeit versuche ich, etwas gegen die Angst zu tun. Und dann werde ich froh sein, nach Deutschland zurückzukehren.«

Eine Kurzfassung übersetze ich für Monsieur Pescaran auf Englisch.

»Ils ont raison«, sagt er. »Although I myself don't want to go home.«

Von der Stelle, wo Taxen gewechselt werden wie Pferde an einer Postkutschenstation, müssen sie mich fast wegtragen. Ich kann mich nicht satt sehen daran, wie die Wagen von serbischer Seite ankommen, die Fahrgäste aussteigen, bezahlen und in ein Konföderationstaxi wechseln, das sie in die Innenstadt bringt. Und umgekehrt.

Ein weiteres zersiebtes Wohnviertel in Flughafennähe, manchmal liegt ein neues, silbrig glänzendes Dach auf einer der Ruinen oder eine moderne Eingangstür spiegelt inmitten von Dreck und Gestank: Zeichen des Engagements einer Nicht-Regierungsorganisation. Kaum jemand scheint hier zu leben. Mit zwanzig Mann sind wir gekommen, weil der Kompaniechef mir etwas zeigen will. Der Oberleutnant weiß, wo man hintreten darf, ich halte den Hund bei Fuß, im Gänsemarsch nähern wir uns einem Wohnhaus. Es ist ausgeweidet, keine Möbel, keine Türen oder Fensterrahmen, sogar Steckdosen, Lichtschalter und Kabel sind aus den Wänden gerissen, Heizkörper und Rohre abmontiert. Übrig sind die Wandmalereien, angefertigt mit Holzkohle vom Dachstuhl. Davor bleiben wir stehen, es wird still. Sie waren zu zweit und müssen lange verbarrikadiert gelegen haben. Die Gemälde zeigen die beiden Männer, lebensgroß und naturalistisch, als Kämpfer in osmanischer Tracht, mit Krummsäbeln, zu Pferd, eine Frau an den Haaren packend, betend am Boden oder in Partisanenkleidung, strahlende Lichtpunkte auf den Maschinengewehren, stets mit traurigem Blick. Jung sehen sie aus. Es geht nicht darum, wer sie waren, ob sie noch leben und was mit ihnen passiert ist, mehr darum, wie lange sie hier gehaust haben und mit welchem Gefühl. Im Nebenzimmer hat einer von ihnen versucht, seinen Namen in die Wand zu schießen, ohne Glück, spätestens beim dritten Buchstaben bröckelte der Putz in großen Stücken ab und zerstörte den Schriftzug.

Monsieur Pescaran drängt mich auf Französisch zum Gehen, ich bin überrascht, wie gut ich ihn verstehe, nach vier Jahren Schulfranzösisch war ich sicher, kein Wort zu beherrschen. Ich muss noch nach McDonald's fragen. Moslems essen kein Fleisch, meint der Kompaniechef, der Oberleutnant schüttelt den Kopf, seit wann kocht McDonald's mit Schweinefleisch, und wer von den bosnischen Moslems hält sich an die Regeln? Als ich einen bosnischen Gemüse-Mac erfinde, den garantiert schweinefleisch- und alkoholfreien MacMoslem, lachen sie hinter vorgehaltenen Händen. Wo die Melonen wachsen, weiß auch keiner. Für den Nachmittag schlagen sie noch fünf Programmpunkte vor und sind enttäuscht, als ich ablehne. Ich bedanke mich, bis es lächerlich wird. Jolas, Mann, Haupt würde ich umarmen, wenn er nicht hoch wie ein Turm wäre. Wir schütteln uns lange die Hände, bevor sie wieder auf ihre Füchse und Luchse klettern. Langsam kapiere ich, dass die ganze Zeit um mich gestritten wird. Monsieur Pescaran streckt aufatmend den Rücken hinterm Steuer seines Renaults und erklärt, während wir raus aus der Stadt in die Berge klappern, woran das liegt: Man kann über diesen Einsatz sagen, was man will, aber vor allem ist er langweilig, langweilig, langweilig.

Die Landschaft hat auf dem Hochplateau eine Kurzpräsentation von Nordafrika vorbereitet, staubiges Gelb mit Überresten arabischer Festungsanlagen, ein paar Kühe in Statistenrollen als Gnus mit Senkrücken und herausstehenden

Hüftknochen. Willkommen in der Republika. Auf einem Außenstützpunkt in irgendeinem serbischen Kaff finde ich mich zwischen den Messieurs Pescaran, Pouloise, Pierot und Pernot wieder. Ein Dolmetscher stößt zu uns mit viel »Oui mon capitain« und »Oui mon commandant«. Der einzige Italiener stellt sich vor mit »Cappuccino oder Mussolini«, andere italienische Wörter kann sich niemand merken. Ich entscheide mich für Mussolini. Nicht nur das Flecktarn ist anders gemustert, die Männer sind staubig und haben trockene Hände, die Haare sind weniger blond, dafür länger und unordentlich, als müssten ein paar Grashalme darin stecken von der letzten Übernachtung im Freien. Monsieur Pescaran fühlt sich wohl, das ist CIMIC, flüstert er mir zu, die Civil Militarian Cooperation. Man grüßt mit Handschlag, niemand fasst sich an die Stirn, und das mit den Dienstgraden kriege ich gar nicht mit.

»Do you have your gun, boss?«

Wir verteilen uns mit der Eskorte auf drei offene Jeeps und hüpfen in zu weich gefederten Sitzen wie zwölf schlecht synchronisierte Kolben. Der Hund schlägt sich das Kinn auf meinem Knie und will sich trotzdem nicht hinlegen. Hinten auf der Seitenbank schreit Mussolini auf Englisch ins Handy, er soll eine serbische Zeitung mit zurück ins Lager bringen, und der am anderen Ende der Leitung kennt nur das deutsche Funkeralphabet.

Der Staub des Schotterwegs legt sich über uns, nach wenigen Minuten sind wir von einer weißen Schicht bedeckt wie Kinder, die vom Spielen in einer Backstube zurückkommen. Der Blick reicht frei bis zum Horizont, nirgendwo ein Anzeichen menschlichen Lebens, alles ist heiß, öde, trocken und staubbedeckt, selbst Gras und Bäume scheinen aus Stein gehauen, wahrscheinlich kommen sie komplett ohne Wasser aus. Das wünsche ich ihnen jedenfalls. Nichts bewegt sich. Der Himmel verschwimmt zwischen Grau und Blau. Ich bin entspannt, beinahe glücklich. Wenn Monsieur Pescaran herüberschaut, um mit dem Kinn aus dem Fenster zu deuten, wo sich tief unten ein Flussarm als feiner Fadenriss durch die Landschaft zieht, spiegeln sich die Gläser meiner Sonnenbrille in den Gläsern seiner Sonnenbrille. Nur indem wir nebeneinander sitzen, indem unsere Blicke sich in derselben Ferne verlieren, wir die gleiche brennende Luft in die Lungen saugen und vom selben Maschinenlärm am Sprechen gehindert werden, erzählt er mir von seinem Leben, vom Alleinsein in Kambodscha und Afrika und überall dort, wo die Minen den Menschen das Land unzugänglich machen. Davon, warum er Angst hat, nächstes Jahr nach Frankreich zurückzukehren. Wieder deutet er mit dem Kinn, die Landschaft hat das nächste Kurzkapitel aufgeschlagen, wir durchqueren ein Stück Eichenwald, in Pistennähe aus weiß bestäubten Baumgespenstern bestehend. Die Adler kreisen in geringer Höhe.

Den Beginn des Bergmassivs halte ich für die Überreste eines sehr alten Dorfs. Die Natur schafft sich ihr eigenes Trümmerfeld, in absurder Kopie zerbombter Städte. Die Felsen bestehen aus kopfgroßen Kieseln, die in eine zementähnliche Masse eingelassen sind, aufgetürmt zu Mauern, Säulen, zerbrochenen Bögen, in kleineren und größeren Gruppen auf Flächen von borstigem Gras, und ich will nicht einsehen, dass so etwas ohne Einwirkung von Menschen zustande kommt. Die Schotterwege werden steiler, labyrinthisch verschlungen, die Jeeps röhren wie riesige Rasenmäher. Wir fahren dicht auf, nur im ersten Wagen kennt einer den Weg. Hinter der nächsten Wegbiegung werden geklöppelte Tischdecken, Kuhfelle und Trappermützen vom Fähnlein Fieselschweif zum Verkauf angeboten. Schafkügelchen sind den Feldern an gut gewählten Stellen aufgesteckt, Heuhaufen und Zäune rings um kleine Gärten perfekt geformt wie auf dem Brett einer Modelleisenbahn. Monsieur Pescaran beginnt eine Geschichte zu erzählen, von einem afrikanischen Händler, der den Schlüssel zu seinem Kamel verliert, aber auf einmal sind wir da.

Stilsicher wird gebuddelt, mit schwarzen und weißen, serbischen, marokkanischen oder französischen, auf jeden Fall glänzenden Oberkörpern. Im Schatten unter Pflaumenbäumen steht eine lange, aus Holztüren zusammengesetzte Tafel und trägt Unmengen von Bier, Orangensaft, Brot, Speck und Sliwowitz. Die acht Steinhäuser des Dorfs halten sich im Hintergrund und lassen den Gärten den Vortritt, in denen Tomaten, Kartoffeln, Bohnen und Kohl ohne ethnische Probleme, dafür ziemlich trocken zusammenleben. Ich erwidere ungezählte männlich feste Händedrücke und bemühe mich, beim letzten immer noch kräftig zuzufassen. Zwischen den Bohnenstangen scheint ein verprügeltes Kind ins Megaphon zu brüllen, das ist der mit Plastikkanistern beladene Esel. In zwei Wochen, wenn die Athleten den achthundert Meter langen Kanal fertiggegraben haben, wird der Esel arbeitslos sein. Bleibt die Hoffnung, dass er für Salami zu alt ist.

Ich ziehe die Schuhe aus, um über das merkwürdige Kiesel-Gestein zur Quelle hinaufzusteigen. Sie gibt nicht mehr von sich als ein schlecht zugedrehter Wasserhahn. Der Hund trinkt gierig und kriegt nicht genug auf die Zunge. Ich wage nicht, mir auszumalen, wie lange man wartet, bis die beiden Kanister des Esels vollgelaufen sind, und wie oft am Tag jemand mit ihm heraufklettert, um Wasser zu holen, für die Gärten, das Vieh, acht Familien, Wäsche, Kochen, Klo. Vom Problem dieses Dorfs, das in keiner Landkarte verzeichnet ist, hat die SFOR auf Patrouillenfahrt gehört. CIMIC brauchte vierzehn Tage, um ein paar tausend K-Mark und eine Handvoll Soldaten zur Verfügung zu stellen, die gemeinsam mit den Söhnen des Dorfs eine Zisterne graben. Ich bin beeindruckt, verstehe sogar die technischen Ausführungen auf Französisch und würde trotzdem am liebsten losrennen, um eines der weißen Pferde einzufangen, die ohne Halfter oder Strick am Fuß der Steilwand stehen und misstrauisch den Hund beobachten.

Unten haben die Athleten Buddelpause und kicken einen Fußball unter der prallen Sonne. Falls das eine Sondervorstellung für Damenbesuch ist, gelingt sie. Als sie mich barfuß zurücklaufen sehen über die scharfen Kanten des Gerölls, an denen Pescaran, Pouloise, Pierot und Pernot mit den Stiefeln hängen bleiben, bekomme ich den in allen Sprachen verständlichen Ehrentitel »Squaw« verliehen.

Dann sitzen wir unter Pflaumenbäumen. Zwei Frauen tragen einen Kessel aus dem Haus, der Kaffee wird wie Suppe in die Tassen geschöpft. Süß und stark und ohne Milch. Der Esel kreischt, die Westeuropäer sind damit beschäftigt, die Osteuropäer am Nachfüllen der Schnapsgläser zu hindern. Die Athleten stehen lieber, lassen im Gespräch die Muskeln spielen und versuchen, die Köpfe flüchtender Kinder zu tätscheln, die sich hinter Baumstämmen verstecken, um die Farbigen anzustarren. Wir reden über Sonne, Wasser und Pflaumenwein, niemand fragt mich, woher ich komme und was ich mache, es spielt keine Rolle. Ohne Strom kein Fernsehen und kein Radio, ohne Auto keine Verbindung zur nächsten Stadt. Ich wüsste gern, wie viele Menschen, auf keiner Landkarte verzeichnet, den Krieg in unfreiwilligen Freilichtmuseen verpasst haben.

Erschöpft überlasse ich mich der Serpentinenstraße, Monsieur Pescarans Fahrkünsten und der Afrikapräsentation. Wir schweigen ungezwungen.

Hinter der Kathedrale ist mir zum Heulen zumute. Monsieur Pescaran hat die Geschichte vom verlorenen Schlüssel zum Kamel nicht zu Ende erzählt. Er spielt mit meinem SFOR-Ausweis, der am Rückspiegel hängt. Wir stellen fest, dass in zwei Stunden Dienstschluss ist und ich noch nie in Pale war.

If you see him

Einstweilen ziehe ich mal wieder um. Zum halben Preis des Hotels finde ich ein Apartment bei einer Familie in der türkischen Altstadt. Schon in der Zimmeragentur hat man mich gefragt, welche Automarke ich fahre, jetzt verstehe ich, warum: Der Sohn der Familie parkt meinen Wagen rückwärts auf der Terrasse, mit eingeklappten Außenspiegeln passt er zwischen Hauswand und Brüstung wie die Schublade mit Streichhölzern in ihre Schachtel.

Drinnen ist Platz für acht: Vier Zimmer, Bad und ein Balkon zum Garten, so dass ich Wäsche waschen und aufhängen kann, nackt, nachmittags um fünf, ohne dass mich jemand sieht. Ich nehme mir Zeit für alles, was der Mensch im Bad so macht, besonders der weibliche. Im Spiegel über dem Waschbecken sehe ich, dass ich immer noch nicht abgereist bin. Stattdessen fühle ich mich heimisch und habe um halb sieben eine Verabredung. Als ich die Wohnung verlasse, ist mein Wagen auf der Terrasse eingekeilt von einem runden Tisch und Stühlen und sieht aus, als würde er mit beim Abendessen sitzen. Auf seiner Motorhaube stehen vier Paar Pantoffeln in unterschiedlichen Größen.

Mit zitternden Knien vom steilen Bergabsteigen komme ich in Baščaršija an und wasche mir das Gesicht am Brunnen. Ich hatte damit gerechnet, ihn in Jeans und T-Shirt zu sehen, eine leichte Jacke über der Schulter. Er tritt meinem suchenden

Blick in den Weg und entschuldigt sich. Niemand verlässt das Lager ohne Uniform, unter keinen Umständen. Er ist froh, ohne Eskorte und Maschinengewehr hier zu sein, Sondergenehmigung vom Stammlager in Mostar. Auf dem kurzen Weg zum Auto muss er sechs Mal grüßen. Er ist enttäuscht, dass ich meinen Wagen nicht vom Abendessentisch losreißen wollte. Ich versichere, mit Freuden in seiner SFOR-Schrottmühle zu fahren, und er tritt resigniert für mich gegen die Beifahrertür. Unterwegs erzählt er über die völlig ausgebrannte, im pseudotürkischen Stil errichtete Bibliothek und die große Husretbegova-Moschee, deren Turm man vielleicht nicht unbedingt knallgrün anstrahlen müsste. Ich stelle mich darauf ein, dass er nicht anders kann, als weiter im Dienst zu sein. Immer weiter entschuldigt er sich mit Blicken dafür, und meine Blicke verzeihen ohne Pause.

Trash-Kunstpark Pale, so sieht doch keine Stadt aus, Monsieur Pescaran gibt mir recht. »Natürlich bin ich nie dort gewesen«, hat der Sohn meiner Gastfamilie gesagt, »das ist Feindesland«. Diese Menschen durften als Kinder bestimmt nie die eigenen Seelen in bunten Luftballons an Schnüren über den Köpfen tragen. Der Sprit ist steuerfrei, wir tanken. Ich bin wild entschlossen zum Kriegstourismus, ich will das Hotel sehen, in dem Milošević und die Warlords sich aufhielten. Aber ein Hotel gleich welcher Art ist in Pale gänzlich unbekannt. Auch den Namen Karadžić hat keiner je gehört. Monsieur Pescaran bittet mich, nicht weiter nachzufragen. Wir besichtigen einen neuen Bronzesoldaten mit dem Abzeichen der Wölfe am Oberarm und ein flaches Gebäude mit schwimmbadgroßer Satellitenschüssel auf dem Dach, dessen Fassade man aus den Nachrichten kennt. Daneben ein leeres

Krankenhaus. Pale war sicherlich immer ein Kaff ohne Charakter. Die neu gewonnene Bedeutung kann sich nicht niederlassen und kreist in Warteschleife über den Dächern. Die Abstände zwischen den Häusern sind zu weit, es gibt zu viele Wohnblocks mit langweiligen Kinderspielplätzen, zu viele Obststände, und selbst die Investitionen aus überquellenden Kriegskassen fühlen sich fehl am Platz: Wie gestrandete Ozeandampfer umlagern Wohnparks die Stadt, bestückt mit Ladenräumen, Parkdecks und Dachterrassen, von denen Wendeltreppen wie ausgewrungene Handtücher herunterhängen. Backsteinburgen, denen man ansieht, dass sie zu Ende gebaut werden, unabhängig davon, ob später jemand darin leben wird.

Monsieur Pescaran spricht wenig und zuckt häufig die Achseln. Während ich, über Bauschutt steigend, das Krankenhaus umrunde, hält er sich hinter mir. Wir könnten Eintritt verlangen fürs Zusehen, die Nachfrage ist groß genug.

Wer in Pale wohnt, hat eine schmutzige Gesichtsfarbe und das Misstrauen in den Augen von Menschen, die den Kopf schütteln und weitergehen, wenn man sie nach der Uhrzeit fragt. Nicht mal der Hund bricht das Eis, er wird angeschrieen durch heruntergekurbelte Autofenster. Die grünen Hügel sind eine deplazierte Kulisse, Überbleibsel von Reklameaufnahmen für Milchprodukte, sie umgeben Pale wie eine großartige Verpackung ein peinliches Geschenk. So sehr ich mich bemühe, es gibt nichts zu sehen. Ich kann nicht erwarten, nach Sarajevo zurückzukehren –

Wo es gerade acht Uhr wird, die Fußgängerzone sich mit parfümierten Menschen auspolstert. Mit Menschen, von denen Monsieur Pescaran, plötzlich gesprächig, zu erzählen beginnt. Wir lassen den R4 an einer Ecke und stürzen ins Gewühl. Monsieur Pescaran spricht leise, dicht an meinem Ohr. Von der Cousine eines Bekannten, die als Ärztin auf dem Weg ins Krankenhaus am Steuer erschossen wurde. Von Preislisten für Moslems, die Karadžić und seine Dichterkollegen zum Abschießen telephonisch wie Pizza nach Pale bestellten. Ein Mann für hundert, eine Frau für zweihundert, Mutter mit Kind für fünfhundert Dollar. Von Studenten, die eine Produktionsfirma gründeten, um siebenhundert Tage lang jeden Vormittag drei Minuten eine gewöhnliche Straße zu filmen und die Bilder in die Welt zu übertragen, unbeantwortete Botschaften aus einer eingesperrten Stadt. Ziellos schieben wir uns durchs Gewühl, ich blicke in Gesichter von Menschen, die ihre Erinnerungen und Träume und alles, was sie in den Köpfen tragen, mit duftigen Frisuren umgeben, ihre Körper in Abendkleidung betten wie in eine Schatulle und sich in den Gassen zusammenballen, um miteinander eins zu werden in einer großen, mit Kaffee und Wein und Speisen gefüllten, Zigarettenrauch ausstoßenden Masse. Monsieur Pescarans Blick ist intensiv, seine Augen suchen mein Gesicht ab, verstehst du, verstehst du, fragen sie, ich will ihm verbieten, mich vollzuflüstern, und gleichzeitig will ich, dass er weiterspricht.

Frage sechs: Warum gehen in Sarajevo alle Uhren falsch, und heißt es, dass ich mir aussuchen kann, wie spät es ist? Dann wäre es meistens sieben Uhr abends, die Stunde, in der ich aufhören kann mich zu fragen, warum die Menschen auf den Straßen sind und nicht bei der Arbeit. Und nachts wäre es stundenlang drei Uhr früh, damit es, wenn ich endlich eingeschlafen bin, nicht gleich wieder hell wird.

Das Filmfestival verwandelt Sarajevo für ein Wochenende in die ganze Welt, stellt es auf hohe Absätze, presst ihm ein Handy ans Ohr, schüttelt blondierte Mähnen. Wir stellen uns als Zaungäste an den VIP-Eingang und schütten aus einer Papierstange gesalzene Kürbiskerne auf die Handflächen. Ich komme mir in meinen staubigen Leinenhosen wie ein Bauer vor, der in einen Empfang bei Hofe geraten ist. Wer Englisch spricht, tut es laut, die anderen sagen »Jeste, jeste«, was auch nach »Yes« klingt. Presse- und Special-Guest-Ausweise ziehen Jackenaufschläge schief und kneifen Falten in den Bund von Miniröcken. Verfolgt von Kameras wird ein alter Mann im Rollstuhl ins Gebäude geschoben. Die Menschenfabrik stellt für diesen Abend ausschließlich junge Mädchen her, mit BHs aus durchsichtigem Gummi in tiefen Rückenausschnitten, sichtbar-unsichtbar, dass ich schaudere. Junge Männer, die wissen, was sie tun, führen ihre Silberfischchen ab, ziehen sie am dünnen Arm gen Zaun. »No man's land«, »No man's land« ist unablässig zu hören, geflüstert, gesungen, gerufen, es ist der Name des Premierenfilms.

Nach den wenigen Tagen ist die Menge gesprenkelt mit bekannten Gesichtern, ich sehe Amelie Lauscher, Cuki, Goran und die Gäste von Buybook, zwei Universitätsprofessoren, mit denen ich gesprochen habe, einen Germanistikstudenten, der mir als Dolmetscher half.

Als die dicke Journalistin auf mich zuschwimmt und mir eine Premierenkarte in die Hand drückt, schaut Monsieur Pescaran mich an, als hätte er mich unterschätzt. Ich gebe die Karte zurück, weil es nur eine ist. Filmleute drehen Filme über Filmleute, Fischers Fritze fischt frische Fische, die Journalistin verschwindet und lässt einen jungen Regisseur zurück, dessen Werk vom letzten Jahr inzwischen in Mexiko gezeigt wird.

Der Bürgersteig leert sich, wer nicht reingekommen ist, geht besser nach Hause. Mir ist schlecht von Parfums und Autoabgasen, der Kopf vom Hund wird schwer auf meinem Knie, er hat keine Lust mehr, sich treten zu lassen und keine Lust auf affektierte Entschuldigungen.

Auf dem Weg in ein Restaurant, übe ich den Namen des Jungregisseurs, Srđan, Srđan, meine Zunge flattert unbeherrscht zwischen den Zähnen.

»In Bosnien«, meint Srđan, »sagt man nicht Faulheit, sondern Supervising: Einer arbeitet und fünf sehen zu.«

Wenn jemand vom sauberen Wasser spricht und der guten Luft, kann man sicher sein, dass sonst nichts von Bedeutung existiert. So wie Australien das größte Gefängnis der Welt war, ist Bosnien ihr größtes Irrenhaus.

»Was man unbedingt wissen muss: Jeder in diesem Land kriegt ab und zu einen Anfall. Man nennt das Huja.«

Der Dingač wärmt uns die Köpfe und sorgt dafür, dass ich mich dauernd kaputtlache, ansonsten ist mir eiskalt, der Fluss unter der Terrasse bläst seinen kalten Atem herauf. Srđan springt auf, um die Huja-Szenen nachzustellen. Auf seinem Pullover ist die Karikatur eines diabolischen Zwergs abgebildet, der ihm ähnlich sieht.

»Die halbe Nacht lang steht einer auf der Kreuzung und versucht Autofahrer zu überzeugen, dass sie bei Rot rüberfahren sollen.« Srđan fuchtelt mit den Armen: »I authorize you! I authorize you! Wenn die Polizei ihn befragt, sagt er: Huja.«

Ein anderer lief durch die Stadt und brüllte die hübschen Mädchen an: »You're so fucking beautiful, I hate you!« Das war, möglicherweise, Srđan selbst.

»Was schreist du hier rum«, ruft einer vom Nebentisch, »glaubst du, zwei Schwänze hätten dich gezeugt?«

»Huja!« ruft Srđan zurück.

Ich falle vor Lachen fast vom Stuhl, Monsieur Pescaran legt mir seine Uniformjacke über die Schultern. Srđan setzt sich, wir beruhigen uns und gehen über zu Kunst und Kaffee. Als zwei Explosionen in schneller Folge die Gläser auf dem Tisch zum Klirren bringen, verstummen sämtliche Gespräche, ein Stuhl fällt um, jemand ist zum Haus gerannt und presst sich an die Wand. In der Stille scheint der Herzschlag, den ich so laut höre, allen Anwesenden gemeinsam zu gehören. Zwei weitere Explosionen, das Kreischen von Autobremsen, über den Dächern der Stadt ist ein flackernder Widerschein zu sehen. Jemand beginnt zu lachen, ein anderer stimmt ein, »Vatromet!« ruft er, »Vatromet!«, wir wenden die Köpfe und sehen uns an, als wären wir eben aus dem Schlaf geschreckt. Die erste Rakete steigt und entfaltet einen Lichterschirm in Rot und Grün, die Funken sinken langsam wie Schnee auf die größten Minarette und den Turm der Kathedrale, eine ganze Serie Chinaböller knattert dazu. Jemand ruft »aah, ooh«. Die Frau am Nebentisch zupft ihren Begleiter am Ärmel. »Strah me je, strah me je«, flüstert sie und lacht zwischendurch: Ich habe Angst.

Srđan verabschiedet sich. Ich frage nicht, wie man auf die Idee kommen kann, über Sarajevo ein solches Feuerwerk abzubrennen. Ich kenne seine Antwort im Voraus: Huja.

Besoffen lenke ich das Auto durch steile, schmale Gassen und finde die neue Unterkunft nicht. Monsieur Pescaran liegt mit halb geschlossenen Augen auf dem Beifahrersitz. Ich habe nicht gemerkt, dass er drei Mal so viel getrunken hat wie ich.

»Gefällt Ihnen die Stadt?« will er wissen.

Muss man Sarajevo mögen, weil es belagert war? Muss man einen Rollstuhlfahrer mögen, weil er behindert ist? Es gibt Fragen, die sind dermaßen beschissen, da braucht es keine Antwort mehr.

»Zu Hause«, sage ich, »werde ich behaupten, dass mich mit der Stadt eine seltsame Hassliebe verband.«

»Schlecht«, sagt er. »Schlechte Antwort.«

Als wir zum dritten Mal an der Kathedrale vorbeikommen, halte ich an. Monsieur Pescaran fragt mich, ob ich morgen mit ihm Essen gehe. Und ich fange an zu reden. Erzähle in vielen Sätzen, dass ich vor drei Tagen abreisen wollte. Dass ich nicht wegkomme. Eine Fliege auf dem Leim. Er lächelt. Auf einmal sieht er hellwach aus. Er öffnet die Tür an seiner Seite.

»Viens!« sagt er.

»One thing to remember: If you see him, he sees you.«

Wir stehen gegenüber der Alipasina Moschee, Ecke Marsala Tita, die Rücken an eine Hauswand gedrückt, und schauen über die Dächer hinweg zur anderen Seite des Flusses, wo die Bergkämme ein konkreter Streifen Dunkelheit gegen die allgemeine Dunkelheit des Nachthimmels sind.

»Here and there«, sagt Monsieur Pescaran und zeigt, »imagine the signs: Dangerous zone, or: Watch out, sniper.«

Die Schilder sind mit Ölfarbe auf Lastwagenplanen und zerrissene Kartons gemalt, mit Kreide auf Mauern und Bürgersteige. Straßen, die quer zum Tal verlaufen, sind von den Bergen aus einsehbar, ohne Deckung. In den Gefährlichen Zonen gilt die Regel: Je schneller du rennst, desto höher deine Chance. Ansonsten ist die Frage nach dem Tempo Russisch Roulette: Die Granate kann einschlagen, wo du gerade noch gestanden hast, oder dort, wo du gleich stehen wirst. Oder genau da, wo du stehst.

Monsieur Pescaran erklärt, wie man sich durch die Stadt bewegt. Immer dicht an den Wänden, über kleine Mauern hinweg, auf Trampelpfaden durch Blumenrabatten. Insektenstraßen bildend. Entgegenkommenden macht man Platz mit winzigem Schritt in die Bürgersteigmitte, dann gleich zurück an die Wand. An der Kreuzung nicht auf die Ampel, sondern auf die Uhr schauen, ob die Belagerer noch beim Essen sind oder schon beim Schnaps, nach dem sie unkontrolliert schießen. Lauschen, ob etwas pfeift, kurz in den Himmel schauen. Rennen. Andere Zeiten, andere Sitten.

Ob der Mensch unentwegt Angst vor dem Sterben haben kann? Monsieur Pescaran spricht nur für sich: Man gewöhnt sich daran. Da drüben, quer über die Straße, verläuft eine Barriere aus Schiffscontainern, kaputten Autos und Lastwagenanhängern der UNPROFOR. Deckung gibt sie erst in einer Nähe von wenigen Metern. Monsieur Pescaran packt meinen Arm, wir rennen los, der Hund galoppiert verwirrt erst hinter uns, dann voraus, ich bin die langsamste, reiße Knie und Ellenbogen vorwärts, stolpere. Monsieur Pescaran lässt meinen Arm nicht los, die Kreuzung ist viel breiter, als ich dachte, unser Lauf will kein Ende nehmen, ich lege den Kopf in den Nacken und kämpfe gegen das eigene Gewicht, gegen die Schwerkraft. Bis wir auf der anderen Seite an die Hauswand prallen. Mir bricht der Schweiß aus, in den Seiten sticht es, als wäre ein spitzer Gegenstand zwischen die Rippen geraten. Ich sollte weniger rauchen. Man sollte sich aufwärmen vor einem Sprint. Die Packung Zigaretten schlägt er mir fast aus der Hand. Ob ich verrückt bin, das Stück zu zehn Dollar. Ob ich weiß, was das in Brot ausmacht. Wir sehen uns an, atmen durch den Mund, ich traue mich nicht, noch einmal nach den Zigaretten zu greifen. Dann sinken unsere Schultern, ich drehe mich um, verlasse den Bürgersteig und gehe los. Mitten auf der Fahrbahn.

»If you have two people, you have war!« ruft er mir nach.

Nach wenigen Schritten ist er neben mir und legt mir zum zweiten Mal heute seine Jacke um.

»That's why I don't like cities. I love the openness of empty fields.«

Wir rauchen im Gehen, schweigend, weiter mitten auf der Straße, während der Hund sich auf dem Bürgersteig hält und an jeder Bordsteinkante auf mein Nicken wartet, wie er es gelernt hat.

Am langen Arm geben wir uns die Hände. Ich schaue ihm nicht nach, während er davonfährt. Nie werde ich erfahren, was es mit dem Kamel und dem Schlüssel auf sich hat. Der kleine Schäferling ist wieder da. Die Unterkunft finde ich auf Anhieb und habe in zwanzig Minuten gepackt. Ich schalte den Fernseher ein, es kommt »Lola rennt« mit serbokroatischen Untertiteln.

Schon wieder träume ich von einem Zentrum der Macht. Es besteht aus einer Terrasse, und alle Gegenstände darauf, schäbige Tische, Teller und Tassen, sind mit gelben Plastikbändern umwickelt, die vor Minen warnen. An aufgehängte Wäsche sind sie geheftet, den Boden fassen sie ein, und auch die Menschen, besonders die Menschen, starr auf Stühlen sitzend oder abseits stehend, sind darin eingewickelt wie schlampig verpackte Mumien.

Fojnicatours

Vor lauter Freude, Sarajevo entkommen zu sein, habe ich mir keine Gedanken gemacht, wo ich hinfahre. Auf der Landkarte zieht mich ein Gebiet an, in dem es keine dicken und mitteldicken roten Straßen mehr gibt, in dem sich auch die feinen gelben Schlangenlinien verlieren und das hellbraun gescheckte Gelände nur noch von kaum zu erkennenden, rosafarbenen Äderchen durchzogen ist wie die Haut unter meinen Augen. Als das Hecheln vom Hund pathologische Züge annimmt, schalte ich die Klimaanlage ein.

Nach den vielen Soldatengesprächen verursacht mir jeder Grashalm unter den Schuhsohlen eine Gänsehaut. Ich muss mal und traue mich nicht die Böschung hinunter, sehe mich selbst mit abgerissenen Beinen zwischen aufgeplatzten Müllsäcken und trotzigem Unkraut in der prallen Sonne verenden, während der Hund neben mir Himmel, Fluss und Bäume um Hilfe anheult. Schlecht gedeckt von der offenen Beifahrertür, pinkle ich auf den Asphalt der ausgestorbenen Landstraße.

Meine Augen sind zugeschwollen, das Blickfeld verengt, ich betrachte die Welt durch eine waagerechte Schießscharte. Ausgerechnet in diesem Land, wo Kaffee eine Mark kostet und an jedem Kiosk verkauft wird, erreiche ich den täglich notwendigen Koffeinspiegel nicht. Ein Lied kommt mir in den Sinn, das ich gehasst habe als Kind, weil ich den Text nicht verstand. In der Musikschule sangen wir es als Kanon: »C-A-F-F-E-E, trink nicht so viel Kaffee. Sei doch kein Muselmann, der das nicht lassen kann.« Einen Muselmann stellte ich mir schwarz vor, Haut, Haare und Kleidung, schwarz und duftend wie Kaffee. Seit Ewigkeiten habe ich nicht an das Lied und den Muselmann gedacht.

Das Panorama ist gut organisiert: Wiesengrüne Hügel im Vordergrund, weiße Felswände in zweiter Reihe, hinter ihnen dunkle Sitzriesen, von rechts mit Wald beworfen. Ganz zum Schluss Nebelberge am Horizont, zartgrau in gelungener Wolken-Mimikry.

Um richtig dabei zu sein, habe ich die Klimaanlage ausgestellt und die Fenster geöffnet. Kampflos unterliege ich dem Hypnoseblick eines grünen Sees, der mich schon von weitem beobachtet. Nach einem Umweg von einer dreiviertel Stunde über in die Steilwand gehackte Serpentinen, mit Schlaglöchern, in die mein ganzes Auto passt, kann nur eine Seeüberquerung den Sinn der Aktion noch retten.

Wie gewöhnlich sieht die andere Seite näher aus, als sie ist. Auf halbem Weg schwimme ich nicht mehr, bewege nur Arme und Beine und warte darauf, endlich anzukommen. Auf dem Wasser liegt eine zweite Sonne und blendet mich von unten. Der Hund ist winzig am Ufer, ich weiß, dass er meine Klamotten nicht bewacht, sondern vor Angst zittert, ich könnte nicht zurückkommen. Als toter Mann auf dem Rücken liegend, sehe ich den gesamten Horizont auf einen Blick, ein seltenes Vergnügen. Ich darf nicht daran denken, wie weit der Krater unter mir in die Tiefe reicht, sonst saufe ich ab. Manchmal erreicht mich eine Strömung von eisiger Kälte.

Bosnien, fällt mir ohne Zusammenhang ein, ist ein Land wie jedes andere, weil nichts auf der Welt sich mit etwas anderem vergleichen lässt. So etwas wie Bosnien gibt es nirgendwo sonst, aber auch Frankreich gibt es nicht. Nicht einmal in Frankreich. Ich gebe die Seeüberquerung auf.

Der Hund schwimmt mir auf den letzten Metern entgegen, ist sofort außer Puste und versucht, mich als Badeboje zu benutzen, seine Krallen hinterlassen rote Streifen auf der Haut. Als wir das Ufer erreichen, verschwinden an der Stelle, wo er gesessen hat, zwei Schlangen zwischen den Steinen. Wir stolpern an Wohnmobilen aus Berlin vorbei, umrunden dünstende Feuerstellen und Bäume, auf denen Badehosen wachsen, klettern über einen Müllhaufen, der nach Toilette riecht, zurück zum Auto. Ich habe es geschafft: Mir ist kalt.

Zu zweit auf fetten japanischen Rennmaschinen wird locker hundertfünfzig gefahren, ohne Helm, aneinander und an die Maschine geklammert wie Affenbabys an ihre Mütter. Auch raucht man Kette, verbrennt sich in der Sonne und fährt zur Wochenenderholung nach Ilidža, zusammen mit den Experten von European Landmine Solution. Vielleicht ist man unsterblich in den Jahren nach einem Krieg.

Ich lerne: Jede Stadt, die wirkt, als hätte sie was, hat auch was. Fojnica ist klein, aber gut in Schuss. Die Menschen sehen aus, als wüssten sie, wohin sie gehen, niemand nimmt Notiz von mir. Viele Autos tragen ein Kennzeichen aus Wien. Im Grand Hotel, durch dessen verstaubte Scheiben ich spähe, stapeln sich Stühle auf dem Flügel, dessen schwarzer Lack in großen Blasen aufgeplatzt ist. Sofas sind übereinander hergefallen, als wollten sie sich begatten, Tische liegen Rücken an Rücken, und auf alles tropft durch die Decke das Wasser. Ich werde ein Stück die Hauptstraße hinunter geschickt.

Das langgestreckte weiße Gebäude ist von einem penetrant gepflegten Park ohne Grabsteine umgeben, und schon weiß ich, was Fojnica hat: »Reumal« steht in großen Buchstaben auf dem Dach. Drinnen scheinen nicht nur die Böden, sondern auch Wände und Decken mit Linoleum ausgekleidet, und die Topfpflanzen in der braunen Empfangshalle sehen verblüffend genau wie Plastik aus, obwohl sie echt sind. Hinter der Rezeption hängt ein vergilbtes Plakat mit der Abbildung eines Hometrainers aus den fünfziger Jahren. Die Nacht kostet für Gesunde hundertzehn K-Mark. Ich täusche einen Hustenanfall vor, möglicherweise eine Linoleumallergie, und verlasse mit grüßend erhobener Hand den Saal. Auf der Straße ist man sich einig: Es gibt sonst keine Unterkünfte. Ich lasse nicht locker, bis jemand das Wort »turistički biro« ausspuckt. Ein was? Ein Touristenbüro? Hier? Für die Reisebusse voller Japaner oder was?

Die Wände sind mit türkisfarbenem Glanzlack gestrichen, wir stehen am Grund eines leeren, verstaubten Swimmingpools. Weil ich die Nacht nicht im Freien verbringen will, frage ich ohne Umschweife nach einem Zimmer. Ich versuche es auf Englisch, Deutsch und Endepol. Der Chef von Fojnicatours ist ein großer, eindrucksvoller Mann von etwa fünfundfünfzig Jahren und antwortet nicht. Sein amüsiertes Lächeln geht in lautes Gelächter über, als ich nervös meine serbokroatischen Brocken auspacke: »Poznajete li dobar hotel u blizini?« Mit einer schwungvollen Geste gebietet er, am Schreibtisch Platz zu nehmen. Kaum dass wir sitzen, spricht er fließend Französisch.

»Voulez-vous du café?«

»Yes«, sage ich wahrheitsgemäß.

Er nimmt den Hörer vom Telephon und spricht ein paar Sätze. An der Wand erkenne ich das Hometrainer-Plakat aus dem Reumal, daneben ein Poster der Küstenstadt Neum mit der Unterschrift: »Bosnia – Country of Feelings«. Im Schaufenster liegen unter einer Staubschicht fünf Prospekte, aufgefächert wie letzte Haare auf einer Glatze. Ein paar Aktenordner mit unleserlich beschrifteten Rückseiten lehnen faul im niedrigen Regal, auf dem eine Pflanze versucht, sich durch Selbsthypnose das Wassertrinken abzugewöhnen.

»Vous parlez français, n'est-ce pas? Of course you speak French. You look like an intelligent girl. Where do you come from? Aus Deutschland?«

»Da«, sage ich.

Ein Kellner in Schwarzweiß betritt das Büro, stellt ein Tablett mit Espressotassen auf den Tisch und kassiert. Es ist mir unangenehm, eingeladen zu werden, obwohl ich von Dario weiß, dass es keine Rolle spielt, ob ich vergleichsweise ein Geldsack bin oder nicht. Ein Gast ist ein Gast und fertig.

Der Hund heißt Othello, acht Jahre alt, während ich siebenundzwanzig bin und Schriftstellerin, nein keine Journalistin, ich schwöre, aus Leipzig beziehungsweise Bonn, Angst habe ich nicht allein, und außerdem suche ich eine Unterkunft? Mit zusammengepressten Lippen sehe ich ihn an. Ein Mann betritt das Büro, wir schütteln Hände, er füllt einen Wettschein aus, während der Chef von Fojnicatours auf einer kleinen Rechenmaschine tippt. Ich nutze die Gelegenheit, ihn eingehend zu betrachten. Sein Hemd ist türkis wie die Wände und lässt ihn fast durchsichtig aussehen. Er hat ein Gesicht, das mit dem Alter schöner wird und mich auf die Idee bringt, der Islam könnte die gesündere Religion sein, so wie das Reisessen der Asiaten die gesündere Ernährung ist.

Ein paar K-Mark wechseln den Besitzer, ich beginne zu ahnen, wovon die Touristeninformation lebt.

»Pferde?«

»Fußball.«

Und was ich vom Krieg halte? Geistesgegenwärtig antworte ich, dass ich nicht hier säße, wenn ich das wüsste. Er nickt ernsthaft.

»Aus Deutschland. Ein weiter Weg.«

Der Krieg, sagt er, lässt dich den eigenen Namen verfluchen. Er ist Moslem, seine Frau Serbin. Wie soll man eine Seite wählen?

»Seit zwanzig Jahren habe ich keine Moschee besucht. Gehen Sie in die Kirche?«

Ich schüttle den Kopf, er hebt eine Hand wie ein Redner.

»Was würden Sie sagen, wenn ein Krieg sich an Ihren Namen klammert?«

Ich weiß nicht. Er schiebt mir seine Visitenkarte über den Tisch und tippt mit dem Löffelstiel auf seinen Vornamen: Mustafa. Ich verstehe.

»Es gibt eine Menge Dinge, die ich nicht mehr tun kann. Jobs, die ich früher hatte. Deswegen.« Er presst den Daumen auf die Karte, als könnte er den eigenen Namen wie eine Fliege zerquetschen.

»London!« ruft er, »Paris, Wien. Barcelona und Berlin. Ich bin nirgendwo gewesen. Aber ich spreche ihre Sprachen. Das ist das Wichtigste. Sprachen, Wörter. Namen.«

In der halben Stunde unseres Gesprächs ist ein Zimmer entstanden. Mustafa holt einen Bund Schlüssel aus dem Schreibtisch, von denen jeder einen dicken vw-Anhänger trägt. Bevor er die Schublade wieder schließt, greift er noch einmal hinein und schenkt mir einen Tischkalender, bei dem das Datum durch Drehen von Holzwürfeln einzustellen ist.

»Wenn Sie schon keinen Ort haben, an dem Sie zu Hause sind, sollten Sie sich wenigstens an die Zeit halten.«

Ich schlucke, bedanke mich und folge ihm um das Haus herum in ein nagelneues Gebäude, komplett aus rohem Beton, Gussnähte an allen Wänden, auf jeder Treppenstufe. Das Zimmer muss um das Bett herum gebaut worden sein. Um zur Balkontür zu kommen, muss man hinüberklettern. Die Bettwäsche ist knallrot und mit Zeichentrickelefanten bedruckt. Ich werfe mein Gepäck in die Ecke und hefte mich an Mustafas Fersen.

Die Wandkarte wurde vermutlich vor zweihundert Jahren als Kupferstich gefertigt. Mustafa nimmt sie ab und breitet sie über dem Schreibtisch aus. Wir stoßen fast mit den Köpfen zusammen, die haarfeinen Linien sind kaum zu erkennen. Straßen seien das nicht direkt, sagt Mustafa. Das Wort, nach dem er sucht, ist »Trampelpfad«. Das Gelände ist gemasert wie kurzspaniges Holz, eng sitzen die Höhenringe beieinander. Ich will nach Prokoško Jezero, weil Monsieur Pescaran erzählt hat, dass in der Abenddämmerung die Schafherden einfallen und man den Boden nicht mehr sieht unter wolligen Rücken. Das Dorf ist nicht eingezeichnet, ebenso wenig wie der Weg dorthin, aber hinfahren kann man und sollte es auch. Weniger wegen der Schafe, sagt Mustafa, denn was sind Schafe gegen Triton. War das nicht ein Sohn Poseidons? Was er aufzeichnet, sieht aus wie Lurchi der Salamander. Aber ein paar Millionen Jahre alt und nur im Prokoško See zu finden. Mustafa malt sich mit dem Finger Kiemen auf den Hals. Außer Triton gibt es, Mustafa zeichnet, Steinlinge und Pfifferpilze, welche die Italiener in Massen wegschaffen. Man hätte niemandem verraten sollen, dass Fojnica nicht vermint ist. Die Spitze des Bleistifts bewegt sich auf einem Quadratzentimeter Landkarte hin und her, Mustafa erklärt in den Sprachen der vier Länder, in denen er nie gewesen ist.

»Est-ce que vous avez compris?«

»Ja«, lüge ich.

Er schaut mich zweifelnd an.

»In einer Stunde schließt das Büro.«

Ich möchte allein fahren und weiß nicht, wie ich es sagen soll. Er merkt es.

»Um sieben müsste ich zurück sein. Dann kommt die Mutter meiner Frau zum Abendessen. Wie sagt man auf Deutsch?«

Schwiegermutter. Mustafa duckt sich unter einem imaginären Nudelholz, wir lachen uns an. Der Witz funktioniert auf der ganzen Welt.

»Sie werden den Weg schon finden, kleine Frau! Einer wie Ihnen hilft der Zufall. Weil er vor Ihnen keine Angst haben muss.«

Wir treten auf die Straße. Hinter der Bergkette, zu deren Füßen Fojnica sich zusammenrollt, beginnt es zu grummeln.

»Kiša!« sage ich, weil es viel schöner klingt als »Regen«. Mustafa freut sich.

»Da, da«, ruft er, »kiša!«

Dass der Zufall sich auf meine Seite geschlagen hat, ist mir auch schon aufgefallen. Seit Tagen bin ich ohne einen Hauch von Planung unterwegs, werde von freundlichen Händen weitergereicht. Und nichts geht schief. Schnell klopfe ich drei Mal den Fingerknöchel an die Stirn.

Die Euphorie legt sich, als ich fünfhundert Meter weiter zum ersten Mal nach dem Weg fragen muss. Ein Mädchen zeigt: Da lang! Bis der Asphalt aufhört, bis alles aufhört, da bist du richtig. Mustafa hat das Gleiche gesagt. Wenig später hört alles auf, gleichzeitig wird es so steil, dass ich in den ersten Gang runterschalte, bei dem es auch bleiben soll.

Weder »kiša« noch »Regen« ist das richtige Wort. Meine Scheibenwischer würden am Grund eines Sees nicht weniger ausrichten. Ein schlammiger Sturzbach strömt mir entgegen, führt Geröll, abgerissene Zweige und Müll mit sich, ich warte darauf, mit dem ersten weggeschwemmten Haus zusammenzustoßen. Ab und zu klatscht mir ein Wildbach von der Hangseite aufs Dach. Da bewegt sich was, ein dicker Daimler schwimmt mir entgegen, in Wien zugelassen, mit Menschen vollgestopft, allein auf dem Fahrersitz scheinen sich drei Personen zu drängeln. Ich öffne das Fenster und bin klitschnass. Der Fahrer reckt den Hals und antwortet durch einen fingerbreiten Spalt, der Regen läuft ihm wie Tränen über das Gesicht.

»Wir waren dort! Das Ambiente entschädigt für alles. Immer da lang! Wenn wir es mit dieser Fuhre geschafft haben.«

Die Fuhre hat bestimmt achtzigtausend Mark gekostet.

»Deutsche Autos!« ruft er zum Abschied und zeigt auf meinen Opel. Ich weiß schon, es ist nett gemeint, so wie man die Frauen Polens lobt, italienische Architektur und französischen Wein. Unzählige Hände hinter beschlagenen Scheiben winken mir.

Das waren keine Österreicher, sondern Bosnier. Die ganze Zeit dachte ich, dass in den Autos mit fremden Kennzeichen Touristen sitzen, die mit hochgekurbelten Fensterscheiben und zugeschweißten Türen auf kürzestem Weg an die kroatische Adria wollen, von der es in den Reisebüros wieder Bildchen gibt. Aber es sind Besucher des eigenen Heimatlands. Nicht einmal unwahrscheinlich, dass eine halbe Kleinstadt an denselben Ort geflüchtet ist, zum Beispiel nach Wien: Der Erste schafft es, holt Familie nach, ruft Freunde an und bietet Hilfe, vorläufige Unterkunft, neu erworbene Kontakte, zählt Möglichkeiten auf. Ein paar Monate später tun die Freunde das Gleiche für ihren Bekanntenkreis. Jetzt kehren sie zurück, die meisten im Golf, manche im Benz. Verwundert stelle ich fest, dass ich Bosnier kenne in Wien, einen Kellner, einen Wirtschaftsstudenten, einen Dealer und eine Malerin. Ob sie Flüchtlinge sind, habe ich nie gefragt. Ich ging davon aus, sie seien aus dem Boden geschossen wie Pilze, an der Stelle, wo ich sie zum ersten Mal traf. Möglicherweise haben sie hier in der Nähe als Kinder gespielt.

Diskriminierung, Ausländerfeindlichkeit? Achselzucken: Ist mir nicht aufgefallen. Alle, von denen ich höre, haben die Sprache ihres Gastlandes förmlich über Nacht gelernt, die Schule abgeschlossen, Arbeit gefunden, ein Studium begonnen, sich nie beklagt, einen Freundeskreis aufgebaut, eine größere Wohnung gemietet. Dario hat eine Lieblingsanekdote über die Deutschen. Mit einem kroatischen Freund saß er in einer Kreuzberger Kneipe, ein Mann gesellte sich zu ihnen. Sie tranken ein paar Bier zusammen, redeten über Sport, Helmut Kohl, die Vor- und Nachteile von Ossis und das Fernsehprogramm. Nach zwei Stunden fragte der Mann, ob sie in Berlin geboren seien. »Nee, Jajce«, sagte Dario, »Livno«, sein Freund. In Bosnien, wo grad Krieg ist. Der Mann stand auf, setzte sich, stand wieder auf, bezahlte die Getränke und legte, schon halb geflohen, einen 50-Mark-Schein auf den Tisch. »Verzeiht mir.« Aber was? »Hätte ich das geahnt, wäre ich nicht zu euch an den Tisch gekommen. Warum, weiß ich nicht. Es tut mir leid.« Dario ahmte ihn für mich nach, gebeugt, beide Hände flach auf dem Tisch, die Augen blinzelnd wie im Licht eines Scheinwerfers, den Mund schmerzlich verzogen. Dann streckte er den langen Rücken und lachte: »Ihr Deutschen seid komisch! Voll mit Kraft, Geld und schlechtem Gewissen.« Die fünfzig Mark versoffen sie an Ort und Stelle.

Ich sollte anhalten. Was da aufs Dach trommelt, ist kein Wasser mehr. Der Wagen kommt unter einem Baum zu stehen, der sich, am ganzen Leib geschüttelt, über die Straße beugt. Bei dem Wetter sollten Bäume sich selber unterstellen. Wir werden mit bleigefüllten Tischtennisbällen beschossen, nach allen Seiten springen sie von der Motorhaube ab. Zwar bin ich in den Bergen, was an dem geländerlosen Abgrund zu erkennen ist, der sich einen halben Meter neben dem rechten Vorderrad in die Tiefe öffnet und dessen Rand der Hagel zu schlammigen Blasen schlägt. Aber war nicht eben noch Hochsommer? Am schlimmsten ist das Geräusch auf dem Dach, Urängste zerren an ihren Ketten. Ich lege eine Kassette ein, Preisners Requiem hilft über das Gröbste hinweg.

Weder werde ich verschüttet, noch rutsche ich gemeinsam mit einem Stück Straße ins Tal. Das werte ich als gutes Zeichen, außerdem regnet es nicht mehr. Die Bergwelt rückt näher.

Unter mir am Hang dampft ein Steiniglu, groß wie ein Einfamilienhaus. Aus zwölf Schlitzen steigt der Qualm senkrecht auf, als wäre das Ganze mit straffen Seilen an der Wolkendecke aufgehängt. Hoffentlich wird da drinnen nicht gerade ein Ring geschmiedet, der eine, uns zu knechten und alle zu finden, ins Dunkel zu treiben und ewig zu binden.

Hobbits fahren doch nicht Zastava Mini? Was hinterm Steuer sitzt, besteht nur aus Schlapphut, der kleine Wagen ist bis unters Dach mit Steinpilzen gefüllt. Jeden frage ich nach dem Weg, Traktoren, Transporter, einen R4 mit schreiendem Motor. Da lang!

Immer wieder zwingt mich die Landschaft, aus dem Wagen zu steigen. Endlos flattern die Wiesen ins Tal, aus zwei Farbschichten zusammengesetzt, unten grün, darüber gelb, nur die Wolken grasen auf ihnen. Ich sauge den Geruch wilden Thymians ein. Die Disteln sind mannshoch, mit Seeigeln besetzt. Der Hund kriegt Huja und rast mit einem armdicken Stock bockspringend im Kreis.

Beim Anblick der ersten Schafe steige ich auf die Bremse. Sie sind klein, schwarz-weiß gefleckt, mit langen, dicht behaarten Schwänzen und sauber gezeichneten Masken auf den Gesichtern, die sie wie eine Armee außerirdischer Agenten aussehen lassen. Auch wenn Agenten keine stumpf klappernden Glocken um die Hälse tragen. Zwei zu klein geratene Schäferhunde auf Stummelbeinen schließen Freundschaft mit dem Hund. Menschen sehe ich nicht. Fast zwei Stunden bin ich steil bergauf gefahren. Ich grüble, ob deutsche Schafe auch Schwänze haben.

Holz, es ist alles graues Holz. Winzige Häuser ohne Fenster und mit übermächtigen, spitzen Dächern, umgeben von knorpeligen Zäunen, die ein beliebig gewähltes Stück Land abtrennen. Wie vom Himmel gefallen sitzen die Häuser hier und da auf dem Gras, dichter beisammen in der Nähe des Sees. Mich quält die Frage, nach welchen Kriterien die Stellen gewählt wurden, man kann doch nicht einfach »Hier!« rufen und ein Haus bauen? Ich rolle im Auto über die kurz gefressene Wiese und kann nicht einmal entscheiden, wo ich den Wagen parke.

Von den felsigen Abhängen bewegen sich weiße, ständig die Form ändernde Flecken auf das Dorf zu. Das sind die Schafe. Irgendwo grast ein Pferd. Die Kühe werden von ihren Besitzern mit Schreien und Pfiffen mehr schlecht als recht auf den Wegen gehalten. Niemand außer mir ist jünger als sechzig, und niemand außer mir wundert sich, dass ich hier bin. Einzelne neue Häuser leuchten zwischen den grauen Eminenzen, ihre Panoramafenster zeigen zum See, sie haben japanische Geländewagen neben sich statt rostige Ladas oder Zastavas. Auf der anderen Seite des Sees bilden vier orangefarbene Zelte zusammen mit einem aus offenen Autotüren plärrenden Radio einen Campingplatz. Dass der Frieden sich davon nicht stören lässt, sagt alles.

Ich sehe keine Strom-, Telephon- oder Wasserleitungen, keine Antennen und keine Satellitenschüsseln. Keine Spuren des Krieges, aber auch keine Kinder, nicht einmal Jugendliche, niemanden im zeugungsfähigen Alter. Eine Holztafel zeigt Triton, er sieht nicht aus wie Lurchi, sondern wie eine Galapagos-Miniatur. Ich bin zu faul, den Text zu entziffern, nur das Wort »Aussterben« krallt sich sofort in meinen Gedanken fest.

Die ersten Herden erreichen das Dorf, mit Schäfern aus Urgestein, »Dobro veče!« brüllen wir uns zu. Halbherzig halte ich nach Triton Ausschau, im Westen blutet der Abend aus. Die Kühe machen sich einen Spaß daraus, mit gesenktem Kopf den Hund zu jagen, dass er wie ein Karnickel in Panik über die Felsen hüpft. Die Schäfer lachen, ich auch, bloß die Schafe schauen ständig verwirrt drein, als ob sie die Welt erfunden hätten. Der nächste Hagelschauer treibt mich in eine Felsspalte, selten so gefroren im August. Selten so intensiv übers Aussteigen nachgedacht, über die Vorteile von frischer Luft und Schafskäse, vielleicht verstärkt vom dem Gefühl, mit letzter Not dem morbide flirtenden Sarajevo entkommen zu sein. Einen Ort wie diesen kümmert es nicht, ob er sich gerade im Osmanischen Reich, in Österreich-Ungarn, dem kommunistischen Jugoslawien oder auf bosnischem Kriegsgebiet befindet. Zähere Feinde als Türken oder Serben werden ihn ausrotten, Feinde, die jeden finden: Zum einen die Zeit. Zum anderen Touristen wie ich.

Abwärts verirrt man sich nie. Preisners Klänge tragen mich über die Buckelpiste durch Dunkelheit und Regen, auf der Rückbank stinkt es friedlich nach nassem, von der Autoheizung aufgewärmtem Hund. Manchmal zeigen die Scheinwerfer wie in Großaufnahme einen perfekt geformten, blitzenden Regentropfen an einem Blatt.

Zurück in meinem Zimmer, zähle ich Zeichentrickelefanten und döse ein. Als etwas gegen die Fensterscheibe schlägt, schrecke ich hoch: Jetzt haben sie mich! Wer überhaupt, haben, mich? Trotzdem versucht mein Herz, sich den Weg nach draußen freizuklopfen. Wieder klappert es an der Scheibe, ich zwinge mich zur Ruhe und krieche über das Bett zur Balkontür. Kaum stehe ich draußen, klatscht mir etwas gegen die Brust. Unten auf der Straße lacht eine Frau. Mit weit ausholender Bewegung schleudert sie die zweite Sandale zu mir hinauf, ich fange sie aus der Luft. Die muss ich irgendwo in der Stadt vergessen haben, barfuß weitergegangen sein. Die Frau grüßt und verschwindet, immer noch lachend. Etwas sagt mir, dass das Mustafas Frau war.

Wer A sagt

Mostar ist noch da. Im Hotel werde ich begrüßt wie der verlorene Sohn und bekomme das Zimmer vom letzten Mal. Ich bin so verschwitzt, dass mir die Klobrille am Hintern kleben bleibt. Die eingekauften Joghurts löffle ich mit der Telephonkarte aus Zagreb. Mit leichtem Gepäck zu reisen bedeutet vor allem, Haarshampoo aus Hotelpäckchen zum Rasieren der Beine zu verwenden, keinen Kugelschreiber zu finden, wenn man einen braucht, trotzdem zu viele T-Shirts dabeizuhaben und ständig zu wenig Unterwäsche. Als Kind nahm ich meine wichtigsten Habseligkeiten, Stoffhund, Taschenmesser, Tagebuch, mit in den Wald und war glücklich, jederzeit verschwinden zu können, wie eine Schnecke das Heim auf dem Rücken zu tragen.

Heute bin ich langsam wie eine Schnecke, jede Bewegung dauert, obwohl die Klimaanlage eingeschaltet ist.

Auf der Straße befällt mich Unruhe. An Menschenmassen kann es nicht liegen, die Stadt ist wie leergefegt, Mittagsruhe. Die Gartenmauern der alten Häuser sind hoch genug, um die Frauen der Familie allen Blicken zu entziehen. Ein Wispern, ein Kichern, das Klicken von Billardkugeln. Das elektrische Sirren der Hitze. Sonst ist es still. Auf den Dächern schmilzt der Teer. Früher hätten die Rufe eines Muezzins die Stille zerrissen: Passt auf die Kinder auf, dass sie nicht sterben im Schlaf!

Die streunenden Hunde scheinen ohnmächtig geworden zu sein, wir schleichen unbemerkt vorbei.

Auch von der Verwüstung kommt meine Unruhe nicht, ich spüre bloß leichte Verwunderung darüber, wie schnell man sich an alles gewöhnt. Alle paar Schritte wende ich mich um: Niemand schleicht mir nach, kein Arm mit erhobenem Krummsäbel reckt sich aus einem Hauseingang.

Hinter der nächsten Ecke weiß ich, was mich verfolgt. Es ist ein Geruch. Nudeln mit Spinatsauce und Schafskäse, zum zweiten Mal aufgewärmt, das Süßliche vom Spinat, das Faulige vom Käse, schwach wie in den Kleidern von jemandem, der gerade vom Esstisch aufgestanden ist. Zehn Meter weiter glaube ich, mich getäuscht zu haben, doch in der nächsten Gasse steigt es mir wieder in die Nase. Sie hatten nicht Zeit und Mittel, richtige Särge zu zimmern, und moslemische Gräber sind nicht tief. Gestern regnete es, heute ist es heiß. Wie anderswo Fahrräder, Kinderschaukeln oder Regentonnen stehen hier ein paar Grabsteine in jedem zweiten Garten. Leichengeruch.

Jetzt weht er aus jedem Kellerfenster, ich begegne ihm im Geschmack der Weintrauben, er kommt von den Mülltonnen am Markt und lebt im Mörtel der Baustellen. Gierig schaue ich den wenigen Spaziergängern in die Gesichter, als hätte ich jahrzehntelang nur Tote gesehen.

Eines bleibt, um nicht durchzudrehen: Rausklettern, dem Himmel entgegen.

Ich steige den Hang an der Ostseite hinauf, bis die Straße vor einem Kasernentor endet. Der wachhabende Soldat fordert mich durch Gesten zum Sitzen im Schatten auf und fächelt mir Luft zu mit seinem Barett. Als er mich küssen möchte, winke ich ab und kehre in die Altstadt zurück.

Es ist nicht so, dass es nichts zu sehen gäbe. Überall klopft und hämmert es im Innern der Häuser, die dunkel und kühl wie Höhlen sind. In den Höfen der Moscheen sitzen Handwerker mit ihren Familien bei belegten Broten und Tee, bevor sie weitermachen mit der Reparatur. Dann gibt es »Türk-Haus«. »Hier ist Orient am Westen« und »Weltbekannt«, daneben das schmutzige Photo eines nicht mehr jungen, traditionell gekleideten Paares. Wahrscheinlich müssen sie solche Schilder aufhängen, um Geld von der UNESCO zu kriegen. Das Haus steht auf langen Vorderbeinen im Fluss, hat einen Hof voller Blumen, und vor den offenen Fenstern und Türen bewegen sich Laken im Wind. Sitzbänke und Hocker sind mit Teppichen bedeckt, hüfthohe Messingkrüge enthalten Rätselhaftes. Hier riecht es nicht nach Leichen. Essensdüfte streichen um die Mauern, aus Türk-Haus und den angrenzenden Gärten dringt Geschirrgeklapper, das Scharren von Stuhlbeinen, an- und abschwellende Stimmen. Ich lasse mich nieder, der Hausherr entdeckt mich und nickt mir zu. Obwohl das Gebäude als Museum ausgewiesen ist, traue ich mich nicht hinein. Da drin wird gelebt.

Mostar eignet sich nicht zum Sightseeing. Türk-Haus ist kein Dokument aus dem 18. Jahrhundert mehr, sondern Dokument einer jüngeren Zeit, in der man sich noch für das 18. Jahrhundert interessierte. Unter solchen Umständen ist es ein Kraftakt, den Touristen zu spielen. Aber einer muss es ja tun, wenn es Museen gibt, Schneegläser mit Stari Most, Postkarten und Reiseführer. Und wer A sagt –

Also muss ich einen Teppich kaufen. Man liebt Touristen, glaubt nur nicht recht an sie. Der Händler fragt mich, ob ich von der SFOR bin. Ich hätte nicht gedacht, dass die solche haben wie mich. Sofort denke ich an Monsieur Pescaran, der längst zurück in Mostar sein muss und sich keine zehn Kilometer weit weg hinter den Stacheldrahtwällen des Lagers befindet. Ich würde ihn gerne fragen, was er von mir hält. Manchmal fasse ich mir auf den Kopf, ob dort zwei Antennen gewachsen sind, dann wieder glaube ich, eine Tarnkappe zu tragen. Meistens werde ich so normal behandelt, als wäre ich komplett verrückt. Um Monsieur Pescaran zu treffen, bräuchte ich einen Grund. Ich könnte mich verhaften lassen, und er würde kommen, ein staubiger Ritter im klappernden R4. Ich würde ihm nach Afrika folgen, das Zelt aufräumen und die Minendetektoren polieren.

Vielleicht sollte ich vor allem mal aus der Sonne gehen. Der Händler spricht Deutsch, München bis 1997. Er schenkt mir ein paar vergilbte Postkarten aus den achtziger Jahren und erzählt vom Krieg. Von den Teppichen aus bunter Wolle gebe es nicht mehr viele, weil die Plünderer alles weggeschleppt haben, was nicht ohnehin verbrannt ist. Als ich zu handeln versuche aus Höflichkeit, schüttelt er müde den Kopf. Keine Ahnung, wie ich den Teppich nach Hause transportieren soll. Stoffhund, Taschenmesser, Tagebuch, das waren noch Zeiten.

Es überrascht mich mäßig, der dicken Journalistin in die Arme zu laufen.

»Beim vierten Mal geht man wieder einen trinken, ist es nicht so?«

Ich wehre mich nicht, ich verlange eine Erklärung. Wir setzen uns auf eine Terrasse über der Neretva. Eine Weile starre ich ins Wasser. Tannennadelseife? Weinflaschenglas? Smaragd? Grünes Plastikfeuerzeug?

»Innerhalb der international crowd zieht man sich an, sweetheart. Als wären wir alle Magneten.«

Ich wusste nicht, dass ich zur *international crowd* gehöre. Immerhin scheint sie mich nicht mit Absicht zu verfolgen.

»Schon fertig in Tuzla?«

Gewalt gegen Frauen ist im Kasten, die Photographin nach Israel weitergereist. Noch ein paar freie Tage im schönen Mostar. Aha. Tuzla sei schwer zu ertragen, voller Hass und Hässlichkeit und nicht ungefährlich. Besonders in Brčko sei man seines Lebens nicht sicher. Sofort beschließe ich hinzufahren, um das zu überprüfen. In Tuzla, erzählt sie, gebe es Kinder, die noch nie eine Portion Pommes frites gesehen haben. Hach, denke ich, so viel Elend auf der Welt.

»Und Sie«, frage ich, »schon mal eine Portion Pilav gesehen?«

Sie stutzt.

»What's Pilav?«

»Fastfood«, sage ich. »Landestypisch.«

Das habe ich von der Menütafel an der Wand in ihrem Rücken abgelesen. Sie wechselt das Thema.

»Und selbst? Schon die Ursachen des Krieges enthüllt?«

»Nein«, sage ich, »aber ich finde langsam heraus, was nicht für den Krieg verantwortlich war.«

Mit einem Schlag bin ich wütend geworden, es wäre besser, aufzustehen und sich zu verabschieden. Nicht, dass ich das Elend bestreiten wollte. Vielmehr ertrage ich die Selbstsicherheit nicht, mit der sie davon berichtet, als hätte sie etwas verstanden, als wäre sie durch ihre Betroffenheit stets im Recht. Die mutige Fahrt ins Krisengebiet macht sie zur Expertin vor allen anderen. Selbst vor den Kindern Tuzlas. Bei den Berichterstattern auf dem Bildschirm hat mich das nie gestört. Sie waren dort, ich nicht, Mitreden ein Akt der Unmöglichkeit. Aber jetzt bin ich auch dort, also hier. Sie muss doch sehen, dass uns nicht dreitausend Kilometer und ein Fernsehschirm trennen, während sie mit mir spricht. Dass zwischen uns kein Raum ist für Ich-war-in-Sarajevo-Expertentum.

Ein Begriff fällt mir ein: Balkanhelden. Endlich habe ich eine Schublade, in die ich sie packen kann.

»Really?« fragt sie spöttisch. »Und was wäre das?«

»Das, woran Sie und Ihre Kollegen glauben. Ethnische Differenzen.«

Ob ich etwa bestreiten wolle, dass es in Bosnien-Herzegowina ethnische Konflikte gibt? Ich weiß, dass ich mich lächerlich mache, schon deshalb, weil ich mich aufrege, während sie ruhig bleibt.

»Heute gibt es sie«, sage ich. »Ich glaube nicht an ethnischen Hass vor dem Krieg.«

Sie lacht.

»Für jede Einmischung in einen Konflikt«, sage ich, »braucht man mindestens zwei identifizierbare Parteien. Egal, ob man verhandeln will oder Bomben werfen. Wenn es keine gibt, definiert man sie eben, zum Beispiel über Figuren, die sich ihre Anführer nennen. Wem wollen Sie sonst ein Ultimatum stellen oder Hilfsgüter liefern? Allen gemeinsam?«

Sie lacht noch lauter.

»Und worüber wollen Sie Bericht erstatten? Über etwas, das Sie selbst nicht auseinanderhalten können?«

Sie ist still. Endlich. Noch eine halbe Minute Gelächter und ich hätte behauptet, Serben, Moslems und Kroaten seien eine Erfindung Westeuropas.

»But literature«, fragt sie, »finds the truth? Or is it creating its own?«

»Gute Frage«, sage ich. »Die Antwort darauf ist wie ein Haus mit zahlreichen Stockwerken, in denen viele gemischt-ethnische Familien aus Jas und Neins wohnen.«

Sie starrt mich an, ihre Mundwinkel zucken, als wollte sie lächeln, dann starrt sie wieder unbewegt. Eine Waffe haben die Schriftsteller: Etwas so auszudrücken, dass der andere glaubt, er hätte es ohne weiteres verstehen müssen. Bevor wir aufeinander losgehen können, mischt sich der Mann vom Nebentisch in gebrochenem Englisch ein.

»Excuse me, I've been living here for fifty-four years. Ich werde Ihnen sagen, warum Krieg war.«

Gespannt sehen wir ihn an.

»Hier in Bosnien ist der große Kampf ausgebrochen zwischen dem Materialismus und der Welt von Glauben und Ideen.«

Klingt interessant, aber so schnell kann ich nicht folgen. Die Journalistin kräuselt die Lippen.

»Fahren Sie nach Međugorje«, sagt er. »Dort sehen Sie, wie die Menschen aus den Industriezentren kommen, aus Frankfurt und Tokio, weil die Mutter Gottes eine Botschaft für sie hat. Es kommen mehr Menschen, nicht weniger. Sie suchen den inneren Frieden.«

Međugorje, das bedeutet »zwischen den Bergen«. In ein Kriegsgebiet zu pilgern, um Frieden zu finden, ist das ein Paradoxon oder gerade nicht? Immerhin verdrängt die Neugier alle Wut auf die Journalistin. Der Händedruck fällt kurz aus, als würden wir uns aneinander die Finger verbrennen. Magneten können sich anziehen oder abstoßen.

Man gewöhnt sich sogar daran, den eigenen Augen nicht zu trauen. Routiniert halte ich die monströse katholische Kirche für eine Fata Morgana. Ihr Glockenturm steht frei neben dem Hauptschiff, an seine Seite klammert sich ein Baugerüst wie eine parasitäre Pflanze. Ich zähle Waschbetonplatten und schätze den Turm auf fünfzig Meter Höhe. Ein Parkhaus in Kathedralenform oder umgekehrt, alles nachgebildet aus Zement: Bogenfenster, ein Eingangsportal mit Säulen, Rosette und Kassettendecke. Der Innenraum ist leer. Ich stehe in der größten Betonhalle, die ich je gesehen habe. Der Chor noch ohne Orgel, der Hauptaltar ein sieben Meter hohes, christusloses Betonkreuz, neben einem Stapel Gipssäcke an die Wand gelehnt. Der fassungslose Gesichtsausdruck spannt über meinen Wangenknochen, mit einer Hand lockere ich das Kinn. Durch enge Gänge mit Gussnähten an den Wänden gelange ich in eine Krypta, die mit Plastikstühlen für Messen ausgerüstet ist. Noch 240 freie von 280 Plätzen. Ich traue mich nicht hinein, da unten krümmen sich die Rücken betender Menschen.

Langsam gehe ich um das Gebäude herum. Wir drei, der Hund, die Kirche und ich, spielen zusammen in einer Groteske über Tourismus im dritten Jahrtausend. In Sandalen und Sommerkleid schwanke ich über Bauschutt und schieße Photos mit einer blauen, im Jeansmuster bedruckten Wegwerfkamera. Der Hund hält Ausschau nach lebenden und toten Katzen, von denen letztere durch die Hitze mumifiziert sind, bis ins Detail erhalten, Krallen, Zähne und Geschlechtsteile. An der Nordwand finde ich, eingelassen in den Zement, eine alte Bronzetür mit einem Relief aus Heiligenfiguren und unleserlichen Schriftzeichen. Solche Metallplatten schießt man ins Weltall, damit die Aliens in zehn Millionen Jahren noch wissen, was für Kopfbedeckungen wir getragen haben.

Anscheinend habe ich die Schnauze noch nicht voll, ich hole den Wagen und sammle Auskünfte, wie man das Kreuz erreicht, das auf dem höchsten Berg über Mostar steht. Ich muss es aus der Nähe sehen. Eine der Postkarten des Teppichhändlers zeigt es bei einem Pilgertreffen, die Bergkuppe ist von Menschen bedeckt, das Kreuz steckt wie in einem Ameisenhaufen. Und ist im Verhältnis zu den Ameisen lang wie ein Finger.

Keiner der Befragten ist dort gewesen, nicht in den letzten zehn Jahren. Ich lenke den Wagen die engen Serpentinen hinauf, probiere die falsche Auffahrt und scheitere an etwas, das kein Schlagloch ist, sondern die Abwesenheit von Straße. Ans Umdrehen ist nicht zu denken, ich rolle rückwärts in die Hauptstraße, Gott will, dass gerade kein Auto aus der Haarnadelkurve kommt. Schließlich finde ich die frisch aufgeschüttete Schotterrampe und die erste Station des Passionswegs. Römisch Eins.

Im ersten Gang und mit rutschenden Rädern schwimmt der Opel in den Fahrspuren, die beängstigend nah am unbefestigten Abhang verlaufen. Bei Römisch Acht lasse ich den Wagen stehen, hier braucht man starke Nerven oder einen Jeep. Die Landschaft hält ihre Lieblingsrede: Ohne Menschen kein Müll. Die Einsamkeit weitet mich und presst mich zusammen, beides zur gleichen Zeit. Drei verirrte Schafe stehen in den Resten einer Kapelle, schwer zu entdecken, sie haben die Farbe der Steine. Weil ich so allein bin, hocke ich mich zum Pinkeln mitten auf den Weg. Der Hund lässt sich neben mich in den Kies fallen und rollt sich auf den Rücken, als ich ihn streichele. Manchmal denke ich, wir sind an jeder Straßenecke zu Hause, solange wir zusammenbleiben.

Was soll man fühlen an solch einem Ort? Wäre das Kreuz ein Haus, hätte es fünfzehn Stockwerke. Es besteht aus einer mit Aluminiumplatten verkleideten Stahlkonstruktion. Über eine Leiter erklimme ich den Betonsockel, überblicke das Tal und die Spielzeugstadt darin. Berggipfel drängeln sich bis zum Horizont. Wie soll ich mich fühlen am Fuß dieses gigantischen Kreuzes, den Wind in den Haaren? Scheiße? Ganz normal? Als Christin oder gleich als Herrin der Welt? Bevor ich eine Entscheidung treffen muss, steige ich vom Sockel und über einen Schutthaufen hinweg. Einige der Steine sind mit blutroter Farbe beschmiert. Auf einem Platz zweihundert Meter weiter unten am Hang hat jemand aus kopfgroßen rot bemalten Brocken ein vier Meter langes »H« gelegt. Ich interpretiere es als Zeichen für »Helikopter«, im Krieg müssen sie dort gelandet sein. Das will ich mir ansehen.

Als ich mitten in dem Buchstaben stehe, sehe ich rostige Farbeimer und schließlich die in den Boden gerammten Pflöcke, das obere Ende ebenfalls in rote Farbe getunkt. Dazwischen flattern Fetzen gelber Plastikbänder, wie von einer Baustellenabsperrung. »Federalna Uprava Civilne Zaštite« ist darauf gedruckt, und in rot: Mine. Jetzt erst bemerke ich die Bänder und Pflöcke, die sich den ganzen Hang hinunter ziehen, so weit das Auge reicht. Der Buchstabe um mich herum ist kein richtiges »H«. Eher ein »M«. Scharf rufe ich dem Hund zu, dass er sich setzen soll. Dann lege ich die Hände über das Gesicht. Es ist still bis auf das Geräusch des Winds in meinen Kleidern. Es gibt Dinge, die mir wichtig sind im Leben, einige habe ich bereits erledigt, die meisten noch nicht. Ich überlege, ob ich mich an jeden meiner Schritte erinnern kann, mit denen ich hierher gekommen bin. Der Schotter zeigt keine Fußabdrücke.

Die Sonne zerläuft zu einer rosafarbenen Pfütze und berührt bereits die Bergkämme. Ich kann nicht ewig hier stehen bleiben. An die fünf wichtigsten Menschen schreibe ich Kurznachrichten, in denen etwas Nettes steht.

»B!« sage ich laut.

Den Hund am Halsband haltend, gehe ich los. Beide oder keiner.

Als wir den Fahrweg erreichen, empfinde ich keine Erleichterung darüber, nicht gestorben sein. Ich spüre nur Leere, als wäre die Grenze zwischen mir und der Bergwelt endgültig aufgehoben worden.

Erst unten in der Stadt schaue ich zurück. Das Kreuz ist eine schwarze Silhouette vor dem dunkelblauen Nachthimmel, die Beleuchtung ist noch nicht angegangen. Es sieht wie der Grabhügel von etwas sehr Großem aus.

Der Wind trägt vom Fluss mal kalte, mal heiße Luft heran, keine Ahnung, wie er das macht. Es wird früh dunkel, schon um neun ist der Himmel schwarz, das Land mit seinen Trümmern und Schönheiten ausgeknipst. Das Geräusch der harten Heuschreckenleiber an den Glasglocken der Laternen hat nichts Beunruhigendes mehr. Die Vögel auf der Stromleitung haben sich zum Schlafen so angeordnet, dass das kreisende Spotlicht einer Diskothek sie nicht trifft. Die Schatten der Gitterzäune zeichnen den Mädchen Tattoos auf die nackten Oberarme, man steht auf der Straße, man ist schön und auf keinen Fall über fünfundzwanzig. Zu jung, um die eigenen Erinnerungen ernst zu nehmen, man hat überlebt. In das Brückengeländer hat jemand eine Inschrift geschnitzt: »Fuck to forget, but don't forget to fuck.«

Die Müdigkeit besteht aus Gliederschmerzen und einer Verzweiflung, deren Grund ich nicht kenne. Ich frage mich, ob die Hitze das Eiweiß in den Muskeln gerinnen lässt, jede einzelne Faser ist vom Muskelkater befallen, ich kann mich kaum noch bewegen. Entweder, ich werde langsam gekocht wie ein Frühstücksei, oder ich bin Opfer einer Vergiftung. Ich überlege, was ich im Lauf des Tages von Bäumen und Büschen gepflückt und in den Mund geschoben habe.

Im Hotel ist die Klimaanlage ausgefallen. Ich esse die Hälfte einer Fünf-Kilo-Melone, der Rest passt nur mit Gewalt und triefenden Rändern in die Minibar. Wenigstens weiß ich danach, warum mir übel ist. Vielleicht hat etwas in mir »Auszeit!« gerufen, solche Stimmen höre ich schlecht und oft zu spät. Das Gedröhne vom Tischventilator hält mich wach, er vermischt heiße Luft mit heißer Luft und bläst so stark, dass ich meine Zigaretten im Badezimmer anzünden muss. Die Schmerzen werden dumpfer und identisch mit meinem Körper. Damit ihnen nicht langweilig wird, verändere ich ab und zu meine Lage auf dem Bett.

Beim Lesen im Reiseführer über Mostar merke ich, dass ich auch fließend Holländisch kann. Eine andere Sprache war nicht vorrätig.

Wer oder was sind eigentlich die Bogomilen?

Wenn erst mal eine Zeitlang gelogen worden ist, haben alle recht: Die ohrenbetäubende Popmusik, durch die sich Mostar Abend für Abend in eine Freiluftdisko verwandelt. Die Kriegsberichterstattung, welche ich in den Nächten lese. Der Reiseführer mit seinen Vorkriegspohotos. Die Totenkopffassaden und die aufatmende Natur. Die Balkanhelden. Der Leichengeruch. Die immer gleichen Jahreszeiten, welche stoisch Temperatur und Wetter zur Verfügung stellen, egal, was die Menschen damit anfangen.

Kein Schlafen und kein Wachen, dreimal stehe ich auf, um zu trinken und das Gesicht zu waschen, mache zwei Handtücher nass und lege sie über meinen Körper. Im Zimmer ist es heißer als draußen. Ich habe vier Bücher, mein netzloses Telephon und die Schreibunterlagen auf dem Nachttisch drapiert und den neuen Teppich vor dem Bett ausgerollt. Es hilft nicht.

In der Nacht träume ich von der Angst, etwas zu verpassen, nichts zu verstehen, und von der Unbestimmtheit, die mich umgibt. Ich laufe durch ein Dorf, das sich zur Stadt dehnt, nicht enden will. Ich laufe und laufe, schwebe auch manchmal durch die Straßen, während die Gesichter der Menschen sich weder ähneln noch voneinander unterscheiden, eins geht ins nächste über. Nur einmal schaut eine junge Frau mit verwegener, sonnengebleichter Frisur mich an, so auffordernd, dass ich vor Schreck keine Wörter finde, mich für keine Sprache entscheiden kann und Babel verfluche.

Jar Jar Binks

Er hat eine komische Art zu gehen. Übertrieben federnd setzt er Fuß vor Fuß wie auf ein Riesentrampolin. Die Arme schwingen an den Seiten und wollen den Körper verlassen, Schultern und Kopf wiegen sich mit jedem Schritt weit nach rechts und links. Alles an ihm schlackert, es sieht aus, als tanzte er zu einer Musik, die nur er hören kann. Er erinnert so sehr an Jar Jar Binks mit den langen Ohren aus Star Wars Episode Eins, dass ich kaum zuhören kann. An seiner Seite durchquere ich noch einmal die ganze Stadt, fünfundzwanzig Sehenswürdigkeiten in zwanzig Minuten, inklusive Moscheen, Pavarotti-Zentrum und kaputten Brücken. Ich habe behauptet, erst heute angekommen zu sein und noch nichts zu kennen. Beim Reden findet er keine Zeit zum Rauchen und nimmt trotzdem eine Zigarette nach der anderen aus der Packung, als wäre der Glutpunkt Jar Jar Binks' Lebenslicht, das nicht verlöschen darf.

»I talk a lot, this is what makes smoking more difficult, but there is a lot to say, and left hand you see another building reconstructed by the international community. I am a heavy smoker just as I am a heavy talker, and that makes life complicated, but life is complicated anyway, and that is why everybody here is grateful that international community brought peace and stability, and we all love the SFOR, hey give me some water.«

Im Vorbeigehen lässt er sich ein Glas Wasser füllen am

Gartenschlauch, mit dem eine Kellnerin die Straße vor dem Café bespritzt. Andauernd stolpere ich über Bürgersteigkanten, Schlaglöcher und meine eigenen Füße, weil ich gleichzeitig Jar Jar Binks und die Sehenswürdigkeiten ansehen und seinen schlenkernden Armen ausweichen will. Jar Jar Binks glaubt an die Allmacht des OHR. Innerhalb von ein paar Jahren wird es das Land sicher und transparent für ausländische Investitionen machen. Das stelle ich mir schwieriger vor, als weiße Kaninchen aus einem leeren Hut zu ziehen.

»They saved my life, now they will save the country. This sounds good.«

Jar Jar Binks ist Serbe und hat eine muslimische Frau. Nach Kriegsende hat er sich beim OHR beworben, im Festtagsanzug des dreizehnjährigen Nachbarssohns, weil er selbst nur noch vierzig Kilo wog. Wie er so stark abmagern konnte?

»Das ist einfach. Ich wollte bei meiner Frau bleiben. Nicht kämpfen.«

Vielleicht war er eingesperrt, oder er hielt sich in einem Keller versteckt oder in den Bergen, er zuckt die Achseln, wer weiß das so genau, und lacht, als wäre das Ganze ein komplizierter, zum Schluss aber lohnender Witz. Zwischen ehemaligem Stadtbad und ehemaligem Hotel Neretva muss er ein paar Mal richtig an seiner Zigarette ziehen, und ich nutze die Gelegenheit, um zu fragen, warum der Krieg ausgebrochen ist. Jar Jar Binks schlenkert auch im Stehen mit den Armen und klopft mir auf die Schulter, als hätte auch ich den Witz endlich verstanden.

»Manche sagen: Weil die Bauern faul geworden sind. Im Krieg kannst du reich werden, als Berufssoldat, als Plünderer oder auf dem Schwarzmarkt. Ein Lastwagen voll Zigaretten brachte zweihundert Millionen Mark, da haben Gott und Allah Pause. Nachts am Fluss oder in den Bergen verkaufst du den Gegnern die Waffen, mit denen du am nächsten Tag erschossen wirst.«

Er zeigt zu den Bergkämmen. Kann man, wenn man einander wirklich hasst, einem Scheißmoslem oder Scheißkroaten die eigene Waffe verkaufen? Verkauft ein Skinhead seinen Baseballschläger an einen Türken, oder der Türke sein Springmesser dem Skinhead?

»Soviel zum Thema Ethnicity«, sagt Jar Jar Binks. »Heute, im Frieden, musst du sie zwingen, sich die Wasserversorgung zu teilen, weil ein Kroate nicht mit einem Moslem aus dem selben Rohr saufen will. Noch Fragen?«

Viele, aber sie fallen mir nicht ein. Ich gehe dazu über, ein paar Naturschönheiten zu loben. Jar Jar Binks hält still.

»Es ist ein interessantes Land«, sagt er nachdenklich. »Das haben die Türken so gesehen, die Venezianer, genauso die Habsburger, Nazis und Kommunisten. Ich persönlich würde lieber in einem Land leben, das niemanden interessiert. Wo keiner leben will. Außer mir. Ein richtig langweiliges Land, das wäre für mich das Richtige.«

Er lacht. Jar Jar Binks liebt Mostar, man sieht es an jeder Handbewegung, an jedem Augenzwinkern, und er steckt voller Geschichten. Stolz zeigt er auf die hässlich sanierten weißen und grellgelben Fassaden:

»War hundert Prozent zerstört. Wieder aufgebaut mit Geld von der EU.«

Oder von der UNO. Oder von Deutschland oder einer NGO. Irgendein Projekt eben. Mir schwirrt der Kopf. Ich denke an Dario.

»Hier läuft gar nichts«, hat Dario über seine Arbeit gesagt, »der UNHCR hängt rum und langweilt sich zu Tode.«

Der Hund legt sich in einen der flachen Wasserläufe, die den Innenhof des Cafés durchziehen. Um keinen Kreislaufkollaps zu kriegen, löffle ich den dicken Zuckersatz aus der Tasse. Wir sind zur Ruhe gekommen, Jar Jar Binks bestellt Cola und grüßt einen alten hageren Mann, der in engen neonfarbenen Radsportklamotten seine Rennmaschine durch die Innenräume des Cafés, quer über den Hof und hinaus auf die Straße schiebt.

»Vor fünfundzwanzig Jahren hat der ein Ausscheidungsrennen für die Europameisterschaft gewonnen. Er hat sich in den Bergen versteckt und kurz vor dem Ziel auf die Piste gemogelt. Er kannte das Gelände und schlug den Favoriten aus der Schweiz.«

Ich schüttle den Kopf, bis mir schwindlig wird.

»Ich liebe die Leute!« ruft Jar Jar Binks. »Beim OHR nennen sie uns die Verrückten. Nach dem Krieg ist der Alte bei ihnen reinmarschiert und brüllte, bis Koschnik auf den Flur kam. Er sagte zu ihm: Alles ist kaputt, ihr wollt helfen. Kauft mir neue Reifen für mein Rennrad. Sie haben ihm welche aus Italien bestellt.«

In einem Garten erkenne ich die komischen weißen Steintruhen von den Photos in meinem Reiseführer. Ich werde ganz aufgeregt. Jar Jar Binks weiß auch nicht, was Bogomilen sind.

Sein Auftrag lautet, mich zu beschäftigen, bis das OHR Zeit für mich hat. Auf die Minute pünktlich werde ich abgeliefert. Vergleichsweise ist Hotel Ero eine Kühltruhe. Im fünften Stock herrschen Hektik und Easy Going zugleich. Im Süden brennt ein Wald, niemand kennt das neue Abkommen zum

Feuerschutz. Bernd ist aus Wien, der Freund eines Freunds einer entfernten Bekannten, und latent im Stress.

»Die Verrückten kriegen das nicht gelöscht, und bis wir rausgefunden haben, wer zuständig ist, sind wieder ein paar Quadratkilometer verbrannt. Mit allen Tieren.«

Jar Jar Binks nickt begeistert und drückt meinen Arm: Ohne das OHR läuft nichts. Ich biete an zu verschwinden, weil ich ein Informationsparasit bin und nicht will, dass der Wald verbrennt. Aber alle sind gekommen, um den Hund zu streicheln, wir treten uns vor den Wandkarten gegenseitig auf die Füße. Ich schreibe fleißig Ortsnamen mit, Počitelj, Međugorje, Stolac, Blagaj.

»Schau dir das Rückkehrerdorf Ivanica an«, sagt eine Frau mit australischem Akzent, »damit du die Ausmaße des Wahnsinns abschätzen kannst.«

Auf meine Frage, was ein Rückkehrerdorf sei, schütteln sie die Köpfe. Da leben Verrückte. Hinfahren, anschauen. Ivanica liegt dicht an der Adria und gehört nicht zum Zuständigkeitsbereich dieses Büros.

»Aber es gibt Dinge, da scheißt du auf dein Mandat.«

Wir öffnen ein Fenster, um die Zigarettenkippen hinauszuwerfen. Der Wind ist so heiß, als käme er aus dem brennenden Wald zu uns hereingeweht. Jar Jar Binks bekommt keine Erlaubnis, mich quer durch die Herzegowina zu fahren. An seiner Seite hätte ich bestimmt einen Yedi getroffen.

Ich schau noch schnell beim MAC vorbei. Denke ich, brauche aber fast eine Stunde, weil niemand, weder OHR noch OSCE, UNHCR oder die Nachbarschaft mir sagen können, wo die Jungs fürs Grobe ihr Hauptquartier haben. Mehr durch Zufall stolpere ich in ihr Büro, in dem es aussieht wie im Polizeikommissariat eines amerikanischen Kriminalfilms. Mit Fähnchen besteckte Geländekarten hängen an den Wänden, daneben Werbe- und Warnplakate in Hochglanz. Mine Action Center steht in roten Buchstaben darauf. Sie zeigen Farbphotographien von Minenunfällen. Weiße Knochen stechen aus rosaroter Fleischmasse, hier und da kleben verbrannte Reste einer Jeans im blutigen Matsch. Ob ich ein Poster will? Nein danke, ich bin kein Fanwear-Sammler. Der Chef ist nett und hat die Augen eines Menschen, der im Leben nicht mehr froh wird. Während er spricht, starre ich auf die Bilder von zerfetzten Körpern in seinem Rücken und nehme mir vor, meine Bemühungen, nicht zu explodieren, erheblich zu verstärken.

Falls ich mal ein Buch schreibe, soll ich erwähnen, dass es acht Unfälle pro Monat gibt und das Land frühestens in hundert Jahren minenfrei sein wird, so lange halten die Dinger. Ich soll sagen, dass es Bosnien schlimmer erwischt hat als Kambodscha, dass man mit Detonationswalzen in gebirgigem Gelände nichts ausrichtet, dass die Geigerzähler alle zwei Meter ausschlagen und die Experten mit vollem Sicherheitsaufwand in Gegenwart der Ambulanz einen Blechkochtopf bergen. Infrarotgeräte sind teuer und Hunde nicht zuverlässig.

»Die Menschen lassen ihre Kinder draußen spielen, sie gehen auf den Sportplatz und in den Park, und der Boden unter ihren Füßen ist nicht sicher. So wird es bleiben. Wer etwas anderes erzählt, lügt.«

Das soll ich schreiben und fertig. Wir sehen uns an.

»Bitte!« – »Okay.«

Hiermit.

Das Internetcafé befindet sich in der Empfangshalle des Bristol, ein alter Rechner in einer Ecke, die Stunde zu fünf K-Mark. Ich suche die Kurbel, um ihn anzuschmeißen. Da sind meine Mails, es gibt eine Außenwelt! Ich vergesse alles um mich herum, mit rundem Rücken und gekrümmten Fingern hänge ich über der Maschine, als könnte ich ihr durch Stimulation der Tasten ein Lebenselixier entlocken. Die verbleibenden Minuten nutze ich, um »Bogomilen« in alle Suchmaschinen einzugeben. Wenige Resultate. Irgendeine Abspaltung vom christlichen Glauben, Ketzer, Mittelalter, Sonnenkult, Balkan. Bedeutende Nekropolen. Seit wann interessiere ich mich für Religionsgeschichte?

Elfter August 2001, dreizehn Uhr dreiundvierzig. Ich stehe auf der größten Brücke über der Neretva, dort, wo das Wasser wie ein glattes Rollband über die Felsen gezogen wird und weiß schäumend auseinander fährt, und habe nach wie vor kein Wort für die Farbe des Flusses gefunden.

Nach dem Stand der Sonne, wahlweise sternenhimmellesend werde ich mich durchs Land schlagen. Es gibt Hinweisschilder, aber die Schrift ist vom Maschinengewehrfeuer ausradiert. Indem ich die Wandkarte übers Lenkrad rolle, kann ich mich orten, sehe aber die Straße nicht, was wegen der Kurven nicht unproblematisch ist. Misstrauisch beobachte ich die anderen Autofahrer, um herauszufinden, ob ich wegen meines kroatischen Kennzeichens gemobbt werde. Sie lassen mir Platz zum Überholen. Sie warnen mich mit Fernlicht vor der nächsten Polizeikontrolle und retten mich durch Hupen vor den Kühen, die, mit Vorliebe hinter einer Felsnase verborgen, kataleptisch mitten auf der Fahrbahn stehen, die grauen Büsche am Straßenrand betrachten und überlegen, ob sie ein Maul voll nehmen oder nicht. Wenn man sich nicht bewegt, scheppert auch die wärmflaschengroße Glocke nicht. Ich lerne, mich mit der Warnblinkanlage zu bedanken und blende, hupe, winke eifrig mit.

Da war doch eben ein Melonenfeld?

Der letzte König Bosniens sitzt massig und kantig in der Mitte des rechteckigen Platzes wie eine übriggebliebene Schachfigur auf einem Schlachtfeld, das alle anderen Kämpfer bereits verlassen haben. Ohne Sonnenbrille sind die Farbkombinationen an den frisch sanierten Häusern nicht auszuhalten, knallgelb, neonlila, schreiendes Grün und Blau, ich will Augen und Ohren mit Händen bedecken. Jar Jar Binks hat mich extra hergeschickt, damit ich dieses Nichts von wiederhergestellter Fußgängerzone bewundere.

Hurra, wir sind ein Ereignis, vorbeifahrende Autos hupen uns an, Männer rufen und pfeifen von ihren Plastikstühlen im Schatten der Ladenmarkisen und kapieren nicht, wie das »Ich-sehe-auch-wenn-du-nichts-siehst«-Spiel funktioniert: Wenn ich im Vorbeigehen die dunkle Brille anhebe und zurückstarre, erschrecken sie und verstecken ihre Blicke hinter dem Rücken des Nebenmanns. Sie sitzen am Rand einer Hauptstraße, auf der vor ein paar Jahren Menschenjagden stattfanden, mit hoher Wahrscheinlichkeit unter Beteiligung der Männer, mit deren Blicken ich ringe. Gewissen Ereignissen gegenüber werde ich immer dreitausend Kilometer entfernt vor Radio oder Fernseher sitzen, genau da, wo ich saß, als sie stattfanden. Am Ort des Verbrechens zu stehen ändert nichts.

Es ist ein Spießrutenlauf, ich straffe die Schultern, versuche, beim Gehen die Hüften nicht zu bewegen und nicht zu zeigen, dass mir unbehaglich zumute wird. Erschreckt stelle ich fest, dass ich erstens allein bin, zweitens keine Ahnung habe, wo ich mich befinde, und dass das drittens auch sonst niemand weiß. Vor allem Letzteres macht den Unterschied. Wo sind eigentlich die anderen Frauen?

Der Hund setzt sich neben mich, als ich stehen bleibe. Ich rühre mich so lange nicht von der Stelle, bis sich alle wieder ihren Tassen und Zeitungen zugewendet haben. Wer muss wem was beweisen? Ich denen? Die sich? Ich mir? Wir der Welt? Rechtzeitig bevor mir eine Antwort einfällt, biege ich in die nächste Querstraße ein. Fünf Minuten lang steige ich die Stufen einer Treppe hinauf, die mehr der Findlingsspur eines vorbeigewanderten Miniaturgletschers gleicht, und meine Oberschenkel schmerzen bei jedem Schritt. Als mein Handy Netz findet, bleibe ich stehen, buchstabiere den Namen der Stadt nach dem Schild eines Cafés und tippe eine Kurznachricht: »Bin in Čapljina, zweiundvierzig Grad im Schatten, ne osjećam se sasvim dobro.« Ich suche zehn Nummern im Telephonverzeichnis aus, warte, bis die Botschaft verschickt ist und schlage im Wörterbuch nach, dass der Ortsname übersetzt etwas wie »Reiher« heißt.

Kiwis in Lauben erinnern an haarige Hoden, gelegentlich fällt mir eine aufplatzend vor die Füße. Während ich das Labyrinth aus Treppengassen durchquere, an offenen Küchentüren vorbei, mich unter Wäscheleinen bücke, Katzen und Hunde aufscheuche und glotzenden Kindern ein Lächeln schenke, komme ich mir vor, als würde ich im Schlafzimmer fremder Leute spazieren gehen. Quer übers Ehebett, mit Schuhen.

Es piepst, auf meine Nachricht antwortet allein Dario: »Aber Mädchen, warum fühlst du dich nicht wohl?« Er hat auch als einziger den Nachsatz verstanden.

Bergab verirrt man sich nicht. Warum der Satz stimmt, kriege ich nicht raus, ab vierzig Grad im Schatten beschränkt man sich besser auf Phänomenologie. Vom Fluss aus finde ich das Auto wieder. Die Brücke klappert, alles ist hässlich. Tatsächlich stehen zwei Reiher auf einer Kiesbank im Wasser, am Schluss passen sie doch immer, die Namen. Ich beschließe, den Ort zu suchen der so ähnlich wie »Botticelli« heißt.

Und ob das ein Melonenfeld ist, aber es sind Honigmelonen und nicht diese grün-weiß gestreiften Medizinbälle, nach denen ich Ausschau halte. Da war die erste Palme. Die Bäume tragen Früchte, deren Namen ich nicht kenne.

Irgendetwas erinnert an Rom. Man sieht der Kleinstadt an, dass sie in Galeeren die Neretva heraufgebracht wurde. Ein in den Fels gebackenes Ruinenfeld, jede Gasse eine Treppe, kaum eine Mauer übersteigt noch die Augenhöhe. Die Steine scheinen lose aufeinander zu liegen, wenn ich einen herausziehe, wird die Stadt zusammenfallen wie eine Konservenpyramide im Supermarkt. Jar Jar Binks mit seinem Armeschlenkern wäre ein Sicherheitsrisiko. Die leeren Fenster eines dachlosen Hauses starren über den offenen Schädel des nächsten hinweg. Was ich für mutierte Hagebutten gehalten habe, sind Granatäpfel. Ich bewege mich wie in Zeitlupe den Hang hinauf, überprüfe bei jedem Schritt meine Motorik, Atmung und den Zustand meines Gehirns, in dem sich Schwindel und Kopfweh zu einem verdächtig angenehmen Zustand von Sorglosigkeit verbinden. Ich habe Angst vor einem Hitzschlag und davor, dass diese Angst mich zum Kollabieren bringen wird. Ich wäge das Risiko ab und entscheide mich für den Aufstieg zur Befestigungsanlage.

Ein kühler Windhauch streicht durch die Fensteröffnungen, ohne Pause schreien die Zikaden. Gelbes Gras und stachlige Büsche drinnen wie draußen. Kroaten, Ungarn, Türken, Venezianer, noch mal Türken, Österreich-Ungarn, aber richtig kaputtgekriegt hat Počitelj erst das letzte Jahrzehnt. Die Burg ist klein, wie für eine Familie gebaut, ich wage nicht, mich gegen den Turm zu lehnen. Ich bemühe mich, nicht gesprengt oder verschüttet zu werden. Auf der nächsten Klippe steht Sahat-kula, der viereckige Uhrenturm, und sieht unberührbar aus.

Auf vielen Gesteinsbrocken ist ein Zeichen, mit bunten Farben gesprüht, geformt wie ein Stahlhelm mit Käferbeinen, daneben die Buchstaben »Hi hi«. Zwischen Geröll liegen ausgedrückte Farbtuben und gebrauchte Paletten, Spuren der Künstlerkolonie, die vor dem Krieg hier gelebt und gearbeitet hat. Heute wohnt noch eine Familie im ehemaligen türkischen Bad, die Mutter bereitet aus Brunnenwasser und unreifen Mandarinen Limonade für mich. Nie hat ein Geschäft existiert, kein Friseur und kein Schneider, nie gab es in Počitelj etwas zu kaufen oder zu verkaufen. Wunderschöne Deckenmosaike in der Moschee, nur dass sie jetzt auf dem Boden liegen.

In Gedanken versunken stehe ich vor einem Baum, dem grüne und violette Früchte aufgesteckt sind wie dicke Gummipfropfen. Als ich nach der ersten greife, fällt sie mir in die Hand. Misstrauisch lecke ich den weißen Saft, der aus der

Bruchstelle dringt. Als Kind habe ich gelernt, dass Wolfsmilch giftig ist. Ich beiße in die weiche Schale, der Geschmack erinnert an etwas Unbekanntes. Ans Paradies. Ich habe mich noch nie an etwas Unbekanntes erinnert. Ich habe auch noch nie Feigen vom Baum gegessen. Als ich die Augen wieder öffne, sehe ich sie überall: Die Herzegowina ist voll von Feigenbäumen. Mit einem Schlag bin ich süchtig geworden nach etwas, das im Überfluss zur Verfügung steht.

Darauf noch eine Limonade. Ich muss mich sputen, damit ich um achtzehn Uhr vierzig die Mutter Gottes in Međugorje nicht verpasse.

Operation Hedgehog

Mit Adleraugen gilt es die Schilder zu entdecken, egal, ob sie am Straßenrand stehen, ins Gebüsch gefallen sind oder, von Hand auf einen vergilbten Zettel gemalt, mit Reißzwecken an einem Baumstamm haften. Alles ist Aussage, nichts Zufall. Das Gefühl, sich verirrt zu haben, in die falsche Richtung voranzustreben, sich sonst wo zu befinden und nirgendwo anzukommen, habe ich auszuhalten gelernt. Gerade im Moment, wenn ich innerlich aufgebe, wenn es zum Umkehren zu weit ist und ich die verbleibende Zeit bis zur Dämmerung zu berechnen beginne, taucht das nächste Schild auf. Oder ich stelle fest, dass ich schon da bin.

Café Uruguay neben Café Casablanca. Fünfzehn Uhr dreißig, keine Zeit zum Anhalten.

Überall Feigen, es müssen zigtausend Tonnen sein. Was kostet ein Kilo in Deutschland? Warum verfaulen sie hier auf den Bäumen? Man könnte sie pflücken, einlegen, in der Sonne trocknen, an den Westen verkaufen. Oder wenigstens selber essen. Warum macht das niemand, wenn es keine Arbeit gibt? Unsicher überlege ich, ob das eine berechtigte Frage ist. Eine Antwort finde ich jedenfalls nicht.

An solchen Tagen, zu wenig geschlafen und zuviel nachgedacht, macht es keinen Spaß, sadistische Polizeistreifen mit einem abgelaufenen SFOR-Ausweis in die Flucht zu schlagen. Lieber würde ich heulen, mit den Fäusten aufs Lenkrad trommeln und die Menschheit wegen bodenloser Dummheit anklagen, während die schadenfrohen Mienen der Polizisten sich in Hundegesichter verwandeln, der Kofferraum leise geschlossen wird und Hände an die Mützen fahren: Ein Irrtum, Verzeihung, sretan put!

An den Gesichtern der Seher fällt auf, wie hässlich sie sind. Der Prospekt zeigt sie nach der ersten Erscheinung vor genau zwanzig Jahren. Halbe Kinder, Mirjana, die Älteste, siebzehn Jahre, Jakov erst zehn, alle blass, unscheinbar, die Haare strähnig, die Augen stumpf. Seitdem kommt die Mutter Gottes täglich um achtzehn Uhr vierzig wie eine Fernsehserie. Dass der Papst nicht an die Gospa in Međugorje glaubt, stört niemanden, genauso wenig wie die Frage gestört hat, was kommunistische Behörden vom Pilgern und Wallfahren halten. Falls die Familien der jungen Seher die Gründung von ein paar Hotelketten geplant hatten, aus einem vergessenen Ort in den bosnischen Bergen eine Miniaturmetropole machen wollten, hatten sie bestimmt nichts gegen die Visionen ihrer Kinder einzuwenden. Jedes Haus ist eine Pension, hat Soba, Zimmer, Rooms und Camere.

Unter dem Ortsschild drei weitere: Das erste zeigt ein durchgestrichenes Maschinengewehr, das zweite einen durchgestrichenen Panzer, das dritte eine Frau in kurzen Hosen und Trägerhemd, ebenfalls durchgestrichen. Ausnahmsweise ist der Hund erlaubt, ich dafür nicht. Die Reisebusse tragen anstelle des Zielortes ein Marienportrait hinter der Windschutzscheibe. Ich fahre an einer endlosen Reihe Souvenirläden entlang, jeder unter einer Wagenladung Postkarten und Rosenkränzen begraben. Die Kathedrale ist unauffällig, zwei Türme, totsaniert. Schwärme von Menschen bewegen sich trotz der Hitze den Hügel hinauf. Christ-Sein heißt leiden, heute gelingt das. Auf allen Mauern Grablampen in schrillen Farben, eine lebensgroße Heiligenstatue erschreckt mich von rechts, ich bemühe mich, in den Kurven keinen der unzähligen Altäre umzufahren. Als ich aus dem Wagen steige, trete ich in eine schmelzende Kerze, weiß mit Gold und schon flüssig, das Wachs klebt mir zwischen den Zehen.

Die Rosenkränze sind wie Erbsen in Plastiksäcke verpackt, feilgeboten zum Kilopreis. Es gibt heilige Hüte und gesegnete Croissants, Weihwasserplastikflaschen mit praktischem Spritzverschluss, Wegwerfgebetbücher und alles vom Schlüsselanhänger über die Haarspange bis zum Schirmständer mit Mariamotiv. Erschöpft lasse ich mich neben der Mutter-Gottes-Umkreisungs-Station nieder. Die weiße Statue innerhalb des Gitterrondells kenne ich von den Postkarten. Mit einer Tchibo-Tüte am Handgelenk, die andere an den Gitterstäben, rutscht eine dicke Frau auf Knien einmal um den Zaun herum, gefolgt von einer französischen Familie, Vater, Mutter und Kinder, alle robbend wie komische, beinamputierte Vögel. Ich kann kaum hinsehen, es ist wie gieriges Küssen oder FKK-Volleyball am Strand. Eine italienische Mutter fängt die Hand ihres Sohnes, die den Hund streicheln will, und führt sie an seine Stirn, Schulter, Schulter, Brust. Mein Hund ist der einzige Hund in der Stadt, die Ordner schreien mir auf Deutsch hinterher, klar, nur die Deutschen ziehen mit ihren Hunden in der Gegend herum, ich rufe auf Polnisch zurück, was ich von ihnen halte. Noch zwei Stunden bis achtzehn Uhr vierzig. Ich weiß nicht, wo Maria üblicherweise erscheint, man wird ohnehin nicht mehr sehen als bei einem Michael-Jackson-Konzert. Überall Sandalen. Eine Frau zerreibt Lavendel zwischen den Fingern, ständig juckt meine Nase.

»Auf den Knien vorwärts! Warteschlangen offener Seelen. Reuige Büßerherzen. Gebeugte Knie kennzeichnen die Bitte um Vergebung«, erklärt das Informationsmaterial. Heiligkeit und Sündhaftigkeit begegnen sich vor dem Beichtstuhl. Und ich dazwischen. Das mit den Warteschlangen stimmt, sie stehen mit Sicherheitsabstand an der Open-Air-Beichtmeile neben der Kathedrale. Zwanzig Priester sitzen auf Gartenstühlen und schauen woandershin, während der Beichtende vor ihnen auf die Stuhlkante rutscht, die Hände auf die Knie stützt und das Gesicht dem Priesterohr zuneigt. Ein Schild auf dem Boden zeigt an, welche Sprachen in das Ohr gesprochen werden können. Ich stelle mich in die Nähe von »Deutsch – Italiano«, schaue woandershin und versuche zu lauschen. Was würde ich beichten? Dass ich oft genug Gottes Geschöpfe hasse, allen voran mich selbst. Der Priester würde woandershin schauen und warten, dass ich weiterspreche, aber ich wäre schon fertig. Er würde sagen, dass mir vergeben wird. Ich würde das nicht glauben. Wir würden schweigen, während der heiße Wind unsere Gesichter bestreicht und um uns herum in allen Sprachen Europas gemurmelt wird.

Über Christen ist leicht zu spotten, viel leichter als über Atheisten, und außerdem gilt der magische Satz, der uns seit ein paar Jahrzehnten zu den Psychiatern treibt: Jeder darf machen, was er will, solange es niemandem schadet. Aber wie soll ich das Lästern lassen, mit einem »Formular zur Anmeldung von körperlichen wunderbaren Heilungen« in der Hand?

An einem Brunnen tränke ich den Hund aus der Hand, seine schnelle, vorsichtig-rauhe Zunge fühlt sich rührend an. Der Geruch seines sonnenwarmen Fells steigt vom gebeugten Nacken auf. Für eine Weile bilden wir eine abgeschottete, private Zelle, ineinander versunken, für uns allein.

Die Orientierungstafel zeigt in der Legende ein Auge für »Vidioci«, Seher, aber das Symbol hat keine Entsprechung auf der Karte. Dafür gibt es einen roten Blitz, der den Erscheinungshügel markiert.

Wofür die Stadtverwaltung keine Haftung übernimmt, weiß ich nach den ersten zehn Kletterminuten. Natürlich wurden keine Treppen in den steilen Boden gehauen. Das wäre zu einfach. Gusseiserne Tafeln markieren die Stationen, die römischen Zahlen sind aufgesprüht. Bei »X« mache ich mir Sorgen um den Hund, er schwankt. Obwohl klitschnass vom Schweiß und blind von der Sonne, bin ich frisch und ausgeruht wie seit einer Woche nicht mehr. Vielleicht verleiht der Berg besondere Kräfte, das würde auch erklären, warum die fetten Polen weiter links noch nicht am Hitzschlag gestorben sind.

Die Aussicht ist in Ordnung. Unten sieht die Gegend wie ihre eigene Landkarte aus, in sauberer Linie markiert der Fluss seinen geschwungenen Verlauf, Häuser zeigen ihre Grundrisse. Geräusche der Schnellstraße und von Baustellenlärm dringen bis zu mir herauf, ab und zu ein paar Klänge Musik.

Das Heiligtum selbst besteht aus zwei schäbigen Holzkreuzen, noch mehr rötlichem Geröll und Verbotsschildern gegen das Aufstellen von Kerzen. Was haben die Jugendlichen hier oben gemacht, als ihnen die Gospa zum ersten Mal erschien? Wer quält sich den Berg hinauf, zu sechst, eine halbe Stunde Aufstieg ins Nirgendwo? Ich lasse es gut sein. Die Gläubigen beten, gähnen, schießen Photos.

Wenigstens hat sie Humor, die Maria: Nachdem ich lange staunend, lachend und kopfschüttelnd zugesehen habe, wie die Pilger barfuß, mit ausgebreiteten Armen und einknickenden Knien ihren Weg suchen über scharfkantiges, rotes Geröll, wie sie lästerliche Flüche unterdrücken, sich schweißgebadet nach dem Beten erheben und ihre geschundenen Füße in die Schuhe zwängen; nachdem ich lange nachgedacht habe, zu welchen Taten der Mensch sich selber treibt, reißt an meiner rechten Sandale der einzige Riemen. Nichts mehr zu retten. Bewundernde, neidische Blicke folgen mir, als ich auf nackten Sohlen, die Sandalen in der Hand, die Augen starr zu Boden gerichtet, über messerscharfe Kanten und Spitzen den Steilabstieg beginne. Bergab ist am schwierigsten, das wagen wenige, und nur die Harten komm'n in' Garten. Respekt, Maria, denke ich mit zusammengebissenen Zähnen, doof bist du nicht.

Schon achtzehn Uhr fünfzehn und um die Kathedrale geht alles seinen gewohnten Gang, die Dauermesse wird durch Lautsprecher an allen Gebäudeecken übertragen. Die Angst, etwas zu verpassen, wird unerträglich, ich lasse alle Hoffnungen fahren und betrete das Informationsbüro.

»Wo sind die Seher?«

Die elegante Informationsdame verbirgt ihren Ärger hinter

Höflichkeit, ich habe mich sofort als Spitzel entlarvt. Die Seher sind, wo sie eben sind, zu Hause oder auf einem Spaziergang, Mirjana und Ivan im Ausland, und Jakov wurde vor zwei Jahren von der Mutter Gottes entlassen, nachdem er das zehnte Geheimnis erfahren hatte. Er sieht sie einmal im Jahr an Weihnachten. Ich war davon ausgegangen, dass wenigstens einer um 18:40h zur Kathedrale kommt, und bin enttäuscht. Offensichtlich ist es mir anzumerken, die Dame lädt www.medjugorje.hr für mich hoch. Auf Realplayer sehe ich eine Aufzeichnung von Mirjana bei einer Erscheinung, drei Bilder pro Sekunde. Mirjana schaut nach oben, lächelt, klappt die Augen auf und zu und bewegt die Lippen. So schlecht sieht sie doch nicht aus. Ich lese ein fünf Jahre altes Interview.

»Wie fühlen Sie sich nach fünfzehn Jahren Erscheinungen?«

»Super. Wie am ersten Tag. Heute müssen wir für den Plan der Mutter Gottes beten, der sich erst verwirklichen soll.«

»Was für ein Plan ist das?«

»Sie hat noch nichts Näheres gesagt.«

»Warum erscheint Ihnen die Mutter Gottes seit so vielen Jahren?«

»Ich weiß nicht. Einmal habe ich sie gefragt und sie hat geantwortet: Hast du genug von mir?«

Ich schließe die Homepage, bedanke mich und gehe an die frische Luft.

Wo gerade die Glocken zu donnern beginnen: Es ist zwanzig vor sieben. Alle außer mir knien, auf einen Kilometer gut sichtbar stehe ich wie ein Zaunpfahl auf freiem Feld, das Meer aus Köpfen reicht mir bis zur Brust. Ich hocke mich hin, um den Hund am Bauch zu kraulen, und schaue mich um. Kroaten, Deutsche, Franzosen, Holländer, viele Italiener und Polen, Spanier, Tschechen und eine Handvoll Asiaten knien gemeinsam auf ein paar Hektar bosnischer Erde, beten für den Frieden und die eigenen Wünsche. Das müsste mein Herz befreien, ich habe einen Traum von Europa, mit dem es mir ernst ist. Aber hier gehöre ich nicht dazu.

Ich stehe auf und gehe, den Hund am Halsband führend, in Schlangenlinien durch die kniende Menschenmasse auf dem Kathedralenplatz, bemühe mich, nicht über einen Unterschenkel zu stolpern, gehe allein, ohne mich umzuwenden.

Schon wieder stoppt mich die Polizei, ich greife nach meinem SFOR-Ausweis, der am Rückspiegel hängt wie in anderen Autos der Rosenkranz. Der Beamte winkt ab, ich kann nicht durchfahren, egal wer ich bin. Da vorne auf der Straße nach Mostar ist keine Straße mehr. Ich steige aus, er hält mich am Arm und zeigt auf die Stelle. Mindestens fünf Mal bin ich bei meinen Ausflügen schon drübergefahren, zum letzten Mal heute Mittag. Eine Mine ist explodiert und hat den Asphalt weggerissen. Heilige Mutter Gottes, ich bin mit einer Armee Schutzengel unterwegs. Ihre flügelschlagenden Schatten müssten hinter mir am Boden zu sehen sein. Der Arm des Polizisten beschreibt einen weiten Bogen, weist eine Umleitung über die Berge.

Drei Minuten lang Stacheldrahtrollen, Sandsäcke und Tarnplanen, wie von selbst biegt der Opel rechts ein. Roaming-Gebühren hin oder her, mein Telephon findet Netz, ich wähle, es dauert, bosnische Funktürme übertragen meinen Anruf auf deutsche Funktürme, die ihn nach Frankreich leiten und wieder zurück, bis fünfhundert Meter von mir entfernt in einem der Containerbüros ein Mobiltelephon klingelt.

Im Auto legt er seine Waffe ab und schiebt sie unter den Sitz, natürlich sage ich es keinem weiter. Beim ersten überfahrenen Igel rufe ich: Look, operation hedgehog! Monsieur Pescaran verzieht keine Miene.

Der Mond heute auf Türkisch, der Himmel ein blau-graues Tuch mit nadelfeinen Löchern darin. Blagaj ist aus Wasser und Stein, aus Baumsilhouetten und Menschen, die sich bedächtig bewegen, um einander nicht zu erschrecken.

In die Buna sind Steinbecken eingelassen, für rot und schwarz getupfte Fische, die man nur auf einem Bügelbrett im Ganzen servieren könnte. Wir sitzen mit Blick auf die Steilwand, längsgestreift von rinnendem Wasser, unten entlässt eine Grotte den Fluss. Schwalben und Fledermäuse fliegen ein und aus, die einen noch, die anderen schon. Über das halbkreisförmige Stauwehr sind wir mit ausgebreiteten Armen balanciert, durch zentimetertiefes Wasser, den Blick nach oben vermeidend, wo Ziegen herumklettern, als hätten sie Krallen statt Hufe. Das muslimische Kloster, halb in den Fels hineingebaut, hat Platz für fünf Mönche und ein buckliges Dach wie die Häuser der Schlümpfe. Fast alle anderen Gäste sind Soldaten wie Monsieur Pescaran, sie tragen die Farben der Bäume und stören nicht. Der Zuckersatz am Grund der Kaffeetasse löst eine Welle Zahnschmerz aus, als mir ein Schwung in den Mund gerät. Schmeckt wunderbar.

Kameno Vino: Sie müssen jemanden in der Küche haben, der Steine auspressen kann wie Orangen. Nein, sagt Monsieur

Pescaran, die Steinweinrebe entzieht den Felsen den Saft, damit die Menschen ihn trinken und werden wie sie. Er hat das eigentlich nicht nötig. Vielleicht habe ich ihn nur zum Essen gebeten, um eine Weile neben ihm zu sitzen und die Ruhe nach dem Ende aller Stürme zu genießen. Wir sprechen nicht viel, es gibt genug zu sehen. Der Scherenschnitt eines Mädchens, die Schuhe in der Hand, überquert vor der angestrahlten Felswand die Staumauer.

Ich erzähle die Legende vom jungen Schäfer, der die Herden des Königs bewacht und gelegentlich eines der Tiere in ein Loch im Boden wirft. Das ertrunkene Schaf wird hier aus der Grotte gespült und kommt zehn Kilometer weiter am Haus seines Vaters vorbei, der es aus der Buna zieht und zum Sonntagsessen brät. Als der König dem Trick auf die Schliche kommt, treibt eines Tages die Leiche des Sohnes am Haus des Vaters vorbei.

Monsieur Pescaran nickt. Keine Chance.

Als das Essen kommt, schweigen wir schon längst nicht mehr einvernehmlich, auch nicht andächtig wegen der Schönheit des Ortes, sondern weil es nichts zu sagen gibt. Ich stochere in meinem Fisch herum, auf der Suche nach Eingeweiden, aus denen sich lesen ließe. Gegen meinen Willen steigt mir der Wein zu Kopf, die Versteinerung hat nichts Angenehmes. Ich versuche, von Međugorje zu erzählen, erhalte keine Antwort und bin weit entfernt davon, zu fragen, ob Monsieur Pescaran mich nach Afrika mitnehmen will. Sieht er nicht die vertrockneten Hochebenen, über die wir zusammen gebraust sind, vor seinem geistigen Auge? Vielleicht hat er keins.

Auf dem Rückweg taucht der tote Igel im Scheinwerferlicht auf, zu einem länglichen Fleck zerfahren, die Ränder biegen sich hoch, auf dem heißen Asphalt getrocknet, und wo der Kopf war, leuchten die Maden in weißen Klumpen. Wie schnell das geht. Ich weiche ruckartig auf die Gegenfahrbahn aus, um nicht über die Leiche zu fahren. Monsieur Pescaran lehnt schräg im Sitz und stößt sich den Kopf an der Fensterscheibe. Er sieht mich seltsam an, mit einer Mischung aus Spott und Anteilnahme.

»Wir sind umzingelt von Symbolen. Es lohnt nicht, dagegen zu kämpfen.«

Wenn man nur drei Sätze am Abend spricht, erhalten diese eine gravierende Bedeutung. In seiner typischen Art, mit dem Kinn zu deuten, lenkt er meinen Blick auf den Rand eines Waldstücks, dem man ansieht, dass es übriggeblieben ist bei einer wilden Abholzungsaktion. Erst erkenne ich nichts Ungewöhnliches, dann sehe ich, dass der Wald fast ohne Blätter ist, dafür von Unmengen schwarzer Vögel besetzt.

»Das Böse reist um die Welt und macht hier und da Station. Wo es sich gezeigt hat, ist eine Zeitlang alles voller Zeichen. Sie sollten das schätzen lernen.«

Seit Jar Jar Binks rechne ich damit, dass jemand »Junger Yedi« zu mir sagt. Fühle die Macht. Komm auf die dunkle Seite. Ich beschleunige auf 160 km/h, Monsieur Pescaran überlässt seinen Körper den schlingernden Bewegungen des Wagens, wir rutschen mit singenden Reifen durch die Kurven.

»Die Welt wartet auf ihr Ende«, sagt er. »Geduldig. Es dauert eben eine ganze Weile.«

Ich biete ihm Gauloises Blondes an, die wir zusammen gekauft haben. Er nimmt eine Zigarette, zündet sie an und gibt sie mir zurück. Er ist dabei, mir etwas zu sagen, das mich betrifft. Ich bin nicht sicher, ob ich es hören will. Fiele mir ein harmloser Satz ein, ich würde vom Thema ablenken. Aber mein Kopf ist leer, nichts ist darin außer Fahrgeräuschen und dem raschen Wechsel von Licht und Schatten am Straßenrand.

»Studieren Sie die Menschen hier«, sagt er, »es ist eine gute Gelegenheit. Lernen Sie, dass verrückt wird, wer nicht warten kann. Wenn man glaubt, das Letzte sei bereits eingetreten, kommt Weiterleben einem Irrtum gleich. Sehen Sie, wie die Menschen das Warten wiedererlernen, sehen Sie zu. Da Sie keinen Gott haben, sind Sie gezwungen, den Menschen zuzusehen.«

Ich höre nichts, ich höre nicht zu. In meinem Kopf sind Fahrgeräusche.

An der Schranke setze ich ihn ab. Es stinkt nach Lösungsmitteln, blaue Farbeimer stehen vor dem EU-Schild an der Abzweigung zum Flughafen, der nur ein Stück Wiese ist. Die Gangways sehen aus wie die Hochsitze von Bademeistern, zwei Helikopter stehen schemenhaft im Dunkeln wie große Heuschrecken und lassen die Rotorflügel hängen. Ich bleibe sitzen, Monsieur Pescaran geht um den Wagen herum und gibt mir die Hand durch das offene Fenster.

»Au revoir«, sagt er.

Au revoir, Monsieur, où est la vache qui rit? Werden wir uns eben nie wiedersehen, täglich begegnet man hundert Menschen, die man nie wiedersieht. Ich schaue zu, wie er mit seinen gedrängten Schritten am Schild der »Division Salamandre« vorbeigeht, wie er die algerischen und marokkanischen Wachtposten grüßt, höre das Knallen ihrer Hacken. Etwas verstehe ich nicht, etwas Wesentliches. Knirschend wendet mein Wagen im Kies. Auf dem Weg nach Mostar denke ich zum ersten Mal darüber nach, die Reise vorzeitig abzubrechen. Ich halte in der Nähe eines Wasserlaufs und schlage mich durchs Gebüsch, scheiß doch auf die Minen, ich schlage mich durch zum ersten Feigenbaum und stopfe mich voll. Die Früchte schmecken nach Glück und sogar nach Frieden, ich esse, bis der weiße Saft ihrer Schalen mir den Mund verätzt hat und der Zigarettenrauch auf Lippen, Zunge und Gaumen brennt, als hätte man mir kochendes Wasser zwischen die Zähne gegossen. Alles hat seinen Preis, alles.

Tag des Römers

Im Kofferraum hat sich mit der Zeit ein Bücherstapel angesammelt, während der Fahrt rutscht er auseinander, ich schiebe ihn wieder zusammen. Warum heißen Bücher über den Krieg »Before the Rain« oder »After the Rain«, obwohl es fast nie regnet? Ich sollte einen Beitrag leisten: »Während des Regens – ein knochentrockener Kriegsbericht von einer, die garantiert nicht dabei war.« Es gibt Titel, die einfach ein Buch verdienen.

Die Hälfte meiner Kleider werde ich wegwerfen müssen, um die bosnische Gegenwartsliteratur im Rucksack nach Hause zu schleppen. Jeden Tag nehme ich ein Buch mit aufs Hotelzimmer oder in ein Café. Von der Prosa wird mir schlecht. Sie wirft grelles Licht auf menschliche Grausamkeit, aber Menschen finde ich nicht. »Lica« heißt die Literaturzeitschrift aus Sarajevo, »Gesichter«, und das Cover zeigt die Karikatur eines Friedhofs.

Also lese ich Gedichte, eins nach dem anderen, lese immer schneller, scanne die Zeilen auf der Suche nach Gedanken und Gefühlen oder auch nur einem Wort, das mich festhält, in mich eindringt, etwas auslöst. Auf fünf Zentimeter nähere ich die Nase dem Papier, betrachte die Photos der Autoren, rechne ihr Alter aus. Nichts. Ich finde nichts. Der deutschen Literatur wirft man vor, sie habe nichts zu sagen. Womöglich weil es uns zu gut geht.

Ich weigere mich zu glauben, was Goran gesagt hat, zehn Jahre nicht schreiben, und schiebe es auf die schlechten, vor Rechtschreibfehlern strotzenden Übersetzungen, versuche, mich zu begeistern an der zwischen Buchdeckel gebundenen Leere auf meinem Schoß. Wenn ich es lange genug versucht habe, stinken die Finger nach Benzin, der Geruch setzt sich in der Nase fest, haftet an den Kleidern. Ich bringe das Buch zurück zum Auto, schiebe den Stapel zwischen Ersatzkanister und Rucksack zurecht und schließe den Kofferraum. Obwohl ich weiterwill, macht es mich traurig, zum letzten Mal durch Mostar zu fahren.

Vielleicht ist sie nicht flüssig, biegt sich als dickes grünes Plastikrohr durchs Land. Ich komme der Neretva noch auf die Schliche. Ein glattes Stück Stoff, wie jene grünen, mit denen die Städter ihre Fenster verhängen und deren Farbe mich wiederum an Chirurgenkittel erinnert. Chirurgengrün. Nah dran.

Nach einem einsamen Besuch der Villa Rustica, innerhalb eines Rings Zypressen gelegen, wo es nach 1600 Jahre alten Steinen und sonnenheißem Holz riecht, nicht nach gebrannten Mandeln, wo nicht Lautsprecher und Touristen lärmen, sondern die Zikaden, fühle ich mich wie Heinrich Schliemann. Nicht einmal in Rom war ich Rom so nahe. Weil es so schön war, beschließe ich, Gabela zu suchen, das ein paar durchgedrehte Historiker für Homers Troja halten.

Dreimal bin ich durchgefahren, immer nach historischen Gemäuern schauend, als ich das verblasste Ortsschild bemerke. Okay, denke ich, Gabela hat der Krieg weggemacht.

Wird schon nicht Troja gewesen sein. Das Schild wird schnell kleiner im Rückspiegel, ich habe heute keine Lust auf zerschossene Fassaden. Zur Abwechslung sehne ich mich nach älteren Trümmern. Dass die Römer mehr Kriege geführt haben als Serben, Kroaten und Bosnier zusammen, stört nach so langer Zeit nicht mehr.

Wieder so ein bosnischer Badeort: Struge bringt mich auf andere Gedanken. Der Trick besteht darin, auf keiner Karte verzeichnet zu sein. Das schattige Dorf sieht aus, als wäre es am Grund eines der grünen Flüsse erbaut. Tropfnass, mit Hose, Stiefeln und Tasche in der Hand, gehe ich in Hemd und Unterhose ein Stück die Bahngleise entlang und finde den Dorfweiher. Kinder planschen und schwimmen, Hunde bellen, jemand hat Decken und Teppiche gewaschen und über das Geländer der Eisenbahnbrücke gehängt. Struge hat alles, was die Bewohner für ewige Ferien brauchen. Arbeit gibt es sowieso nicht.

In der prallen Sonne ausgestreckt, frage ich nicht nach dem Sinn des Lebens. Wenn Wasser in der Nähe rauscht, ist mir egal, ob jemand im Umkreis von hundert Kilometern einer nützlichen Beschäftigung nachgeht. Ob Deutschlands Wirtschaftskraft mit dem schlechten Wetter zusammenhängt? Das soll ein anderer herausfinden. Ein Mann mit verblassten, handgestochenen Tätowierungen auf dem Rücken badet seine stahlhelmförmige Schildkröte. Ein totes Katzenkind trocknet auf dem Kies. Die Jugendlichen springen vom Bahndamm, Mütter plaudern auf Handtüchern im Schatten der Bäume. Jeder kennt jeden. Ich, wer auch immer ich bin, sitze eine Weile dazwischen und störe nicht im Geringsten. Länger als geplant träume ich vor mich hin.

Bogomilen sind nicht gerade Römer, aber das darf man nicht so eng sehen. Auf dem Weg nach Stolac, wo es die größten Nekropolen gibt, komme ich an einer Containersiedlung vorbei. Süd- und Westseiten sind weiß gestrichen, die Fenster mit Handtüchern verhängt. Die Menschen sitzen auf Gittertreppen, drinnen muss die Temperatur lebensbedrohlich sein. Winzige Gärten vertrocknen zwischen den Blechquadern. Acht Schäferhunde hecheln in acht quadratischen Zwingern. Ich stupse den Hund an, guck mal, Minensucher. Auf der anderen Straßenseite blähen sich die weißen Gewächshäuser eines EU-Agrarprojekts. Eine Tafel beziffert die Fläche in Hektar, das Gelände ist mit Stacheldrahtrollen eingezäunt, als wüchsen Goldbarren auf den Bäumen.

Die Straße führt quer über eine gelbe Ebene und wartet darauf, von Wüstenteufeln überquert zu werden. Ich pfeife »Hit the road, Jack« vor mich hin. Dem Supermarkt zur Linken mit angeschlossener Tankstelle fehlen noch ein paar Typen in öligen Jeans, die an einem alten Pontiac herumschrauben. Plötzlich entdecke ich im Vorbeifahren die steinernen Truhen am Straßenrand. Auf den ersten Blick sehen sie wie eine Science-Fiction-Stadt für handgroße Wesen aus. Ohne Zaun und Hinweisschild, Kulturschätze kann man nicht essen. Aus irgendeinem Grund reagieren meine Körperteile nicht, ich gehe nicht einmal vom Gas, sehe im Außenspiegel die merkwürdigen weißen Steinsärge in der Hitze verschwimmen.

Ich ertappe mich dabei, wie ich schon wieder in der Mittagshitze zu den Überresten einer Burg hinaufklettern will. Stolac, laut Mile eine Stadt mit heruntergerissenem Gesicht, leidet unter dem Männer-auf-Plastikstühlen-Syndrom. Kaum bin ich einmal um den Block gegangen, ist mein Wagen von anderen Autos zugeparkt, als gäbe es nicht genug Platz. Auf der Hauptallee treiben die Wurzeln der Platanen den Asphalt auseinander, die alte Begrenzungsmauer bröselt die Böschung hinunter, unten erstickt der Bach im Müll. Bis auf eine Autorampe fehlen sämtliche Brücken. An Hotels und Einkaufszentren sind die Scheiben eingeschlagen. Und vor den Lebensmittelläden sitzen Männer, starke, gesunde Männer, schauen zu, wie Dachziegel auf den Bürgersteigen zerschellen, verbringen den Tag mit Kaffee und Zigaretten und freuen sich, ihr Kartenspiel zu unterbrechen, um einer idiotischen Touristin in Kleid und Pilotenstiefeln hinterherzustarren. Wenn ich wüsste, was »glotzen« und »blöd« auf Kroatisch heißt, hätte ich ihnen die Meinung gesagt. In sieben Jahren kann man ein bisschen aufräumen. Wenn man keine Lust zum Aufräumen hat, kann man Motorradtreffen veranstalten, Schachclubs gründen, Melonenstücke in klarem Alkohol tränken, Badestrände anlegen, wie ich es an anderen Orten gesehen habe. Was hängen sie hier rum und warten, dass die Stadt von oben abbröckelt, während von unten der Müllspiegel steigt? Sie müssen die Stadt hassen, weil es nicht ihre ist, weil die einstigen Bewohner wer-weiß-wo sind, während sie selbst von wer-weiß-wo kommen. Nach dem Bäumchen-wechsel-dich ethnischer Säuberungen sitzen die Menschen am falschen Ort und scheißen wie gestörte Mäuse ins eigene Nest.

Sie sind schuld, dass ich wieder aufwärts klettere, selbst gestört wie ein Marienkäfer, der auf der Suche nach dem höchsten Punkt zum Abfliegen einen Zeigefinger erklimmt.

Armeen von mannshohen Kakteen sorgen dafür, dass ich auf der Straße bleibe. Ein paar Hammerschläge aus einer Nebengasse, jemand schiebt eine Schubkarre: Brav, nur weiter so. Aus dem spanischen SFOR-Stützpunkt dringen Musik und Gelächter. In einer herrenlosen Laube rastend, kapiere ich, warum Römer sich die Trauben mit zurückgelegtem Kopf in den Mund sinken lassen. Nicht, weil es dekadent aussieht. Die Beeren sind winzig, sitzen fest aneinander und zerplatzen zwischen den Fingern, wenn man sie herauszupfen will. Man muss in die ganze Traube beißen wie in eine Birne. Vielleicht wurde das Liegen beim Essen deswegen erfunden.

Mit Stolac versöhnt mich eine hellhäutige, weißbewimperte, langohrige Familie sinnlich dreinblickender Schweine in einem Verschlag. Ihr Geruch ist dezent, ich habe sie nur wegen ihrer ulkigen Geräusche entdeckt. Gleich stellen sie sich am Gittertor zum Gruppenphoto auf. Zur Belohnung pflücke ich vierfingrige Feigenblätter, die sie in den flach aufklappenden Schnauzen zerquetschen. Mit einem rissigen Plastikeimer schöpfe ich Wasser aus der Regentonne und übergieße uns alle, mich selbst, die Schweine, den Hund, bis wir triefen, prusten, uns die Seiten kratzen, jeder auf seine Art. Alles erledigt, ich bin reif für die Bogomilen.

Übriggeblieben sieht sie aus, die Stadt der Toten, zusammengedrängt auf engem Raum. Steinquader, Platten und grob behauene Kreuze im gelben Gras. Jedem Grab sind Trauben, eine Ziege oder ein Schwert eingemeißelt. Manche Blöcke wurden rundum wie das Hauptschiff einer Kathedrale gestaltet, hoch aufstrebende Fenster, Säulen und ein Portal als simples Relief. Zwischen ihnen wachsen niedrige Disteln, im Ganzen hellblau, Blüten, Stengel, die schmalen Blätter. Ein Teppich Blauer Blumen, Novalis wäre in Ohnmacht gefallen, ich knie mich hin. Dabei sehe ich, dass auf quadratmetergroßen Wiesenstücken jeder einzelne Halm dicht mit kalkweißen, erbsengroßen Schneckenhäusern besetzt ist, als hätte jemand versucht, das ganze Land mit Perlen zu besticken, und hier damit begonnen. An manchen Stellen klumpen sie wie Froschlaich zusammen. Nicht eine Schnecke lebt. Mir wird schwindlig, hoffentlich nur vom Kauern und der prallen Sonne. Ich ziehe mich in den Schatten des gesprengten Bungalows am Rand der Nekropole zurück. Ein Jeep biegt von der Straße ab, drei Türen gehen auf, ein Fernsehteam fällt heraus. Ich rufe ihnen auf Deutsch, Englisch und Endepol zu, niemand reagiert. Ein paar Minuten lang filmen sie die Gräber, springen ins Auto zurück und verschwinden. Mir wird nicht besser, etwas stimmt nicht, etwas ist merkwürdig. Um mich herum nur Hitze und staubiges Land, die Straße und Tankstelle mit Supermarkt, keine Menschenseele, das klaffende Bett eines Geröllflusses ohne Wasser, der Müll. Die Disteln, die Schnecken, die Totenstadt, man muss lernen, Symbole zu lieben, hat Monsieur Pescaran gesagt. Ich taumle in den Bungalow, in dem es nicht mehr Schatten gibt als draußen, die Sonne brennt durch das fehlende Dach. Im größten Raum hat jemand mit Holzkohle eine komplette Wohnungseinrichtung an die Wände gezeichnet. Offener Kamin, Topfpflanzen unter den leeren Fenstern, Sitzgruppe, Fernseher, ein Hifi-System mit Boxen, ein Regal mit wenigen Büchern. Auf einem freien Wandstück steigen drei schwarze Vögel gen Himmel. Über dem Kamin hängt, gezeichnet, ein Schild: Home sweet home. Ich kann nicht mehr. Raus hier. Die Bogomilen. Standen die Gräber vorhin nicht anders?

Jetzt weiß ich, was nicht stimmt. Ich stehe an einem der Handlungsorte meines nächsten Romans. Ich atme durch, die Luft brennt in den Lungen. Genau hier. Den Hund muss ich fast tragen zum Auto. Ohne zurückzublicken, fahre ich ab. Ich komme ohnehin wieder. Dazu muss ich keine Münze über die Schulter werfen.

Girlscout

Die Grenze zur Republika Srpska besteht vor allem aus Müll, ganz Stolac scheint seinen Unrat hierher zu bringen. Auf einer Strecke von fünfzig Kilometern kommen mir drei Autos entgegen. Das Dorf Malineja ist auf der ADAC-Karte eingezeichnet, in Wirklichkeit aber völlig ausgelöscht. Die Natur ist mir ein bisschen zu unberührt, ich drehe die Musik im Wageninneren voll auf, um im Gedächtnis zu behalten, dass es ein Anderswo gibt. Lissabon zum Beispiel, wo Frauen wie Maria Teresa Salgueiro mit Engelszungen über Schatten, Vögel und Inseln singen, während verliebte Menschen umherspazieren und die Hitze »schönes Wetter« nennen. Nach einem Beinahe-Unfall mit einer Kuh, die auf meiner Fahrbahn abwärts trottet, weiß ich, dass eine Stadt in der Nähe ist.

Tscha-lack, ich lasse die Fenster oben und zentralverriegle mich mit dem Ellenbogen. Noch mehr Kühe am Straßenrand, ein paar herrenlose Jugendliche, nachlässig geschichtetes Baumaterial, eine flache, schattenlose Stadt ohne Farben. Unter Planen trocknen Tabakblätter an durchhängenden Leinen. Vor dem nächsten Wegweiser halte ich an, lasse den Motor laufen und entziffere mit Hilfe der Tabelle im Wörterbuch kyrillische Schriftzeichen. Wider Erwarten ist »Ravno« dabei.

Nach einer halben Stunde öffnet sich Popovo Polje, ein weitgestrecktes Tal, platt und gelb am Grund. Der Länge nach wird es von einem Fluss, der Asphaltstraße nach Trebinje und der innerbosnischen Grenze durchzogen. Die Melonenforschung stelle ich ein, hier wachsen nicht mal Äpfel. Schon von Weitem sehe ich den einzigen Weg, der quer zum Tal über den Fluss führt, eine schmale Schotterstraße, leicht erhöht wie ein Deich.

Langsam rolle ich auf eine gesprengte Brücke zu, aus deren Trümmern sich ein Kranich erhebt, geformt wie ein großes Küchengerät, er zieht ein paar Runden und schreit mich an. Die provisorische Brücke sieht nicht vertrauenserweckend aus, *donation by Spanish* SFOR, aber ich habe keine Wahl. Auf der anderen Seite stelle ich den Wagen ab und setze mich auf einen Betonsockel. Die Stille braust in den Ohren, der Fluss unter mir stinkt. Meine Augen sind scharf geworden für gelbe Plastikschnipsel und rote Farbtupfer. Im Ufergeröll entdecke ich Überreste von Minenmarkierungen. Der Hund glaubt nicht, dass er im eigenen Interesse nicht baden darf. Ein Wiedehopf lässt sich ins Gestrüpp an der Böschung sinken. Vom Wiedehopf weiß ich nur, dass er der Braut den Blumentopf bringt: Fideral-la-la. Er wirkt genauso verirrt wie der Hund und ich.

Eine Stunde ist schnell verflogen, zehn Kilometer Fluss sind vorbeigeflossen, ein paar Wolken Richtung Adria gezogen. Sonst hat sich nichts, absolut nichts bewegt. Ich schaue lieber nicht nach, ob mein Telephon Empfang hat. Wieder einmal pinkle ich aus Protest gegen das Alleinsein auf die Straße. Ab und zu simuliert der Wind im Metallgestänge der Brücke das Geräusch eines herannahenden Autos.

Ravno ist leidlich bewohnt und verfügt über die engsten und steilsten befahrbaren Gassen der Welt. Eine Hauswand an jedem Außenspiegel, krieche ich hinauf und im Rückwärtsgang wieder herunter. Ich will nach Zavala, wo es nur Milchprodukte zu essen gibt, kaum Getreide und Gemüse, weshalb die Menschen hundertzehn, hundertzwanzig oder hundertdreißig Jahre alt werden. Vielleicht liegt das auch an der schlechten holländischen Übersetzung in meinem Reiseführer. In Zavala gibt es auch eine der größten Höhlen der Welt, die Windgrotte Vjetrenica, erst auf zwanzig Kilometer erforscht und voll von Tropfsteinskulpturen. Im Winter atmet sie warme, im Sommer kühle Luft. Dagegen habe ich nichts einzuwenden. Außerdem ein Kloster, das Zimmer an Reisende vergibt. Der einzige Barmann des einzigen Cafés in Ravno hat sich kaputtgelacht über meine Frage nach einem Hotel.

Welche drei Bücher ich in die Einöde mitnehmen würde: Eine Sammlung Detailkarten von der Einöde, dazu »Geotaxis für Anfänger: Orientierung anhand der Schwerkraft leicht gemacht« und »Gute Laune in allen Lebenslagen«. Entlang des Bergkamms kriechen wir zwischen Felsen und verkrüppelten Bäumen in die Richtung, in der ich Zavala vermute. Mit gesenkter Schnauze taucht der Opel in Schlaglöcher und auf der anderen Seite wieder hinaus. Zu Fuß wären wir schneller, aber einen Freund kann man nicht zurücklassen.

Ein schwarzes, kommunistisch-klotziges Denkmal sitzt am Straßenrand, groß wie ein Haus. Wen es darstellt, lässt sich nicht erkennen, weil das Gesicht weggeschossen wurde. Der Sockel ist mit Minenbändern eingewickelt, weiß gebleicht von Sonne und Regen. Auf einen Blick sehe ich, dass der Ort gründlich ausgeräumt wurde, zwischen den Häusern ziehen sich Plastikbänder den Berg hinauf, rote Farbe an allen Wänden. Ein Kloster ist nicht dabei. Ich beschließe, dass Zavala woanders liegt.

Die Minenmarkierungen begleiten mich am Wegrand, zwei Handbreit neben der rechten Fahrspur. Links fällt im gleichen Abstand die Felswand ab.

Auf einmal ist die Piste zu Ende, weggesprengt, ins Tal gebrochen. Ich stelle den Motor ab, klappe den Sitz zurück und schließe die Augen. Wenden könnte ich, indem ich den Wagen mit den Vorderrädern ins Minengebiet steuere und mit den Hinterrädern über dem Abgrund schweben lasse. Ich döse im Liegesitz, bis die Gedanken zwischen harmlosen Gegenständen zu pendeln beginnen: Ob der Professor meine Magisterarbeit schon gelesen hat, ob zu Hause die Wohnungstür abgeschlossen ist. Ob Polen im Jahr 2004 der EU beitreten wird. Ich starte den Motor und lege den Rückwärtsgang ein.

Auf dem Hinweg war die Abzweigung nicht zu entdecken. Mit hässlichem Quietschen versuchen die Büsche sich am Lack des Wagens festzukrallen, als wollten sie alle mitgenommen werden. Vier Haarnadelkurven schaffe ich, dann ein Schlagloch, aus dem ich nie wieder herauskäme. Ich rüttle am Wagen, um sicherzugehen, dass er nicht mit gezogener Handbremse abrutschen wird, und gehe zu Fuß weiter.

Unter wuchernder Vegetation tauchen die ersten Ruinen auf. Falls sie zu Zavala gehören, stammen sie aus dem vierzehnten Jahrhundert. Was hier zugebissen hat, war nicht der Zahn der Zeit. Die Nahrungsaufnahme habe ich nicht im Griff, meine Knie zittern nicht nur von Hitze und Anstrengung. Auf der Suche nach Weintrauben, Feigen oder Kiwis kreuze ich mehrere Terrassen, durchquere leere Häuser, zur Tür hinein, zum Fenster hinaus, steige über bröckelnde Stufen, kämpfe mich mit dem Rücken voran durchs Gestrüpp, schütze das Gesicht gegen die kitzelnden Spitzen der Gräser, die mich fast überragen.

Die Höhle kann gar nicht atmen, ein Vorhang aus Kletterpflanzen bedeckt den Eingang. Im Reiseführer sind Photos von beleuchtetem Tropfstein, Besucherstegen, Stocherkähnen auf schwarzen Seen. Das muss alles noch da drin sein, in undurchdringlicher Schwärze liegend. Was nach fünf Jahren Krieg noch zu finden wäre, will ich nicht wissen. In respektvollem Abstand lasse ich mich nieder, und kaum sitze ich, kann ich nicht mehr aufstehen. Also das ist Zavala, inzwischen ohne Kloster. Und ohne Menschen. Um mich herum wispern, zirpen und rascheln die Eidechsen, Schmetterlinge, Vögel, Schlangen, Heuschrecken, ich bin über und über mit kleinen Zweigen und Grassamen bedeckt, ich werde hier Wurzeln schlagen. Mich endgültig in einen Busch verwandeln.

Als ich erwache, fühle ich mich zerquetscht, als säße nicht ich auf der Erde, sondern die Erde auf mir. Der Hund sieht mich aufmerksam an.

»Warum«, frage ich ihn, »hast du mich nicht geweckt?«

Beruhigt vom Klang meiner Stimme, wendet er sich ab und knabbert an einem Grashalm. Es ist spät geworden. Bis zur kroatischen Grenze gibt es keine Hotels.

Also bleibe ich hier. Durchs Dorf steige ich hinunter ins Tal. Ein Haus ist bewohnt, eine Familie repariert das Dach. Ohne zu wissen, warum, schleiche ich durchs Unterholz an ihnen vorbei. Ich stoße auf eine mit Zement ausgegossene Rampe, das schafft der Opel, wenigstens ein paar Meter. Von Terrasse zu Terrasse klettere ich aufwärts, noch nicht zufrieden, hier zu viel Müll, dort zu wenig Wein, ein Wespennest oder kein Panorama. Schließlich finde ich den idealen Platz. Das intakte Überdach und ein quadratischer Brunnen auf der Terrasse, dessen Schacht tief in den Berg hineinführt, überzeugen mich. Die Kette ist rostig, reißt aber nicht. Ich finde eine Gießkanne und lasse sie scheppernd hinunter, das Wasser ist klar und frisch. Ich tränke den Hund und bastle mit Gießkanne, Eisenhaken und Schnur eine Dusche am Rand des Überdachs. Ich räume den Müll beiseite, fege die Terrasse mit einem Balkenstück, repariere die Beine der Holzbank und polstere sie mit allen Klamotten, die ich im Rucksack trage. Ein paar symbolische Möbel stelle ich auf, ein kaputtes Fußbänkchen, darauf eine Waschschüssel, einen Stuhl und einen löchrigen Topf, in dem hohes Gras und Kakteen wachsen. Der Mensch ist seltsam mit seinem Nestbautrieb, auf dem Mond würde er versuchen, aus Staub einen Fernsehsessel nachzubauen. Ich packe Bücher und Schreibunterlagen aus, benutze meine neue Dusche und wasche mir die Haare. Im Haus entdecke ich einen Suppentopf für acht Mann, fülle ihn mit Holz vom verkohlten Dachstuhl und zünde ein Feuer an. Es brennt wie der Teufel. Der Hund bekommt Abendessen. Ich freue mich wie ein Kind, das sich ein Baumhaus eingerichtet hat.

Als ich mit einer Zigarette am Geländer lehne und zusehe, wie die Sonne den Berggipfeln entgegensinkt, denke ich, dass ich ein paar Tage bleiben könnte, mich ausruhen, Geld sparen, von den Früchten leben, die ich finde. Die Hammerschläge der renovierenden Familie dringen herauf. Einen Kilometer entfernt leistet mir ein Schäfer im Tal Gesellschaft, das stumpfe Glockengeklingel der Tiere und seine Rufe erzeugen an- und abschwellende Echos an den Hängen. Seine Wohnung habe ich in einer Garage am Hauptweg gefunden. Ich war scharf auf Decken und Kissen, aber das Bett sah benutzt aus, frischer Männergeruch zwischen den Laken. Ich verdrückte mich mit klopfendem Herzen.

Um den Wagen zu holen, muss ich den Berg wieder hinaufklettern, das Tal umfahren, durch Ravno zurück und den unteren Dorfeingang suchen.

Als ich den Opel auf der Rampe geparkt habe, ist es stockdunkel und kalt. Unmengen von Sternen pudern den Himmel, der Mond ist am rechten Rand ausgefranst wie eine halb gegessene Frucht. Ich werfe mehr Holz ins Feuer, strecke mich auf der Bank aus und überlege, ob ich einschlafen kann. Gerade habe ich die Frage mit »ja« beantwortet, da höre ich die Stimme des Schäfers wieder, nah und laut. Sie gilt nicht den Schafen. Über das Geländer gebeugt, sehe ich drei Männer in der Auffahrt stehen. Sie haben den Wagen zwischen den Büschen gefunden. Der Schäfer, der Familienvater und sein ältester Sohn. Ich kauere mich in die Ecke. Sie suchen den Hang mit Lampen ab, ohne dass die Lichtbalken mich treffen. Dann rufen sie wieder.

»Wer bist du? Komm runter!«

Ich denke nicht daran. Ich wohne hier. Als das Geschrei lauter wird, entscheide ich zu antworten.

»Ne!« brülle ich. »Zašto?«

Eine Weile bleibt es still. Vielleicht haben sie nicht mit einer weiblichen Stimme gerechnet. Oder die Frage nach dem »Warum« ist, wie so häufig, nicht leicht zu beantworten. Dem folgenden kroatischen Redeschwall habe ich nichts entgegenzusetzen.

»Ich versteh nix!« rufe ich auf Polnisch.

Der Sohn besinnt sich auf seine Englischkenntnisse.

»Das ist unser Dorf«, ruft er. »Wir leben hier.«

»Ich mache nichts kaputt«, rufe ich zurück.

Trotz der unglaublichen Zerstörung, in deren Mitte wir hocken, scheinen sie das Versprechen nicht komisch zu finden. Sie drohen mit der Polizei, die Lichtkegel ihrer Taschenlampen wandern hektisch über die Trümmer.

»Wer bist du?« bellt die Stimme des Schäfers. »Was machst du hier? Wie viele seid ihr?«

»Nur Tourist«, sage ich. »Allein.«

Ich bin zufrieden, wie harmlos und verloren es klingt.

»Es kommen nicht viele Touristen hierher«, heißt es unten unsicher.

Das glaube ich, Lachreiz kitzelt mich im Hals. Dass das eine saudumme, eine ganz beschissene Antwort gewesen sein könnte, fällt mir erst ein, als sie sich murrend die Auffahrt hinunter trollen. Mein freundliches »Laku noc!« bleibt unbeantwortet.

Unruhig lege ich mich hin, jedes Geräusch im Tal gilt mir. Eine Weile ärgere ich mich, nicht einschlafen zu können. Aber eigentlich gibt es keinen Grund, zu schlafen. Die Sterne vermehren sich schnell wie eine Bakterienkultur. Zikadengesang füllt das Tal und scheint von den Sternen zu kommen, das Geräusch ihres Lichts zu sein, das ich in dieser absoluten Stille zum ersten Mal höre. Eine Weile überlasse ich mich der Nacht.

Die Ruhe ist kurz. Wieder beginnt der Schäfer zu rufen, rhythmische Schreie, die nach einer Weile von der anderen Seite des Tals beantwortet werden. Die zweite Stimme ist leise, bestimmt zehn Kilometer entfernt. Es dauert zwanzig

Minuten, bis ein Auto den Hauptweg entlangrollt und vor der Garage des Schäfers hält. Bilder zucken durch meinen Kopf, die ich nicht unter Kontrolle habe, Bilder von Männern, die eng beieinander sitzen, sich mit wenigen Worten verständigen, Bilder von vergewaltigten Frauen, von Menschen, die der Krieg zerstört hat, die dazu übergegangen sind, Probleme auf ihre eigene Weise zu lösen. Während unten leise gesprochen wird, beginne ich, meine Sachen in den Rucksack zu stopfen, bemühe mich, meine Bewegungen unter Kontrolle zu halten, nicht in Panik zu verfallen, nirgendwo anzustoßen, kein Geräusch zu verursachen. Die Akustik ist einfach zu gut. Als die Stimme des Schäfers in ein Telephon zu sprechen beginnt, begreife ich, dass er quer über die Ebene hinweg einen Kollegen gebeten hat, ihm ein Handy zu bringen. Jetzt, denke ich, rufen sie alle Freunde in der Umgebung an. Ich schlüpfe in die Stiefel, setze mich auf den Rucksack und lausche angestrengt in die Nacht, bis ich überhaupt nichts mehr höre.

Die Scheinwerfer eines weiteren Wagens kriechen den Berg hinunter, auf der Piste, die der Opel nicht geschafft hat. Ich verliere die Nerven. Mit einem Satz bin ich von der Terrasse gesprungen, klettere über die Trümmer, dränge durch eingestürzte Zäune, laufe über Terrassen, durch ehemalige Wohnzimmer, Gärten, Schuppen. Immer neue Treppenstufen, der Rucksack behindert mich. Dornen reißen meine Arme auf. Ausgerechnet in diesem Moment kommt mir die Frage in den Sinn, woher ich weiß, dass dieses Dorf, anders als der Nachbarort, nicht vermint ist, und warum die Männer nicht schnurstracks zu mir heraufgeklettert sind. Früher oder später hätten sie mich doch gefunden.

Als ich mein Auto erreiche, höre ich den Motor des anderen Fahrzeugs nah auf dem Hauptweg. Ich lade Hund und Rucksack ein, setze mich hinters Steuer, verriegle die Türen, Tscha-lack. Ich kann davonrasen, jeden über den Haufen fahren, der sich in den Weg stellt. Dann hält der andere Wagen hinter mir und verbarrikadiert die Auffahrt.

Es sind Bullen. Ob das ein Grund zur Erleichterung ist, weiß ich nicht, aber wenn es keine Bullen wären, hätte ich das Spiel gleich verloren. Endgültig. Einem absurden Impuls folgend, klappe ich den Sitz zurück und stelle mich schlafend.

Mit flachen Händen schlagen sie an die Scheibe. Sie sind zu zweit, ein kleiner Dicker und ein großer Dünner, beide mit schlechten Zähnen. Ich soll rauskommen. Das Fenster runterlassen. Hartnäckig schüttle ich den Kopf, den Blick auf die Waffen an ihren Seiten gerichtet. Der Hund stößt mir von hinten die Nase ins Haar.

»Policaj! Policaj!«

Sie leuchten mir ins Gesicht, schlagen abwechselnd auf ihre Abzeichen an den Uniformen und gegen das Fahrerfenster.

»Znam! Ich weiß!« brülle ich schließlich. Es wird still. Sie kratzen sich Stirn und Mundwinkel. Wir starren uns durch die Scheibe an, der kleine Dicke sieht aus, als müsste er gleich lachen. Einen Zentimeter weit öffne ich das Fenster und schiebe meine Papiere hinaus. Sie umrunden das Auto, kontrollieren die Nummernschilder, dann geben sie die Papiere zurück und reichen mir eine Zigarette durch den Fensterspalt. Der Dünne behauptet, im gleichen Jahr wie ich geboren zu sein. Ich glaube ihm nicht, er sieht aus wie Ende dreißig. Wir rauchen zu dritt, sie draußen, ich drinnen.

Was ich hier mache. Tourist, sage ich. No camping, sagen

sie. Das ist no camping, sage ich, das ist ein Auto. Hotel, sagen sie. Es gibt kein Hotel, antworte ich. Insoweit geben sie mir recht. Endepol funktioniert bestens, wir verhandeln, was zu tun sei. Sie treten ein paar Schritte zurück und unterhalten sich in aller Ruhe über mich, gelegentlich wird gelacht.

Der Vorschlag lautet, mit nach Ravno zu fahren und im Auto vor der Wache zu übernachten. Ich weiß nicht, ob ich ihnen trauen kann, aber eine andere Option habe ich nicht, solange ihr Wagen hinter mir die Auffahrt versperrt. Ich verlange, den Weg unten rum über den Fluss zu nehmen, nicht den Steilhang hinauf. Sie freuen sich über meine Sachkenntnis.

Ihr Jeep führt mich nicht über die Asphaltstraße, sondern in zwei Reifenspuren querfeldein. Gestrüpp zerrt am Unterboden, spatzengroße Heuschrecken wirbeln in Schwärmen aus dem Feld und schlagen gegen die Windschutzscheibe. Den Jeep und seine Staubwolke verliere ich bald aus den Augen, entscheide mich trotzdem gegen Flucht und Verfolgungsjagd über den Stoppelacker. Für fünf Minuten fühle ich mich großartig, als könnte mir nichts auf der Welt gefährlich werden. Dick und Dünn warten an der nächsten Wegbiegung auf mich.

Sie weisen mir einen Platz vor der Wache und lotsen mich ins Gebüsch. Die improvisierte Polizeiaktion ist ihnen peinlich, aber vollständig verstecken lässt der Opel sich nicht. Der Liegesitz ist erträglich, wenn nur der Hund nicht so unruhig wäre. Einmal in der Stunde kommen Dick oder Dünn mit der Taschenlampe und schauen nach, ob ich noch da bin.

»Sonne, nicht schlafen.« Dick weckt mich um fünf. Ich schicke ihn weg, er verspricht Kaffee. Ich verlange, bis sechs in Ruhe gelassen zu werden, und drehe mich noch mal um.

Den Kaffee trinken wir auf der Terrasse des Hauptwache-Bungalows, sprechen über die Preise von zwölfjährigen VW Golfs und die nicht vorhandene Sicherheit in der Region. Dick und Dünn lächeln mich an, als hätten sie mir das Leben gerettet. Im fensterlosen Polizistenpissoir putze ich die Zähne. Ich stelle mich dicht vor den Spiegel, um den abwaschbaren Kachelboden nicht ansehen zu müssen. Von den Folterungen in Ravno habe ich gelesen. Unter der Leuchtröhre sieht mein Gesicht aus, als könnte es eine Rasur vertragen. Zum Abschied zeigt Dünn mir seinen Dienstausweis. Wir sind nicht nur im selben Jahr, sondern auch am selben Tag geboren. Erschrocken hebe ich den Kopf, einige Sekunden sehen wir uns ins Gesicht, auf eine neue Art, als wären wir uns früher schon einmal begegnet. Ich habe Lust, ihm etwas zu schenken, mir fällt nichts ein.

Schön, so früh wach zu sein, der Fahrtwind ist kühl, die Landschaft strahlt, nur fallen mir am Steuer dauernd die Augen zu. Um mich aufzumuntern, verspreche ich mir selbst Frühstück an der Adria.

Wie gerne würde ich der Journalistin von meiner Verhaftung erzählen. Alle Journalisten lassen sich im Ausland verhaften, kommen mit Hilfe des Auswärtigen Amtes wieder auf freien Fuß und kennen danach das jeweilige Land wie ihren Vorgarten.

Säfte, Honig, Wein. Pyramiden von Melonen lassen sich kühles Wasser über die Buckel laufen. In den Gärten strecken

Frauen beim Pflücken mit Blumen bedruckte Hintern in die Luft wie große bunte Ballons. Züge rosten an ihren Gleisen fest, Hunde teilen sich die schmalen schattigen Plätze. Was sagt es über eine Region, wenn die Streuner so gut gelaunt sind?

Gerade tauscht die Adria den schwarzen Morgenmantel gegen ein silbernes Kettenhemd. An den Hängen stehen die Pinien mit abgewandten Gesichtern. Die Inseln liegen wie große schlafende Tiere im Wasser. Hier bin ich also im »Country of Feelings«. Ich hätte einen anderen Werbespruch ersonnen:

»Forget Italy!«

Ich strecke die Beine unter einen Korbtisch und sehe beim Frühstück den Fischern zu, die von der Arbeit zurückkommen. Sofort wird man zur Katze, die im Leben keine andere Aufgabe hat, als ihre Füße sauber zu halten. Meine Meerblicke beschränke ich auf das Notwendigste, um die Müdigkeit nicht gleich in Urlaub umzuwandeln und eine Woche sitzen zu bleiben. Nur noch einen Kaffee.

Nur noch ein bisschen die Füße ins Salzwasser hängen lassen. Träge bewege ich die Zehen im Wasser. Ist schön, Beine zu haben, auch wenn kein Fisch anbeißt.

Das Meer liegt friedlich, dehnt den Rücken Richtung Horizont und lässt sich von einzelnen Booten Kratzer auf die anthrazitfarbene Haut zeichnen. Ich verbiete mir Dubrovnik. Dubrovnik liegt nicht in Bosnien-Herzegowina.

Und renne den halben Tag lang durch die weiße Stadt, auf abgezirkeltem Raum, wie eine Figur übers Brett, eingefasst von den Stadtmauern, die das Meer aussperren, es lungert draußen herum und bläst salzigen Atem durch Schießscharten. Marmor, es ist alles Marmor. Ich vergesse das Meer, sehe die Katzen in den Ecken, alle schwarz-weiß-rot gefleckt, sie tragen die Trikolore ihres eigenen, undurchschaubaren Staats. Zucken zusammen, wenn ein Fußball gegen die Mauer klatscht.

Die Ziegel der alten Dächer Dubrovniks wurden vor fünfhundert Jahren auf Männeroberschenkeln geformt. Wenn es bloß Treppen gibt statt Gassen, braucht man eine Menge Bretter, um Schubkarren überallhin zu schieben. Ausreichend Bretter, um später ein Floß daraus zu zimmern, auf dem alle Handwerker, Kinder und Katzen die fertig renovierte Stadt verlassen können. Wie Insektengeräusche das ständige Mischen, Verstreichen, Montieren, Ausschütten und Einfüllen, niemand hämmert, niemand spricht. An den Hauswänden knattert die Wäsche. Ich schwenke beim Gehen die Arme, nicht abwechselnd im Rhythmus der Schritte, sondern beide gleichzeitig, vor und zurück, wie Flügelschlagen.

Erst der Abend lockt Menschen auf die Straße, alle schlendern, nur die Nonnen eilen. Meine Zigaretten raucht der Wind. Ich sitze nicht nur in einem Winkel der Stadt, sondern auch im Winkel Kroatiens, dort, wo das Land dünn wird wie ein auseinander gezogener Kaugummi, der gleich reißt. Ich sitze in einem Zipfel des Kontinents, so schnell ist man am Ende der Welt. Ich sehe mich selbst als kleine Plastikfigur rechts unten in der Ecke einer Europakarte stehen, winkend.

Eine Menge Fragen halten mich von der Pizza fern. Gibt es ein Bewusstsein, und wenn ja, wo war es die ganze Zeit? Wie können die Menschen so freundlich sein, so bemüht, das Polnisch einer Deutschen zu verstehen, die sie für eine Russin halten? Was wollen die ganzen Photographen, was gibt es zu sehen, außer einer Stadt, die allein sein will, sich in sich selbst versteckt wie in einer weißen Muschelschale? Und wo ist der Mensch, während er etwas anschaut, das nicht er selber ist?

Dieser Kontinent lässt keine Ruhe mehr, wenn man einmal begonnen hat, sich auf ihm zu bewegen. Heimweh wäre schön, es bewiese, dass es ein Zuhause gibt. Aber Heimweh stellt sich nicht ein. Nur das Gefühl, weg zu wollen, weiter. Woandershin. Das ist nicht dasselbe.

Hier zwischen den Wolken kann man ohnehin nicht bleiben. Was gibt es zu tun unter Handwerkern, die langsam und unaufhaltsam Granatenlöcher stopfen in Hauswänden, im Pflaster, in den Dächern, bis das letzte gestopft sein wird, und was dann? Werden sie weiterziehen, dorthin, wo noch Löcher sind? Ich kann nirgendwo bleiben, schon gar nicht bei einem Menschen. Alleinsein ist die beste Erklärung für Sprachlosigkeit. Die letzte Nacht war doch schon ein Versuch, die Aufnahmeprüfung zum Girlscout zu bestehen.

Ich nehme mir vor, der Adria nachher von den Stadtmauern aus noch eine Kusshand zuzuwerfen: Mach's dir selbst, deine Nähe löst nicht alle Probleme, mag es auch zuweilen den Anschein haben.

Es reicht. Der Hund bedankt sich für die Pizza und bestellt Grüße an die Küche. Querflötenspiel in leeren Gassen ist noch kein Grund, um verrückt zu werden. Einmal will ich mir selbst in die Augen sehen können, während ich den Blick hebe aus solchen Gedanken, noch verschleiert, sich klärend, Silhouetten von Menschen erkennend gegen das Licht.

Die Katzen der Familie, bei der ich Unterkunft finde, sind schwarz-weiß-rot und heißen Clinton, Hillary und Monika. Mit dem Gedanken an sie schlafe ich ein auf der Wohnzimmerliege, und auch der Hund denkt, aller Wahrscheinlichkeit nach, an nichts anderes.

Goldfisch Sally

In der Republika weht ein anderer Wind. Mit einer Hand hält man die Hupe gedrückt: Wer bremst, verliert. In jeder Region kommt eine Autosorte auffällig oft vor, in Trebinje ist es Weißer Käfer, der am besten gedeiht. Die Aufkleber an den Hecks informieren mich darüber, dass man Geld nicht essen kann, dass Bayern München mi moag und es eine Schande ist, so dicht aufzufahren.

Obwohl es großstädtisch zugeht, ist Trebinje nach allen Seiten gleich zu Ende. Ich steuere, chronisch verirrt, mehrmals über dieselbe Brücke und am selben, denkmalgespickten Park vorbei.

Das Hotel Leotar verlangt allerbeste Preise für den allerletzten Mist und behauptet, das einzige Haus am Platze zu sein. Ich winke ab und bitte darum, wenigstens ein Auge auf meinen Wagen zu haben. Man verspricht, nicht die geringste Verantwortung zu übernehmen.

Kaštel kniet im Wasser, mittelalterlich schmale Häuser drücken Wange an Wange, mit den Rücken an die Festungsmauer gelehnt. Cafés mit Terrassen liegen wie Hausboote am Fluss, Britney Spears kriegt mit hundertfünfzig Dezibel auch das hartgesottenste Mittelalterflair klein. Die Adria ist nah: Palmen in Kübeln am Straßenrand, und die Mittagspause in der Innenstadt dauert von zwölf bis siebzehn Uhr. Der alten Brücke ist anzusehen, dass Baumeister aus Dubrovnik sie errichtet haben. Ich schieße Photos gegen die Sonne, photographiere das Dach des Museums, das mit Tauben gepflastert ist, eine pro Dachziegel. Für ein Stück Wurst, das ich dem Hund schenken will, zahle ich sechs Mark zwanzig. Lange nicht in der Mittagshitze auf einen Berg gestiegen.

Zehn Uhr früh, erst läppische achtunddreißig Grad. Ich finde keine Soba-Schilder, die Republika ist sich ihrer touristischen Qualitäten nicht bewusst. Dafür entdecke ich das OSZE-Büro, Hi I'm German, bestelle Grüße von Bernd aus Mostar und lasse mich nieder, um auf die Chefin zu warten. Ein nervöser Angestellter eilt zwischen vier Telephonen hin und her und sucht die Adresse einer Pension in einem Stapel Unterlagen, den der Ventilator durcheinander bläst. Ich bitte um Statistiken über demographische Verschiebungen und staune, wie lange er suchen muss. Mit den Tabellen stelle ich mich an den Kopierer. Jetzt weiß ich, wer die Hitze für das ganze Land erzeugt.

Die Chefin schließt ihre Bürotür von innen ab.

»Die kommen sonst rein«, sagt sie.

»Die« sind die Rückkehrer. Sie wollen ihre Häuser und Wohnungen zurück, in denen serbische Familien leben und sich seit ein paar Jahren ganz zu Hause fühlen. Wo jene herkommen, steht kein Stein auf dem anderen. Oder es leben kroatische oder bosnische Familien in den Häusern und fühlen sich seit ein paar Jahren ganz zu Hause.

»Somehow we are international«, sagt die Chefin, »and that's why they think we are God.«

Ich stelle mir vor, nach Leipzig zurückzukehren und einen Fremden in meiner Wohnung vorzufinden.

»Anders als Gott brauchen wir eine administrative Entscheidung. Und Warten erzeugt Aggression, vor allem, wenn man mit der ganzen Familie auf der Wohnzimmercouch eines Bekannten lebt.«

Sally ist Amerikanerin, wedelt sich mit einem Fächer Luft zu und sieht aus wie ein Goldfisch. Ich bin erleichtert, als mir das einfällt. Schon seit einer Viertelstunde betrachte ich ihre aufgeworfenen Lippen, das zurückweichende Kinn und die großen Augen, überlege, was es mit dem streng zurückgekämmten, schuppengleichen Haar auf sich hat und suche mit Blicken die Kiemen an ihrem Hals. Ab und zu reckt sie das Gesicht, als hätte eine Fliege ihre Aufmerksamkeit erregt. Sie ist eine sportliche Frau mit festem Händedruck. Es sind häufig solche Frauen, die in Auslandsmissionen arbeiten. Menschenrechte sind Weibersache.

Manche der Rückkehrer pendeln ins Umland, um ihre zerstörten Häuser zu reparieren. Zementsäcke lassen sich schlecht zwanzig Kilometer weit schleppen. Und die vielen SFOR-Fahrzeuge, Jeeps, Trucks, whatever? Vom Mandat nicht gedeckt. Einen Antrag stellen in New York, Genf, Wien oder Brüssel? Vergiss es. Manchmal beginnt ein mutiger Kommandant eine Hilfsaktion und holt sich zur Sicherung seines Arbeitsplatzes ein paar wohlmeinende Journalisten an die Seite.

Caroline von der UNO stößt zu uns, eine sportliche Frau im typischen Mitsubishi-Jeep mit schwarzen Buchstaben auf den Türen. United-Nations-Pidgin überdeckt jeden Akzent. Erst nach zwanzig Minuten finden wir heraus, dass wir beide aus Deutschland sind und nicht »Kährolain« und »Dschuuli« zueinander sagen müssen. Wir setzen uns in den Schatten der Satellitenschüsseln und schauen über den Fluss.

»Und«, frage ich, »wie wohnt sich's in der Republika?«

»Selbstverständlich lebensgefährlich«, sagt Caroline.

Sie verdreht die Augen und erschlägt mit der flachen Hand eine Fliege auf dem Tisch.

»Am meisten nervt die Propaganda im Westen. Mein Lebensgefährte, Eltern und Bekannte denken, ich wäre übergeschnappt. Ich arbeite mitten in Europa, zwanzig Kilometer vom Strand, und niemand kommt mich besuchen.«

Wasser auf meiner Mühle, alles Schuld der Berichterstattung.

»Das läuft so«, sagt Caroline.

Sie nimmt ihre Sonnenbrille aus dem Etui und setzt sie auf den Kopf, um die Haare zurückzuhalten. Das Geraschel der Palmblätter erzeugt eine Illusion von Kühlung.

»Wir planen zum Beispiel die Grundsteinlegung einer neuen Moschee. Für alle Fälle wird die SFOR angefordert, und wenn ein Panzer rollt, fliegt die Presse ein. Reden werden gehalten, es gibt Musik, dann kriegt ein Moslem einen Stein an den Kopf. Das ist nicht schön. Wenn du hier lebst, weißt du aber, dass der Typ ein Arschloch ist, er provoziert und wirtschaftet seit Jahren Hilfsgelder in die eigene Tasche. Am nächsten Tag steht in den deutschen Zeitungen, dass in Bosnien der Bürgerkrieg wieder ausbricht. Verstehst du?«

Eine spanische SFOR-Kolonne rollt vorbei. Die Panzer sind mit Monsterinsekten besetzt: Kugelrunde, behelmte Köpfe, Fliegenaugenbrillen und Ohrenschützer. Bei den amerikanischen Kolonnen sitzt ein Scharfschütze an der Kanone, die starken GI-Ellenbogen nach links und rechts abgespreizt. Als die Kolonne die Brücke überquert hat, tanzen die Reflexionen der Wasseroberfläche hektisch auf den Pfeilern.

»Und sonst«, frage ich, »die Lage im Ganzen?«

»Klar, schwierig«, sagt Caroline. »Neulich wurde ein Bus Japaner gesichtet. Wie Marsmenschen im Raumschiff glitten sie durch die Stadt. Alle fingen an zu jubeln und zu klatschen. Wenn die Japaner kommen, ist das ein gutes Zeichen.«

Morgen nehmen Goldfisch Sally und Caroline mich mit nach Ivanica, Verrückte besichtigen. Ivanica ist weder von Sallys noch von Carolines Mandat gedeckt, weshalb wir auf dem Weg dorthin nicht in einen Straßengraben, gegen eine Kuh oder über eine Mine fahren dürfen. Goldfisch Sally hat eine Pension für mich ausfindig gemacht, zwölf Kilometer außerhalb von Trebinje.

Vierundvierzig Grad, Zeit für die Bergbesteigung.

Die Kuppe ist frisch verpflastert, in der Mitte des Platzes steht eine bunte, picklige Kirche mit Buckeldach, die Kleeblattkreuze scharf gezeichnet vor dem Mittelmeerhimmel. Im Eingang ruht eine weiße Hundedame mit zwei braunen Flecken im Gesicht, als trüge sie eine große Sonnenbrille aus den sechziger Jahren. Sie liegt auf dem Bauch, die Hinterbeine abgespreizt, und schaut zur Seite, als der Hund sie begrüßt. Anstatt das Panorama zu genießen, sehe ich zu, wie sie unter der Fontäne eines Rasensprengers miteinander spielen. Früher, als ich keinen Hund haben durfte, aber wusste, dass meine Mutter, wäre er einmal da, ihn niemals aus dem Haus geworfen hätte, hoffte ich inständig, mir würde einer zulaufen. Klein, groß, dick oder dünn. Ich arbeitete daran, mit Wurstzipfeln und Brotstücken in der Tasche. Aber die Hunde der Nachbarschaft hatten schon einen Besitzer, zu dem sie zurückkehrten, nachdem die Wurstzipfel aufgefressen waren.

In meinem Kopf spult sich eine Bilderfolge ab, ruckend wie

ein Daumenkino: Ich an der Außengrenze des serbischen Sektors, ohne Gesundheitszeugnis für das zweite Tier. Ich am Serviceschalter der Deutschen Bahn: Wenn die nicht in eine Kiste passen, zahlen Sie dreifach! Ich beim Gespräch mit meinem Vermieter.

Auf dem Rückweg schallt es mir nach aus Autos und Gärten, von Straßenecken und Terrassen: »Cuki! Cuki!« Mit einem Hund war ich sensationell, mit zweien bin ich der Rattenfänger von Hameln. Ich singe vor mich hin, um das Rufen nicht hören zu müssen: »Eine Wassermaus und Kröte / stiegen eines Abends spöte / einen steilen Berg hinan.« Wieder ein Lied, an das ich jahrelang nicht gedacht habe. Zum Glück.

Gerade fällt mir etwas Komisches auf: Seit vier Tagen bin ich nicht gefragt worden, was ich hier will. Auch nicht von mir selbst.

Durch Zufall finde ich in einem Winkel der Festungsmauern ein echtes Internetcafé. Eine Stunde lang ist die Welt schön, sie hat mich nicht vergessen. Die beiden Hunde warten friedlich vor der Tür, die Jugend ist cool und sieht auch so aus, ich habe nicht genügend Münder, um allen gleichzeitig zuzulächeln. Als ich rauskomme, wird es dunkel. Die serbischen Frauen stehen den kroatischen und bosnischen in nichts nach, promenieren elegant am Arm ihrer Auserwählten und tauschen Blicke mit anderen Männern. Die Hundedame mit der großen Brille spaziert an der Seite vom Hund und hat nur Augen für ihn. Wir schreiten den muslimischen Friedhof ab, dessen morchelförmige Steinpfeiler umgestoßen sind. Es hat gebrannt, überall liegt Müll. Ich ziehe meine kopierte Statistik aus der Tasche: Von etwa 5500 Moslems in Trebinje sind zweihundert übrig.

Unter einem Baum am Fluss kochen Zigeuner Kartoffeln in einem Kessel. Ein junger Typ hat seinen Passat auf eine Kiesbank gefahren und übergießt ihn eimerweise mit Wasser.

In einem Restaurant wird Portishead gespielt. Wie angewurzelt bleibe ich stehen und lausche. Vor Jahren habe ich das ohne Pause gehört, saß auf meinem Bett, drückte mich vor den Juravorlesungen und wusste nicht, was die Welt und ich miteinander anfangen sollten. Den Balkan kannte ich vom Hörensagen, ohne Vorstellung von der zuständigen Himmelsrichtung.

Ich versuche, über die Musik eine Nachricht zurückzusenden an mein damaliges Ich auf dem Bett, dass es den Kopf hebt, weil es sich angefasst fühlt von etwas Unsichtbarem. Für einen Moment würde es die Nachricht verstehen und gleich wieder vergessen: Ganz ruhig. Es gibt keine Verpflichtung zum Glücklichsein.

Diesmal bin ich Britney Spears wirklich dankbar, als sie die Ablösung übernimmt.

In der Dämmerung beginnen pommesfritesgroße Fische nach Insekten zu springen, eine perfekte Simulation von Regen.

Beim Überqueren der Brücke höre und sehe ich eine Maschinengewehrsalve, abgefeuert in der nachtschwarzen Böschung. Am Mündungsfeuer lese ich die Schussrichtung ab und habe sofort sämtliche Deckungsmöglichkeiten registriert. Kann das in den Genen verankert sein? Wer-auch-immer hat über dem Fluss in die Luft geschossen. Außer mir ist niemand beeindruckt. Vielleicht haben die Schüsse Tradition, erinnern zu bestimmter Stunde an ein historisches Ereignis wie in anderen Städten das Läuten einer Glocke. Wenigstens habe ich mich nicht flach auf den Bauch geworfen und mich lächerlich gemacht.

Ich warte, bis es ganz dunkel ist, um Feigen zu stehlen. Dann ist es so dunkel, dass ich die Feigen nicht mehr sehen kann. Ich kaufe ein Kilo Äpfel und beschließe, früh ins Bett zu gehen. Die Hundedame geht in den verwinkelten Gassen der Altstadt verloren und rettet damit meine bürgerliche Existenz. An jeder Ecke wendet der Hund den Kopf nach ihr. Wir kennen nicht mal einen Namen, um uns an sie zu erinnern.

Auf dem Weg zur Pension klatschen statt Heuschrecken bunte Schmetterlinge an die Windschutzscheibe. Ich fahre Slalom um Katzen, Füchse, Igel und anderes Getier, der halbe Wald befindet sich auf der unbeleuchteten Straße. Aus dem Apfel, den ich gerade verzehre, seilt sich im letzten Moment eine Raupe ab: Das war knapp für uns beide. Seltsam, dass ich anhalte, um die Raupe ins Gebüsch zu setzen. Dass ich sogar Heuschrecken ausweiche, wenn sie vor mir auf der Straße hocken.

Ich lehne an der Rezeption mit Biertheken-Flair. Dahinter wird auf Serbokroatisch über mich gesprochen. Ich verstehe genug, um zu wissen, dass sie mich das Doppelte zahlen lassen. Mir fehlt die Kraft zum Streiten. Zwar bin ich nicht Aus-Deutschland-wie-schön, wenigstens aber kein Erbfeind. Ob der Hund nicht im Auto schlafen kann? Nein, kann er nicht, weil er dann weint.

Aha. Der Besitzer schreibt meinen Reisepass ab, studiert die Stempel, fragt nach Woher und Wohin, nach Visa, die ich nicht brauche, und Freunden in Trebinje, die ich nicht habe. Ich warte darauf, dass er mein Gepäck zu durchsuchen beginnt. Die gewonnenen Informationen trägt er in ein Kärtchen ein, das wahrscheinlich das Zentralkomitee bekommt. Die schwärzesten Vorstellungen von Serben erwachen: Auf militärische Weise überkorrekt, im richtigen Moment korrupt und im Zweifel gewalttätig. Als ich meinen Pass wiederhabe und die Zimmertür hinter mir schließen kann, fühle ich mich besser.

Fließendes Wasser im Bad gibt es nicht wirklich, dafür einen Balkon über dem großen Garten mit eigenem, dem Fluss abgestauten Badesee.

Reisen mit leichtem Gepäck heißt auch, die Stiefel mit Handcreme einzufetten. Den Großteil der Klamotten hätte ich zu Hause lassen können, ein Plastiktütchen aus dem Drogeriemarkt hätte fünf Unterhosen, ein paar Socken und das kurze Ersatzkleid gefasst. Ich wasche jeden zweiten Tag, der Wind trocknet die Wäsche in einer knappen Stunde. Was die Schuhe übriglassen an Creme, verwende ich für Arme und Beine, deren Farbe langsam den Namen »ungesund« verdient.

Ein Geräusch lässt mich hochschrecken, bevor die Bilderserie sich zum Alptraum auswachsen kann. Ich hatte dicht verflochtenes Zweigwerk vor Augen, die Luft war dick und beinahe Wasser, in den Ecken pulsten die Schatten großer Spinnen. Das Geräusch war meine eigene Stimme, die ein Wort wiederholt: Serbien, Serbien.

»Die Republika«, sage ich laut, »ist nicht Serbien. Und selbst wenn.« Meine Stimme klingt hohl im stillen Zimmer.

Ich unternehme einen Ausflug in den Garten, wasche Gesicht, Arme und Beine im Fluss und lasse mich von der Nachtluft anflüstern, bis mir kalt ist. Danach ist das Bett unendlich bequem.

Wo ich stehe, sollte ein Lungensanatorium sein. Wie fast ganz Bosnien hat Ivanica die beste Luft Europas. Von hier aus hätten Typen wie Hans Castorf das Meer überblicken sollen. Am anderen Ende des Tals, das mehr ein Schuttloch ist, stünden Lagerhallen für Waren auf dem Weg ins Inland, und unten läge ein Kurort, Pensionen, Cafés, der Boden bewässert, die Terrassen grün. Ein Wald würde die Hänge zusammenhalten und den Wind abkühlen, der heiß ist, als käme er aus einem aufgedrehten Backofen. Aber da ist nichts. Der Wald ist abgebrannt, die Regierung, die das Sanatorium geplant hat, gibt es nicht mehr. Auch keine Waren auf dem Weg ins Inland, denn am Fuß des Abhangs, einen Steinwurf entfernt, beginnt Kroatien.

Hier ist nicht mal Republika. Das ist ein Stückchen Konföderation, eine sogenannte Pufferzone. Der Arsch der Welt, ich habe ihn gefunden, und er ist klein.

Was ich mir vom mysteriösen Ivanica versprochen habe, weiß ich nicht mehr. Nicht das Nichts, nicht diese Einöde. Zerstörte Häuser sind trostlos, noch trostloser sind Häuser, die man im halbfertigen Zustand zerstört. Zwanzig Familien sind seit dem Krieg in die Ruinen eingezogen.

Goldfisch Sally und Caroline haben einen Dolmetscher dabei, er ist jung und hübsch und sagt uns, wo wir hintreten dürfen, ohne in die Luft zu fliegen. Ein Mann hat sein Dach fertiggestellt und einen Laden eröffnet, in dem es löslichen Kaffee, Wasser vom öffentlichen Brunnen in Trebinje und selbstgebrannten Schnaps zu kaufen gibt. Er und seine Frau sitzen auf der Terrasse vor der Tür, Ladenhüter und Ladenhüterin. Sie warten. Ohne Strom kein Radio, kein Fernsehen, keine Musik, kein Licht zum Lesen, auch kein Telephon, nicht einmal Mobilfunk. Keine Bohr-, Wasch- oder Kühlmaschinen. Sie warten. »Was machen?« sagt der Ladenhüter.

Seine Frau bringt eine Schüssel für den Hund, der hineinschaut und nicht trinkt, obwohl ihm die Zunge bis auf den Boden hängt.

»Moment«, sagt sie, »das ist Wasser aus SFOR-Tanks.«

Als sie die Schüssel auskippt und aus einer Plastikflasche nachgießt, fängt der Hund an zu saufen, während das Wasser noch einläuft.

»Der einzige, der SFOR-Wasser trinkt«, sagt sie, »ist mein Wolf.«

Sie nimmt mich an der Hand, ich den Hund am Halsband, zu dritt umrunden wir das Haus. Die Ladenhüterin hat dünne Arme und einen runden Leib auf dünnen Beinen und sieht aus wie ein Kastanien-Streichholz-Männchen. Sie stützt die Hände auf die Knie und bückt sich zur Tür eines Verschlags hinunter. Ich krieche an ihr vorbei. Im Winkel liegt ein junger Wolf. Als Welpe ist er im Winter aus den Bergen gekommen, sein Name ist »Wolf«, und wenn er groß ist, wird er freigelassen. Mit ihm teilen die Ladenhüter das Essen, das sie von den Organisationen bekommen. Der Wolf lässt sich nicht anfassen, sein magerer Körper bebt, und als er den Hund in der Eingangsluke erblickt, will er mit dem Betonboden verschmelzen. Leise wünsche ich ihm auf Deutsch einen gnädigen Tod.

Wir trinken Kaffee und Wasser, den Schnaps lehne ich ab. Goldfisch Sally ist kurz vor dem Ersticken und wedelt heftig mit dem Fächer. Ladenhüter und Ladenhüterin stellen beim Sitzen die Füße fest auf die Erde. Zeit vergeht. Der Wind vom Meer raschelt in den Plastikfolien über den Stößen mit Baumaterial. »Uns will hier keiner«, sagt der Ladenhüter. Der junge Dolmetscher rutscht auf seinem Stuhl herum. Am anderen Ende des Tals leuchtet die neue Schule, blau-weiß in Schwimmbadfarben, ein Geschenk von Dänemark. Sie darf nicht eröffnet werden, solange ohne Wasser die Sanitäranlagen nicht funktionieren. Ohne Schule keine Kinder, ohne Kinder braucht man keine Schule. Die Luft ist wirklich ausgezeichnet. »Was machen?« sagt der Ladenhüter.

Eine Staubwolke kommt den Hang herunter, ein Wagen fährt an der Terrasse vorbei, wir heben die Arme zum Gruß. Ich traue meinen Augen nicht: Das ist der Jeep aus Ravno. Ich erkenne Dick und Dünn trotz ihrer riesigen Sonnenbrillen.

»Ivanica gehört nicht zu Dubrovnik«, sagt Goldfisch Sally, »denn das liegt in Kroatien. Auch nicht zu Trebinje, das ist Republika. Also gehört es zu Ravno, fünfzig Kilometer von hier entfernt. Die Polizei kommt einmal am Tag auf Streifenfahrt vorbei.«

Wenn Dick und Dünn das Dorf bewachen, können wir ganz beruhigt sein.

Der Ladenhüter raucht von meinen Tabakresten und sagt, dass das »scheiße« schmeckt. Jeder Serbe baut besseren an, zu zehn Mark das Kilo. Bestimmt hat er recht. Ich sehe der Hitze zu. Selten kam mir die menschliche Gattung so überflüssig vor.

Fast eine Stunde helfen wir warten. Der Abschied ist schwierig, er bedeutet, dass einige bleiben.

Auf dem Rückweg setzt Caroline sich zu mir ins Auto. Kaum haben wir Ivanica aus den Augen verloren, öffnet sich der Blick auf die Adria: Strand, Palmen, Segelboote. Dazwischen die kroatische Grenze und ein verminter Abhang. Weil es gut tut, mal wieder Deutsch zu sprechen, fange ich an zu reden.

»Ich bin am Rhein geboren«, sage ich, »und lebe in Sachsen. Meine Eltern sind Schwaben, die Mutter wohnt in Bonn, der Vater in Berlin, während mein Bruder in München arbeitet und bald nach London zieht.«

Caroline schiebt ihre Sonnenbrille ins Haar und guckt mich zweifelnd an.

»Wenn die Bayern mit Hilfe der Schwaben gegen Sachsen und Berliner um die Grenze zu streiten beginnen, auf welcher Seite soll ich kämpfen?«

Unauffällig stützt sie sich mit links auf die Handbremse, für den Fall, dass der Sonnenstich mich weiter treibt als nur zu dummem Geschwätz.

»Mein Bruder wird als Rheinländer aus Bayern vertrieben«, sage ich, »und kommt bei mir unter. Wir schließen uns einer Sächsisch-Berlinerischen Konföderation an, bis bekannt wird, dass im Hintergrund auf höchster Ebene zwischen Sachsen und Bayern von Beginn an über die Aufteilung Baden-Württembergs verhandelt wurde.«

Caroline nimmt die Hand von der Bremse.

»So undurchsichtig die Lage«, sage ich, »so wenig verwurzelt der Hass.«

Sie stellt das Radio an. Jazz. Wir nicken im Takt.

»Du spinnst«, sagt sie, »aber du hast recht.«

»Manchmal«, sage ich, »freue ich mich auf zu Hause.«

»Ja«, sagt sie, »ich mich auch.«

Panik

Auf Reisen passt die Unterwäsche an vielen Tagen zusammen. Zu Hause habe ich zehnmal mehr Unterhosen, die meisten weiß, einige mit Blümchen, sie sehen idiotisch aus zum schwarzen BH. Die richtige kommt nur alle zwei Wochen an die Reihe. Zu Hause fangen solche Tage gut an.

Hier nicht. Beim Zähneputzen sehe ich im Spiegel, dass in der Nacht mein linkes Auge geplatzt ist. Das Weiße ist dunkelrot angelaufen, die Ränder der Iris sind verschmutzt und nicht mehr klar abgegrenzt. Ein Zombie schaut aus mir heraus. Das Gleiche habe ich bei einer Freundin gesehen, kurz vor den Prüfungen zum juristischen Staatsexamen. Sie hatte Wochen in einer Art abstrakter Todesangst verbracht. Dass es mir so beschissen geht, wusste ich nicht.

Aus Verwirrung interpretiere ich an der Dusche »H« als Hot, drehe den anderen Hahn auf und verbrühe Gesicht und Brustbein. Zwei Sekunden lang bin ich vom Schmerz gebannt, bis mir gelingt, das kochend heiße Wasser abzudrehen. Fluch über Babel, Fluch den elektrischen Boilern. Unter »Hladna« kühle ich die brennende Haut. Wenigstens passt die Gesichtsfarbe zum Auge.

Schön, dass das Auto noch da ist, zumal die Versicherung auf serbischem Gebiet nicht zahlt. Der Hund jagt eine Babykatze und knallt in vollem Lauf gegen die Glastür der Rezeption. Es ist ganz gut, dass wir heute abreisen. Das Hauptgebäude betrete ich mit Sonnenbrille, um Kaffee zu holen. Eine Skimaske wäre besser.

Auf der NATO-Karte ist Tuzla so weit weg, dass ich aufstehen und den Tisch umrunden muss. Bevor ich losfahre, nehme ich ein Bad im Fluss. Wenn der Weg weit ist, lässt man sich am besten von Anfang an Zeit.

Zwei Zeilen, Blick auf die Straße, zwei Zeilen, Blick. Während ich den Bilećko-See umkurve, lese ich im Reiseführer. »Panik«, steht da, »liegt heute unter dem Wasser.« Samt seiner römischen, mosaikgeschmückten Tempel aus dem zweiten Jahrhundert.

Nichts habe hier mit dem eigenen Namen zu tun, notierte ich schlau vor ein paar Tagen. Aber *nomen* ist eben doch *omen*. Würde ein Dorf namens Panik sonst am Grund eines Stausees enden?

Die Landschaft geht genauso schnell, wie sie gekommen ist. Im Drecknest Gacko verstopft mir die Luft wie Brei den Hals. Ich schaffe es nicht, mich über zerwühlte Erde und schwarz angelaufene Schlote zu freuen, obwohl sie ein sicheres Zeichen dafür sind, dass ein paar Leute Arbeit haben.

Umgeben von bläulich-schuppigem Schieferufer starrt ein kleiner See aus bewährtem Flaschengrün in den Himmel. Zeit für eine Pause. Ich setze mich ans Ufer und starre zurück. Wenn Panik am Grund läge, könnte ich es sehen.

Als ich aufstehen will, sitzt jemand hinter mir. Für die vielen Zentner Futter, die in den letzten acht Jahren im Hund verschwunden sind, könnte er auch mal knurren.

»Ist das dein Auto?« fragt der Typ auf Deutsch und deutet auf den Opel. Im Schreck rennen meine Blicke ein paar Mal über seinen Körper, auf der Suche nach einem Schildchen mit

Informationen, wo er herkommt und aus was er besteht. Sein Schädel ist rund und blank wie eine Bowlingkugel. Ich schaudere beim Gedanken, am Hinterkopf könnten drei tiefe Löcher sitzen, für meine Finger. Obwohl er im Schneidersitz kauert, erkenne ich an der Länge seines Oberkörpers, dass er nicht viel größer ist als ich. Dafür doppelt so breit. Durch sein transparent-blaues Plastikhemd sehe ich verschlungene, sauber gestochene Tätowierungen. Er verzieht keine Miene, während ich ihn mustere. Über seiner Nase sitzt ein Punkt, von dem aus links und rechts vier schwarze geschwungene Linien bis zu den Kieferknochen laufen. Kriegsbemalung.

»Cool«, sagt er und zeigt auf mein blutiges Auge.

»Ist das echt?« frage ich und stoße ihm den Zeigefinger fast gegen die Backe.

»Klar.«

Es gibt einen Ehrenkodex unter Tätowierern: Nicht ins Gesicht, egal was der Kunde bietet. Man muss schon gut befreundet sein. Ich hebe eine Braue, und er schaut zu Boden wie ein Kind, das beim Kaugummiklauen erwischt wurde.

»Nee«, sagt er, »so nicht. Hab ich aufgemalt.«

Sein Akzent klingt amerikanisch. Aber ein Amerikaner würde nicht hier sitzen. Überhaupt gibt es wenige Menschen, die an der Straße nach Foča herumsitzen würden.

»Fährst du nach Sarajevo?«

»Tuzla«, sage ich.

Er zieht eine Packung Zigaretten aus seiner Plastikhemdentasche und bietet mir an. Ich will nicht, es ist zu heiß. Ich weiß, warum ich keine Angst vor ihm habe: Weil er selber Angst hat. Gelegentlich schweifen seine Augen ab und prüfen die leere Straße bis zur nächsten Felsnase.

»Pass auf«, sagt er, »ich muss nach Sarajevo. Krasse Party.

Ich mache Autostop seit der Küste. Irgendwann penne ich ein, und als ich aufwache und frage, Mann, wo sind wir, sehe ich die Schilder. Mitten in der Republika.

Er streckt einen Arm aus, die Zigarette verschwindet fast zwischen den Fingern.

»Da drüben«, sagt er, »ist Serbien. Kannste rüberspucken.«

»Bist du Moslem?« frage ich.

Er schaut wieder die Straße entlang.

»Gehst du in die Moschee?«

»Klar«, sagt er. »Allah ist groß. Du nimmst mich ein Stück mit. In Foča kriege ich den Bus.«

Galant hilft er mir auf. Ich frage ihn, woher er wusste, dass ich Deutsche bin. Er deutet auf den Opel.

»Rent-a-Car«, sagt er und rollt die Rs, »aus Zagrrrreb. Ich bin Jasmin.«

Für ein paar Kilometer alles gelb, die Steine, die Pflanzen, der Staub auf der Straße. Am Ende des Hochplateaus beginnt auf Knopfdruck die Schweiz: Ein Arrangement aus sanften Hügeln, dichtem Mischwald, Holzhäusern, deren steile Dächer bis zum Boden reichen, Zick-Zack-Gipfeln im Hintergrund. Schattig schlängelt sich die Straße ins Tal, dreizehn Prozent Gefälle.

Jasmin verlangt, die Fenster geschlossen zu halten, hat die Klimaanlage ganz aufgedreht und eine verspiegelte Sonnenbrille mit eckigen Gläsern aufgesetzt. Als er am Radio herumzuspielen beginnt, haue ich ihm auf die Finger und schiebe meine Kassette zurück in den Recorder. Er knurrt mich an.

»Das ist mein Scheißauto«, sage ich, »also hören wir meine Scheißmusik.«

»Das mag ich«, sagt er, »wenn jemand weiß, was er will.«

Ich schiebe die Ärmel meines T-Shirts über die Schultern, als wäre mir heiß, dabei ist es ein Wunder, dass noch kein Raureif auf den Armaturen liegt. Sofort packt Jasmin mit einer Hand meinen Oberarm, dreht den Bizeps herum und betrachtet die freigelegte Tätowierung.

»Was bedeutet die?«

»Nichts«, sage ich.

Er nickt respektvoll, als wüsste er, dass ich lüge, akzeptierte aber meine Verschwiegenheit. Jetzt kämpfen wir im selben Lager. Jasmin kämpft die ganze Zeit. Seine Geschichten über Technopartys in Berlin, Zagreb, Amsterdam, Frankfurt und Tuzla werden immer wilder. Er treibt sich dort für SIE als Spion herum und muss Exzesse mitmachen, um darüber zu berichten.

»Drogen, Frauen, Techno«, sagt er ein paar Mal hintereinander.

Früher hieß es Wein, Weib und Gesang. SIE steuern und lenken ihn und verlangen viel. Aber seit er angeheuert hat, geht es ihm besser.

»Du kannst Einzelkämpfer sein«, sagt er, »aber wenn die Macht zu groß ist, nimmst du besser Verbindung auf. Ich bin am Siebten Siebten geboren. Ich bin Sieben. Du bist auch Krebs.«

Damit hat er recht.

»Sieben«, sage ich, »ist Gott.«

Er widerspricht nicht. Mir fällt ein, dass im Koran die Sieben wahrscheinlich nicht die Zahl Gottes ist.

»Eines nachts gucke ich in die Sterne und verstehe plötzlich. Jasmin, sagen SIE, du bist auf deinem Platz. Alles hat seinen Platz, Gott, die Macht, du. WIR. Kooperation. Seitdem geht es besser.«

Ich will wissen, wer SIE sind. Oder wo.

»IPTF«, sagt er. »International Police Task Force.«

Das ist die Polizeitruppe der UNO. Sie überwachen die einheimischen Behörden und suchen Kriegsverbrecher. Ein paar von ihnen habe ich schon gesehen: Freundliche Bodybuilder aus aller Herren Länder.

»Vor allem Deutsche«, sagt Jasmin. »Wie du. Aus Berlin. Ich war auch in Berlin, drei Jahre. Deshalb brauchen sie mich. Wir bleiben immer in Verbindung, so.« Mit beiden Händen zeichnet er Wellen in die Luft. Sein runder Kopf im telepathischen Wellenmeer, umspült, vor und zurück gerollt, eine Melone in der Brandung. Senden, empfangen, senden. Er tut mir leid.

In Foča halte ich an und bleibe fünf Minuten ruhig sitzen, um ihn seinen Bandwurmsatz zu Ende sprechen zu lassen. Als er die Tür öffnet, schwappt heiße Luft herein, ein Temperaturunterschied von dreißig Grad. Schweißperlen laufen über seine Stirn, er kann sie nicht abwischen, weil es die aufgemalten Zeichen zerstören würde. Ich muss schwören, nach Travnik zu kommen, um Jasmins Freunde und seine Schwester Jasmina kennen zu lernen, die Frau, die von ganz Bosnien verehrt wird.

»Komm ins X-Café, hörst du? X-Café.«

Er steht an der offenen Tür, bückt sich ins Wageninnere und schaut über die Ränder der Sonnenbrille. Diesen Blick habe ich schon mal gesehen. Ein ehemaliger Klassenkamerad fällt mir ein, Malte. Er war auf LSD hängen geblieben und glaubte, eine Orange zu sein. Wenn er auf dem Pausenhof mit ansehen musste, wie sich die kräftigen Daumennägel eines Mädchens durch die Schale einer solchen Frucht drückten, ihr die spritzende Körperhülle in Stücke rissen, wenn die triefende Kugel aufbrach und der erste Schnitz zwischen scharfen Zähnen verschwand, hatte Malte genau diesen Blick. Den Blick eines Menschen, der seiner eigenen Tötung als Zuschauer beiwohnt.

Bevor Jasmin sich zum Gehen wendet, hebe ich fünf Finger der linken und zwei der rechten Hand. Er lacht und nickt.

Und dann, in der Abenddämmerung, nähere ich mich Tuzla, dem nächsten Hort des Bösen.

Rohre zischen im zugewachsenen Straßengraben wie dicke, dampfende Schlangen. Der Industrieschrott ist bunt angestrichen, als ließe sich auf diese Weise etwas Hübsches herstellen, abwechselnd rot und grün werden die Schornsteine angestrahlt. Soviel Salz haben sie abgegraben, dass die Straße sich zur rechten Seite neigt. Weiter hinten wird Strom erzeugt für das halbe Land. Dampf pfeift aus löchrigen Kesseln, hier und da dreht sich ein Schwungrad. Das ganze Gelände könnte von Tinguely sein, dem alten Schrottkinetiker.

Und wieder einmal hab ich's doch geglaubt, nämlich dass Tuzla hässlich sei. Und wieder einmal schmerzt die Schönheit efeubewachsener Gemäuer, wieder einmal flanieren Massen lächelnder Menschen.

Wie am Faden gezogen finde ich das einzige Hotel, das ich mir leisten kann, weiß wie in Griechenland, mit gleich zwei Terrassen übereinander. Misstrauisch beäugt der Rezeptionist den quengelnden Hund. Ich sage einen langen Satz, in dem fünfmal das Wort »Hotel«, dreimal »kein Problem« und schließlich »Sarajevo«, »Mostar« und »Trebinje« vorkommen. Er ruft seinen Chef an und kehrt glücklich zurück, der Hund ist willkommen, fast geben wir uns High Five. Beim Reden schaut er mir nur ins rechte Auge. Er wirft Kaffeepulver gleich in den elektrischen Wasserkocher, wo es in schlammigen Wirbeln um die Heizstäbe brodelt. Im Fernsehen läuft Minenaufklärung als Zeichentrickfilm für Kinder: Zwei quadratische SFOR-Soldaten und ein blondes Mädchen in rosafarbenem Kleid überqueren eine Wiese. Weil der Rezeptionist sein Album mit Kriegsphotos zeigen will, verpasse ich, was als nächstes passiert. Den Kaffee gießt er aus dem Wasserkocher in eine Kupferkanne und aus der Kanne in kleine Tassen. Schmeckt ausgezeichnet.

Ausgestattet mit Zigaretten und einer Flasche sauren Rotweins verbringe ich den Abend auf der oberen Terrasse mit Nachdenken. Darüber, was Menschen glücklich macht. Ob Glück in Bosnien anders funktioniert als in Deutschland. Wenn ein Deutscher die Bosnier feiern sieht, nickt er traurig: Erst wenn alles verloren ist, kann man sich auf die schönen Dinge besinnen. Oder: Durch Feste verdrängen sie die Schrecken des Krieges!

Dabei wurde hier schon immer bei kleinster Gelegenheit die Musik lauter gedreht und der Schnaps entkorkt.

Nach dem zweiten Glas stelle ich fest, dass ich nicht mehr versuche, den Menschen ein Leben zu erfinden. Ich habe aufgehört zu fragen, womit wir unsere Zeit verbringen. Wie ein Kind sitze ich da und verstehe nichts, muss den Menschen vertrauen, wie sie sind. Dafür hat leise wie ein Wasserspiel hinter dem Haus eine neue Lebensfreude zu plätschern begonnen. Nach dem dritten Glas glaube ich, nie wieder nach Hause zurückkehren zu können. In der Stille klingt mir beim Denken die eigene Stimme laut in den Ohren.

Immer meint man auf Reisen, sich völlig verändert zu haben. Dass nichts mehr ist, wie es war. Zu Hause wartet das alte Selbst im Sessel und bereitet einen gierigen Empfang.

Als die Flasche leer ist, weiß ich: Ich fange an, das Land zu lieben. Sarajevo inklusive. Ohne rosa Wolke, ohne Schmetterlinge im Bauch. »Ihr liebt euch, aber ihr mögt euch nicht«, sagt eine Figur in einem fiesen skandinavischen Beziehungsdrama. Ich beschließe, eine Hommage zu schreiben. Im Nebenzimmer lacht ein Paar, er erzählt Geschichten, und sie platzt beinahe. Was kann der Typ so Witziges auf Lager haben. Beim Versuch, Papier und Stift zu holen, renne ich gegen die Kante der offenstehenden Terrassentür. Das gibt einen großen blauen Fleck am Oberarm. Dann schreibe ich:

Sarajevo, blinde Kühe. Fünf Menschen mindestens will ich hinbringen. Mit verbundenen Augen, versteht sich. Einen platziere ich in Baščaršija, inmitten der türkischen Altstadt, dass ihm die Tauben um die Füße rascheln und der Gesang der Muezzins den Kopf ausräumt. Den nächsten setze ich dreihundert Meter weiter ab, in der Fußgängerzone vor der Kathedrale, wo sich alles trifft, wo er hin und her geschoben wird von wartenden, rauchenden, lachenden Menschen, angefallen von den Parfumwolken der Mädchen. Noch fünfhundert Meter in westlicher Richtung lehne ich den Dritten an die Steinbrüstung der Autobrücke, seine Vorderseite dem leerstehenden Kulturklotz Skenderija zugewandt. Vorbeirumpelnde LKWs und kreischende Straßenbahnen schütteln ihn, dass er sich nicht zu rühren wagt, der Fluss atmet ihn schwül an aus nächster Nähe, dass ihm das Luftholen zur sportlichen Übung wird.

Den Vierten schließlich bringe ich eine halbe Autostunde aus der Stadt hinaus, stelle ihn auf dem Berg Hadžići zwischen die Obstbäume eines kleinen Grundstücks mit Holzhäuschen und wackliger Sitzbank in den Halbschatten, und er legt den Kopf in den Nacken und wendet das Gesicht dem lautesten Vogel zu.

Dann nehme ich ihnen allen die Augenbinden ab: Wo sind wir?

Der Erste, neben dem achteckigen Brunnen Sebilj, umgeben von Lederwaren, beschlagenem Silber und Süßigkeiten in ungenießbaren Farben – er ruft aus: Istanbul! Wie schön! Diese Gerüche der orientalischen Märkte, als würde man den Kopf in ein Gewürzfass stecken!

Der Zweite, ein wenig enttäuscht womöglich: Ach Wien, wenn überhaupt, erträgst du es nur im Mai. – Dann, stutzend, sich auf die fremde Sprache besinnend, der er schon eine Weile gelauscht hat: Oder nein, es ist Budapest! Österreich-Ungarn sieht doch überall gleich aus.

Die Augenbinde vor den Mund gepresst, keucht der Dritte: Wenn ich eins nicht leiden kann, ist es stalinistische Architektur, diese abgasschwarzen, martialischen Brocken, deshalb hasse ich Warschau, es ist … – Den Rest schluckt der Lärm der nächsten Straßenbahn.

Und der Vierte, angenommen, es wäre ein wirklich sonniger Tag, richtet den Blick über das Tal und ruft: Da sage einer, Deutschland besitze keine schönen Landschaften! Die schroffen Gipfel, davor der saftige Wald, unten leuchtet ein grüner Fluss – man braucht bloß in die Sächsische Schweiz zu fahren, die reinste Idylle! Und er lässt sich niedersinken zwischen Wildblumen, deren Namen er nicht kennt.

Das alles, es wäre nichts. Hätte ich den Fünften nicht an den Rand von Sniper Alley gestellt, neben das erst zerschossene, dann gesprengte, dann verbrannte ehemalige Hauptgebäude der Zeitung Oslobođenje, in dessen Keller die Redakteure schrieben und schrieben und setzten und druckten, um täglich mit Zeitungsstapeln im Arm aus dem brennenden Gebäude und in die Stadt zu rennen.

Er, der Fünfte, als einziger, er sagt leise: Ach herrje, ich bin in Sarajevo.

Zu sechst unternehmen wir einen Spaziergang und stampfen im Gleichschritt der Stadt ihren eigenen Namen ins Pflaster: Sa – ra – je – vo, Sa – ra – je – vo. Wir rasten im friedlichen Hof der Gazi Husrev-beg Moschee, an deren schönem Portal ein einzelnes, markstückgroßes Einschussloch sitzt. Dort erzählt einer von uns, ich weiß nicht, wer, die Geschichte der blinden Weisen, wie sie der Welt erklären wollen, was ein Elefant sei. Ein Kohlblatt!, sagt jener, der das Ohr befühlt. Eine Schlange!, der mit dem Rüssel in Händen. Ein Baum! – der Dritte umklammert das Bein. Der Vierte will zur Jagd blasen auf dem linken Zahn. Und der Fünfte, auf Knien, wühlt am Boden im warmen Fladen, Scheiße, flüstert er wieder und wieder, Scheiße. Vielleicht weint er dabei.

Dem Elefanten, übrigens, ihm ist das gleich.

Tuzla, I was not here

Schon um halb sechs Uhr früh hat die Sonne Kraft, jedenfalls genug, um mich zu wecken. Die Armlehnen des Sessels haben rote Abdrücke in meiner Haut hinterlassen, mein Kopf lässt sich schlecht drehen, und kaum bin ich aufgestanden, beginnt es hinter den Schläfen zu klopfen. In den Geranien am Balkongitter wird gesummt. Ich nehme die leere Weinflasche, den vollen Aschenbecher und einen Stapel beschriebener Seiten mit ins Zimmer und lege mich aufs Bett. Ich kann nicht wieder einschlafen.

Beim Zähneputzen stelle ich fest, dass das Blutauge noch da ist. Was soll der Mensch mit sich und der Welt anfangen, solange die Bäckereien noch geschlossen haben und der Magen zu klein ist für eine Tasse Kaffee? Er kann irgendwo hinfahren. Ich verschiebe die Besichtigung Tuzlas und breche auf nach Brčko, in den umkämpften Korridor. Dort, sagen die Balkanhelden, gibt es Ex-Tschetniks, Schmuggler, Chinesen, Mafiosi und andere Schwerverbrecher. Ich werde nicht auffallen.

Vielleicht liegt es an den dampferförmigen Industriegebäuden rund um Tuzla, dass ich seit dem Morgen ständig an den Mississippi denken muss. Wenn ich die Augen schließe, höre ich das träge Schlappen von Schaufelrädern und klirrende Eiswürfel im Glas.

Brčko ist farbenfroh wie eine Müllkippe. Die parkenden

Autos sind mit Pantoffeln, Uhren und Unterwäsche bedeckt. Kinder sitzen hinter Bergen von Pflaumen oder dem gebrauchten Heißwasserboiler ihrer Eltern. Unter Wellblechdächern werden nackte Hähnchen auf Fußschemeln verkauft, dazu Käseklumpen, die Pflastersteinen ähneln. Die Marktstände sind aus Sperrholzplatten, Autotüren und bunten Sonnenschirmen gezimmert. In Brčko, hieß es, leben Tausende von Chinesen. Milošević habe sie herbeigeschafft auf Wunsch seiner Frau, die ein China Town wollte wie in New York. Bestimmt hat er eigenhändig welche in Peking für sie gefangen. Das ist der Balkan: Voller Wunder. Ich entdecke ein Geschäft mit asiatischen Lampenschirmen. Dafür gibt es keine Cola Light.

Die staubigen Schaufensterscheiben zeigen mich aufgebläht. Mit der rechten Hand umklammere ich den linken Oberarm, in dem es zuckt und pulsiert, als wäre ein kleines, zappelndes Tier unter der Haut gefangen. Der Fluss Brka stinkt krank, die kleinste Berührung mit ihm muss Ausschlag verursachen. Ätzend schiebt er sich in die Sava, die sich per EU-Brücke überqueren lässt. Oder man geht gleich durchs Wasser nach Kroatien, der Fluss ist knietief.

Alles sehr nett, aber ich suche Arizona Market, auf dem man minderjährige Mädchen und Leopardpanzer kaufen kann.

Ein UN-Fahrer aus Malaysia zeichnet eine unleserliche Wegskizze für mich. Ich nehme den Wisch, werfe ihn hinter der nächsten Ecke weg und verlasse mich auf mein notorisches Glück beim Auffinden nichtexistenter Orte.

Die kriegspielenden Amerikaner: Wenn sie ihre Utensilien nur nicht in Lebensgröße bräuchten! An den Straßenecken halten großkalibrige GIs großkalibrige MGs mit langen Patronenbändern in Anschlag. Gegen die Moskitos nützt ihnen das nichts.

Die Autos vor mir biegen in einen Feldweg ein, ich fahre hinterher. Arizona Market heißt tatsächlich so, ein großes Transparent bewegt sich im Wind. Die Parkplätze sind gebührenpflichtig. Pyramiden von Zigarettenstangen, hoch wie zwei Männer, einer auf den Schultern des anderen, überragen die Menschenmenge. Ihre Geldscheinbündel sammeln die Händler in durchsichtigen Plastiktüten. Die Haufen aus leeren Kartons und Plastikmüll hinter den Verkaufsbuden haben die Höhe der Dächer erreicht und wachsen auf ihnen weiter. Aufgehängte Schaufensterpuppen kreiseln am Strick. Staubwolken steigen in den Himmel. Mit aufgeklapptem Notizblock und gezücktem Bleistift schiebe ich mich durchs Gewühl. Der Hund, an kurzer Leine mit meinem Gürtel verbunden, und das blutige Auge verschaffen mir Abstand. Ich versuche eine Inventur.

Getränkedosen in wassergefüllten Schubkarren. In der Sonne verendete Straßenhunde. Werkanzüge von Mercedes. Handytaschen und Pistolenhalfter an Drehständern. Schlangennester aus Gartenschläuchen. Pferdegeschirr. Honig in Regentonnen. Der Typ dahinter ist nicht Darth Vader in Weiß, sondern ein aufgestellter Imkeranzug. Rasenmäher. Schlüssel zum Selbermachen. Zementmischer. Sicherungskästen. Fahrräder und Kartoffeln, Fahrradanhänger für Kartoffeln. Tauben mit und ohne Käfig. Schlittschuhe, Korbmöbel, Waschpulver in der Jahrespackung. Alkohol. Plastikformen zum Gießen von Gipsschwänen. Hundewelpen für drei K-Mark, mit blauen

Augen, Gott steh mir bei. Minderjährige Mädchen sehe ich nicht, auch keine Panzer. Die werden wohl unterm Ladentisch verhökert, im Innenfutter von Mänteln verborgen, als Plastikblumensträuße getarnt. Letztere werden gebastelt von den einzigen drei Chinesen, die ich finden kann.

Ich versuche, mich höllisch in Acht zu nehmen, wie die Balkanhelden es empfohlen haben. Es gelingt nicht, weil ich nicht weiß, wovor. Nichts kaufe ich ein, außer einer Flasche Mineralwasser, die ich über dem Hund ausleere.

Nur eine Handvoll Firmen macht Plakatreklame. Im Süden warb ein dickes Nilpferd für ein Kreditinstitut. Im Nordosten alle fünfhundert Meter Lucky Strike: Muskulöse Schultern und ein kahlgeschorener Hinterkopf, zwei Piercings im rechten Ohr und quer über den Rücken eine Tätowierung, die ich inzwischen aus dem Gedächtnis zeichnen könnte. »I choose«. Mag sein – aber was? Lucky Strikes nicht, die gibt es im ganzen Land nicht zu kaufen. Deshalb raucht der Typ auf dem Plakat nicht. Als Zielgruppe fällt mir nur Jasmin ein. Wenigstens lautet der Slogan nicht »Search and Destroy«. Oder »Sonst nichts«.

Weltbewegende Fragen, aber die ganze Fahrt lang kann ich darüber nicht nachdenken. Lieber liefere ich mir noch einen Grabenkampf mit meinem neuen Lieblingsfeind, dem Balkanhelden.

Vor seiner Reise war er aufgeregt. Er hat mit Freunden darüber gesprochen, das Wort »Expedition« verwendet und oft »Mal sehen!« gesagt. Angekommen, stellt der Balkanheld fest, dass alles, was ihm bei Nacht um die Ohren fliegt, Mücken und Fledermäuse sind, keineswegs aber Kugeln aus Schnellfeuergewehren. Er merkt, dass die Region sich durch eine merkwürdige Kombination aus Gastfreundschaft und Verschlossenheit auszeichnet und die Möglichkeiten zu sterben geringer sind als am Rheinufer bei Köln. Das Dumme an Tretminen ist, dass sie nicht herkommen. Man muss sie aufsuchen, und fliegt man in die Luft, ist es ein Zeichen von Idiotie und nicht von Heldenmut. Der Balkanheld recherchiert eine Reportage über die Kinder von Tuzla. Es geht zu leicht. Deshalb setzt er die Balkanbrille auf, durch die alles größer, ärmer und grusliger erscheint.

Später erzählt er Geschichten. Die Anzahl von Chinesen in Brčko sei schlecht zu schätzen, es könnten drei oder zehntausend gewesen sein. Ein asiatisches Geschäft mitten auf dem Balkan, typisch für die Skurrilität der Region! Die Zuhörer staunen und denken nicht daran, dass sie sich nie über den Asia-Laden in Zwickau gewundert haben. Die Mafia, berichtet der Balkanheld, sei ohne Milošević in Belgrad nicht sicher und treibe sich auf Arizona Market herum. Er macht Andeutungen und ergänzt: Das muss man mit eigenen Augen gesehen haben!

Mir könnte es egal sein. Wenn der Balkanheld seine Geschichten nicht an die Presse verkaufen würde.

Got ya! Jemand muss schließlich schuld sein, dass ich nichts verstehen kann, dass ich im Schönen immer Hässliches argwöhne und aus Trotz im Hässlichen das Schöne suchen muss. Jemand hat zu verantworten, dass ich mich nicht erinnern kann: Ist Krieg normal? Oder die Abwesenheit von Krieg? Die Zeit danach oder die davor?

Jemand hat einen Fehler gemacht. Jemand hat uns verdorben.

Nachdem ich mich viermal verfahren habe, nähere ich mich Tuzla bei Einbruch der Nacht. In überwachsenen Straßengräben zischen undichte Rohre. Obwohl es dunkel ist, verstecke ich das Blutauge hinter der Sonnenbrille, bevor ich mich in die Menge mische. Ich finde noch eine offene Bäckerei, die Lejla verkauft.

Natürlich heißt es nicht Lejla, aber wie sonst? Die Brote sitzen ohne Namensschildchen in den Regalen, mit nacktem Finger deute ich, wie man es nicht soll. Seit ich die steinschwere, steinrunde und dunkelgelbe Lejla durch Zufall gekauft habe, muss ich dauernd an sie denken. Die erste feste Nahrung außer Obst in drei Wochen, ein bröckliges, zugleich feuchtes und trockenes Zeug, ich wusste gleich, es ist das Richtige. Was anderes will ich nicht. Hoffentlich wird Mais nicht giftig in hoher Konzentration.

Ich kaue im Gehen. Zwar schmeckt Lejla, als gäbe sie Kraft, aber nachdem ich sie verdrückt und eine Flasche Wasser dazu getrunken habe, bin ich nicht stark, sondern überfüllt, träge und elend. So fühle ich mich nachts am Schreibtisch bei dem Versuch, mich zur Oberfläche empor zu kämpfen, während etwas Bleischweres mich hinunterzieht. In den letzten Wochen war ich leicht, flüchtig, schneller als der eigene Blick. Jetzt fresse ich mich nach Hause. Ein mythischer Akt.

Dem Hund kaufe ich Weißbrot, einen großen Laib zu drei Groschen, frisch und warm, so dass ich in etwas Lebendiges zu greifen glaube, wenn ich das Weiche herauszerre.

Alles wird nicht gut, aber normal. Kaputte Häuser, Kaffee in Kupferkännchen. Schreck, Faszination und Begeisterung sind Anfangspunkte einer Geraden, die Gewöhnung heißt.

Das schreibe ich auf, während ich gemeinsam mit unzähligen Insekten auf meiner nach Insektenpulver stinkenden Matratze liege. Die Terrassentür steht offen, die Luft von draußen ist weder kühler noch frischer als im Zimmer. Ich habe Muskelkater in den Kiefern. Mein Körper drückt eine tiefe Kuhle ins Bett, als wäre er aus Beton.

Tuzla, 18. – 20. August, I WAS NOT HERE: Ich werde es in Baumrinde gravieren oder an die Innenseite einer Toilettentür schreiben. Schon wieder bin ich auf dem Weg woandershin. Weil ich weiß, dass man mich fragen wird: Warst du auch in Srebrenica?, wollte ich gar nicht hinfahren. Unsinnige Sturheit, ich möchte es sehen. Die Srebrenica-Episode ist so viel Wasser auf meiner Mühle, dass sie durchdreht davon. Eine Schutzzone einrichten, sich damit in den Medien brüsten, den Flüchtlingen aus der Region sicheren Unterschlupf versprechen. Dann zulassen, dass die Stadt in wenigen Tagen leergeräumt wird. Achttausend Menschen vor den Augen der UNO-Soldaten geschlachtet, Leichen in den Häusern, auf den Straßen, im Wald verteilt. Das taugt nicht mal zum Argument. Man kann schweigen, sich schämen. Beten, falls man gläubig ist.

Der Fluss ist flach, man könnte zu Fuß nach Serbien laufen. In meiner Vorstellung war die Drina metertief und voll Salzsäure. In Višegrad wurde sie so lange mit verstümmelten Leichen gefüttert, bis der Betreiber des Wasserkraftwerks stromabwärts sich über verstopfte Turbinen beschwerte. Von vielen Augenzeugenberichten erwischte mich am heftigsten die Bemerkung, dass einige der Leichen noch am Leben gewesen seien. Der Gedanke daran kommt hartnäckig immer wieder zurück, wie eine Wespe, während man auf der Terrasse eine Honigmelone verzehrt. Totschlagen kann man ihn nicht mit der flachen Hand, und wenn man ihn zu vertreiben versucht, wird er aggressiv.

Nach dem letzten Körper wurde die Rote Drina wieder zu Jade und Türkis. Nichts wäscht sich schneller die Schmutzflecken ab als ein Fluss. Da drüben auf der anderen Seite stand Peter Handke vor fünfdreiviertel Jahren, entdeckte eine schwimmende Kindersandale und wollte nicht herüberkommen. Was haben sie ihn dafür gescholten.

Schotterpisten haben nichts Verdächtiges mehr. Es sei denn, sie hören nie wieder auf. Links und rechts ein endloses Dorf oder einfach eine lockere Reihe Holzhäuser. Schwer tragende Pflaumenbäume hängen vornüber und stützen sich auf die Krücken unter ihren Achseln. Als ein Pferd mit überbordendem Heuwagen mir entgegenkommt, weichen wir beide aus, bis wir uns vor lauter Höflichkeit nicht mehr bewegen können.

Über eine Stunde bin ich in abartige Richtungen unterwegs, bis ich kapiere, dass die Karten falsch sind, dass NATO und ADAC Straßen ausweisen, die es nicht gibt, andere dafür weglassen. Ich hole Meinungen am Straßenrand ein und werde ein ordentliches Stück zurückgeschickt. Ich bin wütend, weil kein einziges Schild nach Srebrenica weist, weder lateinisch noch kyrillisch. Wie bei den Avernern im Asterix-Heft: »Alesia? Wir kennen kein Alesia!«

Vor der Stadt sitzt mitten im Feld ein Polizist auf einem Stuhl und bewacht einen weißen Steinquader.

Oder es ist eine Fata Morgana. Ich schicke eine SMS an Dario nach Jajce: »Sitzt vor Srebrenica ein Polizist im Feld?« Es klingt wie ein Witz, aber ich habe nur hundertsechzig Zeichen und weiß nicht, wen ich sonst fragen soll. Die Antwort erhalte ich, während ich in die Stadt einrolle: Sehen wir uns, bevor du nach Deutschland zurückfährst, noch einmal?

Wenn die letzten Tage von Srebrenica vor sechs Jahren stattgefunden haben – was haben wir heute? Die hinterletzten Tage von S.?

S. erschreckt mich. Die Innenstadt besteht aus einem gewaltigen, schmutzigen, halb zerstörten Gebäudekomplex, einem leerstehenden Bankenklotz und ein paar Mehrfamilienhäusern, eingeschlossen von der schleifenförmigen Hauptstraße. Die wichtigsten Organisationen haben ihre Büros am Rand der Ortseinfahrt. Die Stadt ist winzig, scheint sich dem ersten Blick zu erschließen. Handkopierte Zettel hinter Fensterscheiben zeigen an, dass man Computerkurse für Kinder abhält. Hinter einer bräunlichen Glasfront wurde ein Jugendcafé gegründet. Sonst nichts.

Wenigstens eines der internationalen Büros sollte ich aufsuchen. Wie viele Menschen leben hier und in welcher Zusammensetzung? Prügeln die Männer im Rausch ihre Frauen und womit? Liegt es am Kriegstrauma, am Alkohol, an beidem? Und wie klappt es mit den Rückkehrern? Die Consultants und Deputies würden auf Englisch vom Elend berichten und sich ausschweigen über das Gerücht, die Säuberung Srebrenicas sei abgesprochen gewesen zwischen Westmächten und Kriegsführern, weil die Moslemstadt mitten in serbischem Gebiet lag. Sonst wäre der Friedensvertrag nie unterzeichnet worden.

Ich hole meine Statistik hervor. Von 27.000 bosnischen und kroatischen Einwohnern in der Region bleiben nach dem Krieg: Schrägstrich. Dafür hat die serbische Population sich auf zwanzigtausend verdoppelt.

Hier gehen sie spazieren, auf einem Leichenfeld, viele von ihnen wurden selbst vertrieben, leben in den Häusern Ermordeter. Glücklich sehen sie nicht aus. Wie kann man von einem Küchentisch essen, der Unterlage einer Vergewaltigung war? In Betten schlafen, deren zerschossene, blutige Matratzen erst mal entfernt werden mussten?

Ich habe keine Lust, die internationalen Organisationen aufzusuchen. Ich habe überhaupt keine Lust, mit jemandem zu reden.

·

Eine Weile stapfe ich durch den Staub, schnell ist die Stadt durchlaufen. Es gibt nichts zu sehen und davon reichlich. Kaum Autos. Keine Geschäfte, keine Parks, keine Cafés. Keine Häuserfronten. Ein betonierter Sportplatz. Plattenbauten mit Rissen. Wenige Passanten, die krank wirken, mit tiefliegenden Augen und schlecht schließenden Mündern, welche die Zungen und schlechte Zähne sehen lassen. Eine Stadt wie ein Sanatorium, ein Museum der Defekte. Langsam durchschreite ich es, den Kopf nach links und rechts wendend. Ungewohnt, dass Erklärungstafeln fehlen und die Ausstellungsstücke zurückstarren. Die meisten sind freundlich, sie bündeln ihre chaotischen Gesichtszüge zu einem Grinsen und nicken mir zu. Ich bin froh über mein Blutauge, es zeigt, dass auch ich es mir nicht leicht mache im Leben. Ich reiße die Augen auf und grinse zurück. Netter schwarzer Hund mit blauen Hosenträgern und nettes blaues Mädchen mit schwarzer Tasche. Durst plagt mich, ich trage die Mineralwasserflasche offen vor mir her. In ihrem Hals tönt der Wind wie ein entferntes Nebelhorn.

Alles Einbildung, versteht sich. Wüsste ich nichts über die Stadt, würde ich an ihr nichts Ungewöhnliches finden. Oder?

Eine kopfsteingepflasterte Straße führt selbstbewusst den Berg hinauf, ich folge willenlos. Hauptsache aufwärts. Alle paar Meter steht eine weiße Bank bereit für den Fall, dass man ohnmächtig wird. Wald, Kopfsteinpflaster und Bänke sehen zusammen nach Kurpark aus. Die Zedern riechen wie der frischgeduschte Körper einer Frau, die Luft ist satt und süß davon. Der einzige Mensch, der mir begegnet, ist ein alter Kerl mit vernarbtem Gesicht, der einen umgefallenen Baum hinter sich her zieht.

Nach einer Stunde lande ich vor der Ruine eines Hotelrestaurants. Hinter dem Gebäude kommt das Wasser einer Quelle den Hang herunter, hat die aufwärtsführende Treppe fast weggewaschen und den Boden leuchtend orange gefärbt. Wo Sonnenlicht durch die Blätter fällt, schillern Erde und Steine in allen Farben des Regenbogens. Barfuß taste ich mich die glitschigen Stufen hinauf und erreiche ein Betonhäuschen, in den Fels gebaut wie ein Bunkereingang. Die Stahltür steht offen. Drinnen kommt die Quelle aus der Wand, hat sich den Stein zu einer modernen Skulptur zurechtgeschliffen. Ich setze mich auf das Geländer und rauche eine Zigarette, um Moskitos und Bremsen zu vertreiben. Wer hat der Quelle einen Unterstand gebaut und wozu? Und wo hat das Wasser soviel Öl und Eisen her? Was liegt im Innern des Bergs versteckt? Fragenstellen macht Spaß, solange man nicht nach Antworten sucht.

Die Stiefel in der Hand, presse ich meine klappernde Tasche eng an den Körper und beginne zu joggen, damit es schneller geht, zurück ins Zentrum. Der Hund sucht sich einen großen Ast und tobt in Bocksprüngen vor mir her. Die Zedern riechen wie – vorhin.

Ulkige Hühner rasen herum. Die jungen tragen die hochstehende Frisur des Roadrunners, die alten Pagenköpfe in rot oder schwarz. Wenn Weintrauben aus einer Laube fallen und über die Straße rollen, gibt es Riesengeschrei. Zum zweiten Mal sehe ich die Stadtbewohner, scheu heben wir die Hände zum Gruß.

Den ganzen Tag kein Wort gesprochen. Ich stehe auf dem Hügel neben dem orthodoxen Kreuz und schaue auf die Stadt, diesen kleinen grauen Fleck, ausgefranst wie Vogelscheiße, die aus großer Höhe gefallen ist. Der Wind trägt Hammerschläge heran, sonst ist es still. Wortlos reime ich mir eine Geschichte zusammen aus entstellten Gesichtern, aus dem Gefühl, dass man hier vorsichtig lebt wie auf Zehenspitzen. Aus den zarten Versuchen von Kinderfußball auf den Straßen, Männergesprächen vor Haustüren und weiblichen Blicken durch geschlossene Fenster. Ein paar Adler kreisen über dem Tal. Als ich lange genug geschwiegen habe, gehe ich zum Wagen. Der Weg nach Tuzla ist weit, ich werde ihn genießen.

Auf die erste Moschee reagiert mein Zwerchfell mit Freudenstichen. Nie hatte ich etwas mit Allah am Hut. Seit neuestem fühle ich mich besser in seiner Gegenwart.

Tuzla erreiche ich nach Einbruch der Dunkelheit. Im nächtlichen, mit Studenten gepolsterten Park sehe ich auf einer Leinwand zum zweiten Mal »Lola rennt« mit Untertiteln, aber ich schaue nicht ihr zu, sondern den Menschen, die auf der Wiese lachen.

Popcorn, Eis und Kürbiskerne, die Fußgängerzone ist ein Freilufttheater, jeder ist Schauspieler und Zuschauer in einer Person. Immer wieder vermute ich inmitten der Menschenklumpen ein Ereignis, einen Musikanten oder Pantomimekünstler, und wühle mich durch, um nachzusehen: Aber in der Mitte ist nichts. Ein schlauer Pole änderte einst seinen Namen, verleugnete seine Herkunft und sagte: Die Wahrheit liegt immer an der Oberfläche. Im Kern der Dinge ist nichts.

Am achteckigen Brunnen gebe ich vor, auf eine Verabredung zu warten wie alle anderen, und bin vollauf beschäftigt, mein Lächeln aufrechtzuerhalten, zum Zeichen, dass ich mich zu Hause fühle. Kaufe eine raubkopierte Paparoach CD, schreibe das Gedicht von einer Hauswand am Marktplatz ab.

Ovdje se ne živi samo / da bi se živjelo. Ovdje se ne živi samo / da bi se umrlo. Ovdje se i umire / da bi se živjelo.

Čevapčići werden aus Brottaschen gezupft, zwischen Daumen und Zeigefinger geklemmt und beim Sprechen in der Luft geschwenkt. Weit weg von der Adria, malt man gern Palmen, Schiffe und duschmattenblaues Wasser an die Wände von Fressbuden. Ich kaufe Lejla, setze mich in einen Korbsessel und beobachte ein Mädchen im Rollstuhl, das mit stierem Blick langsam ein Kebab verzehrt, zur Mülltonne rollt, um die Serviette wegzuwerfen, und sich eine Zigarette ansteckt.

Obwohl ich sie mit ausgestrecktem Arm berühren könnte, kann man nicht weiter weg sein als sie.

Hier lebt man nicht nur / um zu leben. Hier lebt man nicht nur / um zu sterben. Hier stirbt man auch / um zu leben.

In Tuzla ist ständig Nacht. Jedenfalls für mich. Die Tochter des Rezeptionisten hat beim Übersetzen des Gedichts geholfen. Ihr Vater spielt mit zwei Freunden Karten vor laufendem Fernseher. Ich schleiche die Treppe hinauf, plötzlich niedergeschlagen, weil in Tuzla ständig Nacht ist, schalte das Licht nicht an, ziehe mich aus und gehe eine Weile im heißen Zimmer umher.

Erst habe ich es am Hund gemerkt, dann auch an mir. Wir nehmen einen neuen Geruch an, säuerlich und unangenehm. Ich will nicht wie jemand anderes riechen, schon gar nicht wie eine modernde Oma. Anderes Klima, anderes Essen, andere Zigarettenmarke? Mein Duschgel habe ich nicht gewechselt. Vielleicht ist es ein typisch bosnischer Geruch und deshalb parfümieren sich alle, bis ihre Duftfahnen wie Holzwände in der Luft stehen.

Vielleicht ist es der Geruch heimlicher Angst.

Den kenne ich

Travnik« kommt von »Gras«. Seit der Autofahrt mit Jasmin ging ich davon aus, das müsse im Sinne von »Marihuana« gemeint sein. Zwischen diesen leuchtend grünen Hügeln bin ich nicht mehr sicher. Mein Handy hat Netz, fünf Balken, besser als in meiner Leipziger Wohnung. Ich schreibe an Dario: »Travnik, X-Café.«

Wie ein Nadelkissen sieht die Stadt aus mit ihren vielen Minaretten. Die Temperatur ist erträglich. Ich frage mich, wann es aufgehört hat, teuflisch heiß zu sein. Auf der Suche nach X-Café schlendere ich an einer Phalanx habsburgischer Verwaltungsgebäude entlang. An den Hängen hocken die üblichen Verdächtigen, hübsche türkische Häuser mit vorspringenden Obergeschossen und Steinplattendächern. Viel hat die Stadt nicht abgekriegt. Einem mannshohen Kommunistenkopf wurde von einer Granate das Gesicht weggerissen. Auch Travnik war mal Hauptstadt, hundertzwanzig Jahre lang. Bosnien hat ein gerechtes System: Jede Stadt darf eine Zeitlang Chef sein.

Mann und Esel kommen mir entgegen, der Esel unter zwei Tragkörben begraben, die ihn ums Dreifache verbreitern, beide mit Obstkisten behängt und einem Schlapphut bekleidet. Ich spüre es: Wäre ich Photograph geworden, brächte ich den Menschen genau jene Bilder mit, die sie erwarten.

X-Café kennt niemand.

»Fucking village«, zischt ein junger Typ, »I hate this town.« Er ist hier geboren, bosnischer Kroate und studiert Architektur in Split. Schiffe will er bauen, große Schiffe. Eine Weile gehen wir nebeneinander her. Ich traue mich nicht zu sagen, wie bezaubernd das Städtchen ist.

»Have fun.« Als er weg ist, konsultiere ich die demographische Statistik und verstehe, was ein Kroate mit »fucking village« meint.

An die Existenz von X-Café glaube ich nicht mehr, ich muss etwas zu essen kaufen, weil ich schon die umherspazierenden Tauben aus dem Augenwinkel für ferngesteuerte Spielzeugjeeps halte.

Beim Bäcker spricht eine Gruppe Kinder mich an: »Wir haben gehört, du suchst was.« Bielefeld bis 1999. X-Café, sage ich, und sie schwärmen aus.

Lejla gibt es nicht. Ich setze mich auf eine Mauer und teile mit dem Hund ein paar Hörnchen, von denen mir übel wird.

Die Kinder sind wieder da, ich folge im Laufschritt durch die Gassen, in einen Gebäudekomplex hinein, der aus Cafés und Läden besteht. Der Hof ist mit Hollywoodschaukeln vollgestellt, die Tische und Bänke sind aus dicken Baumstämmen gesägt, die Wände mit Graffitis bemalt. Das könnte Berlin sein, ein falscher Stadtteil, der nicht weiß, dass er der falsche Stadtteil ist. Die Kinder verbeugen sich und verschwinden, bevor ich mich bedanken kann. Als ich aufsehe, steht ein Schrank vor mir, nicht höher als ich, aber wenn man ihn aufklappen könnte, hätte meine gesamte Garderobe Platz. Er trägt eine Plastiksporthose und ein Skater-Hemd.

»Ćao.«

Ich bin umgeben von rot und blau gefärbten Haaren, Tattoos und blondierten Bärtchen, wie mit der Schablone rasiert. Verspiegelte Skibrillen wandern im Minutentakt von ihren Plätzen auf Glatzen hinunter zu Nasenbeinen und wieder hinauf. Ich werde auf einen Holzklotz gedrückt, in eine Schaukel verfrachtet, die Bäckertüte mit den Hörnchen verschwindet im Café, meine Proteste verhallen ungehört. Ich trinke Vanillecappuccino und fülle die Tasse zur Hälfte mit Zucker, um meine Überlebenschancen zu erhöhen. Jasmin kommt gleich. In fünf Minuten lerne ich fünfundzwanzig Leute kennen, die alle gleich aussehen. Den Direktor, dessen Skater-Shirt blau ist, merke ich mir am fehlenden Bärtchen und den Herrenlederpantoffeln. Er hat die Macht über das Apartment, in dem ich übernachten soll. Die Männer sehen aus, als hätten sie ein halbes Leben im Fitnesscenter verbracht. Sie arbeiten in Cafés, die zur Kunst- und Kulturszene gehören und deshalb von den Organisationen gefördert werden. Ich höre dauernd Konzert, Theater, Snowboard und Workshop. Jasmin taucht auf. Travnik, erzählt er, ist Partnerstadt von Leipzig, und dort wurde heute früh ein erschlagener und missbrauchter Dreizehnjähriger in einem Müllsack gefunden. Skibrillen starren mich fassungslos an, als ich öffentlich bekannt gebe, nie fernzusehen. Nicht mal Stefan Raab? Die Frage nach dem »Warum« wird weitergereicht von Tisch zu Tisch, quer über den Hof und in die Cafés hinein, ich hätte eine Presseerklärung vorbereiten sollen. Eine Minute bleibt, um meine Cappuccino-Zucker-Suppe auszulöffeln, bevor der Hund und ich auf die Straße getrieben werden. Zur Stadtbesichtigung. Gerade noch ergattere ich meine Brottüte. Tripnik, denke ich, Tripnik.

Unser Sightseeingtrupp wird größer und größer, während wir durch die Straßen ziehen, beim Gehen rascheln Kunststoffhosen und Hemden. Die große Moschee hat als einzige in Bosnien den Turm auf der falschen Seite, weil der Pascha was Besonderes sein wollte. Ansonsten lässt Travniks Geschichte sich schnell zusammenfassen: Die Türken haben einiges gebaut, und alles gehörte den Ungarn, bis es zurückgegeben wurde.

Mit einem Schlag wird mir kalt, erst glaube ich an den erwarteten Kreislaufkollaps. Die Lufttemperatur ist gefallen, wie wenn man auf dem Motorrad ein Waldstück durchquert, ich schlage die Arme um den Körper. Wasser schießt mit hohem Druck im gepflasterten Flussbett eine Gasse herunter, kleine Brücken schlagen ihre Bögen zu den Hauseingängen. Als Kellnerin in Wien habe ich meine Pausen im Kühlhaus verbracht, ein paar Minuten zwischen Flaschen, Getränkekisten und Fässern mit erhobenen Armen darauf gewartet, dass der Schweiß am Körper trocknet, die Augen geschlossen, vom Brummen des Kompressors beruhigt.

Das Wasser hat elf Grad, egal wie heiß die Luft ist, erklärt Jasmin und zerrt mich weiter. Was ich sehen soll, ist »Plava Voda«. Blondes Wasser, blaues Wasser, das ergibt sich im Kroatischen aus dem Zusammenhang.

»Unsere Sprache ist nicht Kroatisch«, sagt er, »sondern Bosnisch.« Ich lache, als hätte er einen Witz gemacht.

Unter dicken alten Weiden buckelt das Wasser schnell über die Steine, es schäumt und spritzt, als wäre das Flussbett lebendig. Der Hund traut sich nicht rein. Vor dem Schaufelrad eines wasserbetriebenen Grills schreckt er zurück, er hat das Massengrab bei Gojko nicht vergessen. Jasmin lässt sich nicht abbringen, »Oleto« statt »Othello« zu sagen, und mich oder den Hund oder beide gleichzeitig zu knuffen und zu tätscheln. Einen Moment stehen wir an der Stelle, wo Franz Ferdinand seine letzte Mahlzeit einnahm. Etwas weiter oben schwimmen in gemauerten Bassins die Nachfahren des historischen Fischs, der in Franz Ferdinands Magen auf dem Weg nach Sarajevo von einer Kugel durchbohrt wurde. Ich werfe ein Hörnchen ins Wasser, in Sekundenschnelle verschwindet es in einem grau glänzenden Wirbel. Piranhas, sage ich, Jasmin lacht.

»Trink von der Quelle, und du kommst nach Travnik zurück.« Ich gehorche ohne Zögern.

Mir bleibt wenig Zeit, den Ort zu genießen. Wir klettern zur Burg, Jasmin verspricht ultimative touristische Effekte durch die Beleuchtung bei Nacht. Jasmin, der Direktor, der Rest der Besichtigungsgruppe und ich lagern eine Weile auf den Ruinen am höchsten Punkt der Burg, die meisten mit Kopfhörern, alle mit Zigarette im Mund. Scherze fliegen hin und her, Arme werden gen Himmel gereckt. Es ist ein friedlicher, ja glücklicher Moment.

Ich lasse den Direktor ans Steuer und warne: Der Wagen ist untermotorisiert. Wenn man das Radio voll aufdreht und im ersten Gang bleibt, lässt sich in Aufwärtsserpentinen trotzdem ein sportliches Fahrgefühl erzeugen, in jeder Kurve spritzen Schotterfontänen den Abhang hinunter. Ich bitte Jasmin auf der Rückbank, den Hund festzuhalten, und er presst ihn mit beiden Armen an die Brust. An den Fenstern ziehen Wolkenfetzen vorbei, als säßen wir im Flugzeug. Oberhalb der ersten Schicht gehört das Wetter endgültig nicht mehr den Menschen. Alle zweihundert Meter wechselt Regen mit Sonnenschein.

Die Straße endet, wir lassen den Wagen stehen. Höher. Noch höher. Auf allen Vieren ziehen wir uns an Grasbüscheln und Gestrüpp den Hang zur Skischanze hinauf. Ein bedrohlicher Koloss aus bröckelndem Beton, was Holz war, ist abgebrannt, auch das Geländer der steilen Treppe im Innern des Turms. Jasmin schiebt sich mit dem Rücken an der Wand Stufe für Stufe hinauf, sein runder Kopf ist nass von Schweiß, die Kiefermuskeln zittern. Auf jedem Absatz warte ich auf ihn und halte den Hund fest, der ständig über die Kante gucken will. Das Gesicht des Direktors ist winzig am oberen Ende des Schachts, sein Grinsen erkenne ich trotzdem.

Die Aussicht ist fatal. Weder auf Skiern noch mit Fallschirm würde ich mich hinunterstürzen. Mit schwarzer und roter Farbe haben SFOR-Soldaten ein Ungeheuer auf die Reste der Rampe gesprüht, ein Zeichen für alles Böse, erklärt der Direktor und lehnt sich über das Geländer. Jasmin krallt die Finger in die Ritzen zwischen den Waschbetonplatten der Wand.

»Wenn das ganze Ding in Flammen steht, springst du dann?« Der Direktor zeigt auf die Wipfel der Tannen unter uns. Ich wäge Für und Wider ab und nicke langsam. Wahrscheinlich schon.

Falls ich ein Wochenendhaus brauche: Zehntausend Mark. Hotelanlagen ab Hundertfünfzigtausend. Es wächst auch eine einzigartige Rose hier oben, ganz ohne Dornen, und wenn man sie ins Tal verpflanzt, wird sie stachlig.

Als ich mich sattgerochen habe an der Luft, die würzig ist von Thymian, Walderdbeeren und der Abwesenheit von Menschen, genug in die Falkenwirbel am Himmel geschaut und die vereinzelten Adler gezählt habe, beginnt der Direktor, vom Krieg zu sprechen.

Er kannte sie von Kindesbeinen an. Sie fingen ihn ein und sperrten ihn ins neue Gefängnis, das ehemalige Dorfkino im Nachbarort. Jeden zweiten Tag warfen sie ein Stück Brot von der Größe einer Zigarettenschachtel hinein. Gemeinsam mit einer Dose Thunfisch, deren Verfallsdatum längst abgelaufen war.

»That sucks«, sage ich.

»Zeig deine Narben«, ruft Jasmin hinter uns.

Der Direktor rollt die Ärmel auf, darunter sieht die Haut wie ein gepflügter Acker aus.

»Ein Hundebiss, hier«, sagt er lachend. »Und da ein Motorradunfall. Das waren nicht die Kroaten«.

Jasmin guckt enttäuscht.

»Ein paar Leute schauen mir nicht mehr ins Gesicht«, sagt der Direktor und zündet einen Joint an. »Damit habe ich kein Problem. Die Organisationen, für die ich arbeite, helfen allen Gruppen. Vor allem den Kindern. Wir bringen ihnen bei, wie man Ganđa raucht.« Ich lehne ab, und Jasmin ist so schon übel. »Wenn alle gekifft hätten, anstatt zu saufen«, sagt der Direktor, »hätte es diesen Krieg nicht gegeben.«

Schnell fällt die Dunkelheit, die Bäume rücken zusammen, eilig robben Wolken über den schwarzen Himmel Richtung Norden. Zeit für das Abendprogramm. Ich übernehme das Steuer, der Direktor hängt mit kaninchenroten Augen im Beifahrersitz. Wenn die Autoscheinwerfer den Waldrand streifen, wirft dieser Hände voll Vögel in die Luft.

Das Kaleidoskop liegt unterm Dach. In unzähligen Leuchtern stecken unzählige Kerzen, samtgepolsterte Möbel kauern sich unter die Dachschrägen, darüber Wandbehänge, überall Kissen. Der ganze Raum ist aus gemütlichen Winkeln zusammengesetzt. Ein Stockwerk tiefer ist das Fitnessstudio, das die männlichen Stadtbewohner zu dem gemacht hat, was sie sind. Der Besitzer könnte Schlagzeuger einer Heavy Metal Band sein, deren Texte auf dem Index stehen.

Ein Mädchen verstöpselt auf einem ovalen Mosaiktisch Plattenspieler und Mischpult. Das ist Jasmins Schwester Jasmina. Jemand stößt mir den Ellenbogen in die Seite und flüstert: »Der einzige weibliche DJ im Land. Ganz Bosnien verehrt sie.« Jasmina umarmt mich. Sie ist ein halbes Kind und riecht nach frischen Brötchen. Keine Spur Schminke im Gesicht, die blonden Haare hängen über den Rücken, wie sie aus dem Kopf gewachsen sind. Eine Weile schaue ich beim Aufbauen zu. In einem Radius von drei Metern strahlt sie Leben, Licht und Wärme aus. Am liebsten würde ich mich neben ihren Plattenkoffer sinken lassen und dort liegen bleiben. Aber ich soll nur kurz Hallo sagen. Bis die Party beginnt, geht es zurück zu den Hollywoodschaukeln.

Im Hof sind viel mehr Mädchen als am Nachmittag, die meisten mit verschwenderischen Lockenmähnen ausgestattet. Drei Blumenkinder mit wehenden Röcken, gefolgt von hart klappernden Espritsandalen. Pfennigabsätze, Turnschuhe, Wildlederhalbschuhe mit Latzhosen darüber. Aber Jasmina ist noch tausend Mal schöner als ihr.

Außer mir hält es keiner lange auf einer Stelle aus. Die Hauptbeschäftigung besteht darin, einen Grund zum Aufstehen zu finden. Jeder vorbeiflanierende Bekannte wird verzweifelt begrüßt und kämpft darum, sich wieder loszueisen. Jasmin ist vom Alkohol verlangsamt, was nicht Ruhe erzeugt, sondern Hektik in Zeitlupe. Heimlich sichte ich den

Zigarettenbestand. In wenigen Stunden hat er anderthalb Schachteln meiner SFOR-Gauloises getilgt. Während ich mich umschaue, erklärt er, dass er schon sieben Monate ohne Schlaf auskommt.

Auf einmal sind SIE *da. Unterwürfig grüßt Jasmin jeden von ihnen:* Die Polizisten von Ai Pi Ti Ef. Sie sind tätowiert, sanft wie Kätzchen, mit treuherzigen Augen, denen ein wenig der Glanz fehlt. In puncto Muskelberge gehört Jasmin zum Durchschnitt. Ihnen allen hängen Zigaretten wie ein sechster Finger an den entspannten Pranken. Falls eine dünne Haarschicht auf ihren Köpfen verschont blieb, ist sie blond gefärbt. Deutschland, Polen, Ägypten, Irland, Syrien. Der Ägypter, flüstert Jasmin mir zu, ist ein Feind. Weil er die falsche Einstellung zu Frauen hat. Mir dreht sich der Kopf, ich kriege kaum noch mit, worüber ich mich mit den Polizisten unterhalte.

»Jagd auf Karadžić?« hat gerade einer gesagt. »Jeder weiß, wo der ist. In seinem Haus in Pale, bei seiner Frau.« Vermutlich habe ich danach gefragt. »Remember Milošević. Jahrelang heißt es, sie kriegen ihn nicht. Wenn er fällig ist, wird er mit ein bisschen Hin und Her verhaftet. Bei sich zu Hause.« Dann geht er nach Den Haag, dafür kommt ein Milliardenkredit nach Belgrad. Völkerrecht. Die Kunst besteht darin, sich nicht aufzuregen. Sagt jemand, oder ich habe es nur gedacht. Ich bin zu langsam. Die Polizisten reden über ihre Arbeitstage, die wochenlangen Phasen ohne Urlaub. »Irgendwann verlässt dich deine Freundin und du fährst an die Adria statt nach Nürnberg, wenn du zwei Tage frei hast.« Jasmin schlägt uns reihum auf die Schultern. Mein Sichtfeld ist voll schwarzer Flecken, als schaute ich durch ein löchriges Tuch.

Ich weiß nicht, was ich noch bestellen soll. Ich kann Dario nicht entdecken, und mein Handy hat keinen Empfang. Ich will raus, Ruhe, habe aber den Moment für Protest längst verpasst. Der Hund schaut mich an, als müssten wir sterben.

Wir folgen den Giganten zurück zum Kaleidoskop, beim Gehen schwanken sie wie Zeiger an Metronomen, und ich muss lachen.

Vor Jasmina steht im Zigarettenrauch ein Balken aus Licht, hinter dem ihr Gesicht schlecht zu erkennen ist. Ihre Hände sehe ich überdeutlich und wie vergrößert, sie suchen Tracks, schieben Tonspuren ineinander, arbeiten selbstsicher, zwei Tiere beim Nestbau. Wie ein Surfbrett gleitet das grüne Kellnertablett über die Menge aus Köpfen. Ich finde eine Ecke für mich und den Hund.

Sofort sehe ich ihn, als er den Raum betritt, vielleicht habe ich schon eine Weile Richtung Tür gestarrt. Er überragt die meisten anderen und schaut sich suchend um. Ich springe auf und brülle seinen Namen. Lange habe ich niemanden zum zweiten Mal gesehen. Wir umarmen uns und halten einen Moment still. Er setzt sich neben mich und weigert sich, die Jacke auszuziehen, obwohl es heiß und stickig ist.

»Wie hast du mich gefunden«, frage ich.

»Die ganze Stadt«, sagt er, »weiß, wo du bist.«

»Den kenne ich, das ist der Typ mit dem roten Kadett!«

So ein Auto fährt Dario in der Tat. Das nächste Wort verstehe ich schlecht, es könnte »Scheiß-Kroate« gewesen sein. Jasmin hat mich am Arm gepackt. Ich reiße mich los und besuche seine Schwester hinter den Turntables. Sie nimmt die Kopfhörer ab und beugt sich zu mir.

»Du musst ihn ignorieren. Er hatte Probleme mit Drogen.«

Also hat sie beobachtet, wie er mich in den Schwitzkasten nimmt.

»Schon gut«, sage ich schnell.

Malte, die Orange, war vollkommen harmlos. Manchmal jagte er Leuten Angst ein mit wirrem Gerede von Häutungen und Menschenfresserei. Ich finde Dario im Gewühl, er macht Witze mit irgendeinem Cousin.

»Darf ich dich noch mal umarmen?« fragt er. Ihn verstehe ich trotz des Lärms, auch wenn er leise spricht. Auf Zehenspitzen recke ich mich wie beim Pflücken von Feigen und lege ihm die Arme um den Hals. Zwei Lieder lang finden wir Platz zum Tanzen.

Jasmin schnappt mich, kaum dass Dario mich losgelassen hat, und zieht mich in eine Ecke. Er nimmt die Skibrille ab, seine Augen wandern über mein Gesicht. Die Pupillen sind scharf und klein und bündeln den Blick zu einer Spitze, die er schließlich in einen Punkt über meiner Nasenwurzel bohrt. Eine Weile sucht er nach Worten, bis es aus ihm herausbricht. Ich verstehe nicht alles. Das Wort »Strafe«, viele Male, und dass er mir ein Ende vorhersagt auf dem elektrischen Stuhl. Er malt Einzelheiten aus, meine versengenden Haare, mein kochendes Hirn, platzende Augen. Brandwunden. Spasmen. Ich bin wie gelähmt, schaffe es nicht, ihm den Mund zu verbieten. Er spricht schnell, mehr lese ich seine Lippen, als dass ich ihm zuhöre.

»So fängt es immer an«, sagt er, »zuerst berühren sie eine Frau als Freund.« Seine Augen geben mich frei und suchen Dario in der Menge.

In einer Hollywoodschaukel komme ich zu mir, der Direktor redet Belangloses auf Englisch in mein Ohr. Aus drei verschiedenen Cafés singen *The Cure*, *Sting* und *Violent Femmes*. Die Kerzenflammen müssten sich vor dem Druck der Bässe eigentlich rhythmisch verneigen. Der Wein wird in Wassergläsern serviert. Ich habe das erste noch nicht geleert, als mir schlecht wird. Fluchtartig verlasse ich den Hof, schlage Haken durch die Innenstadt auf der Suche nach einem Versteck. Überall sind Menschen. Der Hund folgt verwirrt. Ich finde eine bewachsene Böschung am Fluss, krümme mich zusammen und kotze ins Gras. Das kommt von der lauten Musik, sage ich mir, von Bässen, die in die Eingeweide greifen. Von Lejlas Abwesenheit. Ich würge noch mal, obwohl ich längst leer bin. Einen elektrischen Stuhl kenne ich nur aus Filmen. Trotzdem steht er mir klar vor Augen, als nähme ich täglich am Schreibtisch darauf Platz.

Senden, empfangen. Senden. Ich spüre die Anstrengung, mit der Jasmin mir Botschaften schickt, ich sehe ihn vor mir. Er steht im Kaleidoskop in einer Ecke, starrt ins Gedränge, wo er Dario vermutet, und seine Brust hebt und senkt sich mit jedem Atemzug. Ich stehe am Fluss und starre ins Wasser, ohne die Fließrichtung zu erkennen. Die höchste Strafe, ich werde sie erleiden, für alle. Why not.

Dario kommt mir entgegen, die Erleichterung, mich zu sehen, wird von Wut abgelöst. Ich hoffe, nicht nach Erbrochenem zu stinken, und zünde eine Zigarette an.

»Scheißverrückter«, sagt er.

»Schon gut«, sage ich. »Wer weiß, was er erlebt hat.«

»Was auch immer«, sagt er, »der soll sich zusammenreißen.«

Wer weiß, denke ich, warum er nicht sehen kann, wie ein Kroate eine Frau anfasst. Das Thema werde ich nicht vertiefen. Langsam gehen wir zurück.

Das Gebrüll einer Motorsäge schneidet schon seit Stunden meinen Schlaf in Scheiben. Trotzdem bleibe ich wie ohnmächtig liegen. Wenn ich kurz an die Oberfläche tauche und es gelingt, ein Auge zu öffnen, sehe ich den Hund, auf dem Rücken, alle Viere in die Luft gestreckt, den Körper zu maximaler Länge gedehnt. Seine Pfoten zucken. Ich hatte wieder diesen Traum: Alles, was mir aus der Hand rutscht, was ich fallen lasse oder abstelle, verschwindet im Nichts. Irgendwann auch Menschen, denen ich zum Abschied die Hand gegeben habe.

Ich bin in einer Art Wohnzimmer, das mit Möbeln zugebaut ist, Tonnen von Klamotten, Bettwäsche, Schaf- und Ziegenfellen liegen herum. Die Erinnerung kommt im Rückwärtsgang: Wie ich einschlafe, während Hacksteaks in der Pfanne zischen, Jasmin vertilgt in der Küche die Reste des Abendessens. Klappt die Couch für mich auf, mit glasigen Augen, kaum in der Lage, aufrecht zu stehen. Im Nebenzimmer schnarcht und rülpst der ebenso besoffene Vater. Im Wandschrank Bücher, Lorca auf Deutsch, Hesse auf Russisch, Puschkin auf Französisch. Wie ich hergekommen bin, weiß ich nicht mehr.

Plötzlich hellwach, springe ich aus dem Bett. Man kann sich nicht umdrehen, ohne über ein Möbelstück zu stolpern. Da ist der Hund, da ist mein Autoschlüssel. Meine Kleider, der Rucksack. In der Seitentasche ein gefaltetes Blatt, fieberhaft blättere ich im Kroatischwörterbuch. »Reise heim, kleine Frau. Wir werden aneinander denken, jeder in seiner Welt. D.«

Ich erinnere mich wieder an den elektrischen Stuhl. Als ich gerade überlege, wie ich mein Gepäck vom Balkon abseilen könnte, klopft es an der Tür. Jasmin tritt ein, geduscht, nüchtern, lächelnd, mit Kaffee und Frühstück. Die letzte Nacht, in der mir so schlecht war, wird es in einer halben Stunde nicht mehr geben.

Das letzte Negerlein

My name is Luka, singe ich vor mich hin, während ich das bosnisch-serbische Mordor durchquere. Für die Nachwelt sei festgehalten: Alles ruhig. So ruhig, dass ich nicht mehr als drei Stunden in Banja Luka verbringe. Vor der SFOR-Base kreuzen zwei britische Panzer die Kanonenrohre zum Eingangstor, und ich aktiviere meinen Rudimentärpatriotismus: So etwas würden die Deutschen nie machen. Ich muss dringend noch nach Sanski Most, ein paar meiner Romanfiguren waren schon dort.

So schlecht hatte ich nicht geraten. In Sanski Most gibt es das Hotel, vor dem meine Figuren gesessen haben, es gibt den zugewachsenen Hof, wenn auch ohne Schaukel, Hundeleiche und Schmetterlinge. Ich sitze beim Wein und schaffe es nicht, nach einer Unterkunft zu suchen. Wieder einmal ist es zu schön, um Entscheidungen zu treffen. Der zunehmende Mond drückt sich eine Wolke an die Wange. Wie viel fehlt noch? Zwei Tage.

Ich bleibe übrig, als alle anderen längst nach Hause gegangen sind.

Bei Doktor Dido wird noch Schach gespielt. Die Hälfte der Plätze ist von alten Männern besetzt, die ihre Strohhüte mit Band neben sich auf die Tische gelegt haben. Nach ein paar Minuten Zuschauen will ich rufen, dass man die Türme nicht in den Ecken verhungern lassen darf. Besser, ich gehe nicht hinein. Ich schlendere durch leere Straßen, bis ich nicht mehr weiß, ob ich noch wach bin. Schließlich verlasse ich die Stadt, um eine unauffällige Stelle für die Übernachtung im Auto zu suchen, lande auf dem Parkplatz von Motel Mak und nehme ein Zimmer.

Der Hund kratzt sich täglich häufiger und heftiger, nach dem Aufwachen eine halbe Stunde lang. Auch auf mir wachsen komische Sachen, vor allem an Händen und Füßen, inzwischen auch am Hals. Kleine Beulen und Blasen, nicht juckend, nicht schmerzhaft. So muss ein Obstgarten sich fühlen.

Zögerlich guckt die Sonne durch einen Spalt zwischen den Trauerweidenzweigen, was wir hier unten schon wieder machen. Wir stehen auf der Brücke über der Sana, *in corpore sano*. Im Wasser wachsen Pflanzen, die wie die langen Haarschöpfe von am Grund vergrabenen Wassernixen aussehen, die Strömung kämmt sie in eine Richtung. Ich habe Streit mit dem Hund, weil er müde ist, den Leuten im Weg steht, taumelnd die Kinder erschreckt und Obststände anpinkeln will. Weil ich auch müde bin, habe ich keine Kraft, um ihn dauernd zu überwachen. Ich bin schon froh, wenn ich selbst keine Kinder erschrecke oder Obststände anpinkle.

Am besten, ich fahre weiter. Am allerbesten, ich besichtige schnell noch den Rest des Landes auf japanische Art: Alle Orte mit mehr als tausend Einwohnern innerhalb von achtundvierzig Stunden.

Die Häuser konnten sich nicht entschließen, zu Dörfern zusammenzurücken, waren mit sich selbst zufrieden, jedes mit seinem Heuhaufen und abgezirkelten Gärtchen. Sie alle sind zerstört, nicht nur in Straßennähe, sondern auch weit unten in der Senke, wo sie verteilt sitzen wie Fliegenschiss auf einem großen Tisch. Mit Jeeps müssen die Milizen die Gegend durchkämmt haben, um noch den letzten Bauern zu finden.

Eine zusammengeschossene orthodoxe Kirche trägt Graffiti: »Haus des bosnischen Genozids« steht darauf, und: »Weg! Nach Serbien!« Hat geklappt, denke ich. Keine Menschenseele ist zu den Trümmern zurückgekehrt.

Ich mache die Bekanntschaft einer Familie rosafarbener Hausschweine, die im Garten ihres ehemaligen Hauses lebt. Einen ganzen Apfelbaum pflücke ich leer, damit ich die ledrigen Steckdosennasen befühlen und die trockene, von der Sonne gerötete Haut tätscheln darf. Sie haben zutrauliche Gesichter und zufrieden auf- und zuklappende Schnauzen. Die Abwesenheit von Menschen stört sie nicht. Ich frage mich, ob sie wirklich seit sechs Jahren allein zurechtkommen. Gern würde ich eines mitnehmen. Der Abschied fällt herzlich aus, auch wenn sie sich nicht richtig umarmen lassen wollen.

Sicherlich ließe sich eine Statistik aufstellen, dass es zehn Mal gefährlicher ist, bei 60 km/h den rechten Fahrstreifen einer deutschen Autobahn zu benutzen, als zwischen Sanski Most und Bihać inmitten eines ethnisch gesäuberten und vermutlich komplett verminten Geländes für eine zurückgelassene Schweinefamilie Äpfel von den Bäumen zu pflücken.

In der Pension Hanka ist der Hund einerseits verboten, zahlt andererseits zehn Mark extra pro Nacht. Die Verhandlungen zu diesem Thema drehen sich zwanzig Minuten lang um die eigene Achse, während Hanka unentwegt Geranien gießt.

Für seinen Preis bietet das Zimmer eine Menge Möbel. Beim Versuch, das Bett zu erreichen, schlägt man die Knie am Couchtisch fleckig, verheddert sich in den Jalousienschnüren der Balkontür, stolpert über Verlängerungskabel und reißt die Fernsehantenne von der Anrichte. Der Balkon lässt sich nur betreten, wenn man ein paar Geranientöpfe beiseite kickt.

Vorsichtshalber habe ich zehn Stunden geschlafen und bestelle einen Kaffee nach dem anderen. Auf allen Terrassen wird lebhaft diskutiert, und wer niemanden zum Reden hat, wippt nervös mit den Beinen, schaut sein Handy an und geht bald wieder. Ein dicker Geschäftsmann holt sich mit dem Schlüssel seines VW Dreck aus den Ohren, wobei der Schlüsselbart bis zum Anschlag im Gehörgang verschwindet.

Beinahe hätte »Moslemenklavebihać« es zum Wort des Jahres 1995 gebracht. Ich stellte mir ein Stück eingezäunten Brachlands vor, auf dem sich staubige Gestalten unter Zeltplanen zusammendrängen. Aber hier ist Bosnien Light. Zagreb liegt näher als die eigene Hauptstadt. Arztpraxen und Versicherungsbüros haben verstellbare Lamellenvorhänge, an den Kanzleien hängen Schilder aus Messing. Es gibt ein DocMartens-Fachgeschäft und ein Flashart-Café, Dreadlocks und halb-halb gefärbte Haare. Abgewetzte Hosen und schwere Stiefel sind kein Zeichen von Armut, sondern schick. Das Museum im alten Kapitänsturm dokumentiert auf vier Stockwerken die Stadtgeschichte von der Prähistorie bis zum Beginn des zwanzigsten Jahrhunderts. Dann ist Schluss, die Treppe zur obersten Etage abgesperrt.

Deshalb gibt es auch Touristenbüros und die ersten DIN-A-4-formatigen, hochglänzenden Prospekte, die ich in die Finger bekomme. Mit Photos von Häusern, die es vor und nach dem Krieg gegeben hat. »Vielleicht hat Ihre Arbeit Sie nie nach Bihać gebracht. Die Freude sollte es.« In holprigem Englisch mit vielen Satzzeichen. Wer die Zeilen liest, ist mit Sicherheit in Bihać gewesen, nämlich in diesem Moment. Den Prospekt hat er nicht vom Auswärtigen Amt zugeschickt bekommen. Auf zehn Seiten werden Naturschönheiten gepriesen, ansonsten lese ich immer nur »Rafting«.

Vor den großen Fenstern einer Internetfirma entdecke ich auf dem gepflegten Rasen einen Mini-Feigenbaum. Ich dachte, ich hätte es versäumt, mich von den Feigen zu verabschieden. Genau wie ich zuließ, dass die Hitze, Melonenfelder, Lejla, ausgewilderte Schweinefamilien und rätselhaft grüne Flüsse unbemerkt zurückgeblieben sind. Auch als ich näher komme, läuft der Feigenbaum nicht davon. Ohne auf die gepuderte Blondine zu achten, die mich durch die Jalousie beobachtet, steige ich mit Storchenknien über den Zaun und pflücke die beiden Früchte vom Baum. Die erste esse ich gleich, sie ist nicht süß und hat eine dicke Schale, das ist mir ganz egal. Die zweite schiebe ich in die Umhängetasche, obwohl sie aufplatzen und meine Sachen mit ihrem Saft verkleben wird. Ich will sie mit nach Zagreb nehmen, oder besser noch: Nach Wien.

Manchmal bilden Kopf und Augen zusammen eine Kamera, und man kann sicher sein, die aufgenommenen Bilder nicht zu vergessen. In der Staubwolke, die der Wind vor dem Wagen herträgt, tauchen zwei schmutzige Gestalten auf, eine davon winzig. Dicht hintereinander trotten sie am Straßenrand.

Als wir auf gleicher Höhe sind, komme ich mit rutschenden Reifen zum Stehen.

Beim Versuch, gleichzeitig auf das Auto zu- und davor wegzurennen, dreht sich Olgas Mutter zweimal um die eigene Achse, taumelt und stürzt beinahe. Ihr Körper ist ausgemergelt, die Knochen scheinen durchs Fell brechen zu wollen. Hätte sie noch eine Sichel und eine Kapuze, wäre sie der Hundetod in Person. Am schwersten ertrage ich ihre Augen: Sie sind dunkler als schwarz, trocken und flach wie Knöpfe. Olgas Mutter ist noch am Leben, weil sie eine Aufgabe hat. Sie versucht, ihr letztes Kind in die Stadt zu bringen.

Irgendwie wusste ich gleich, dass sie Olga heißt. Heimlich habe ich die ganze Reise über auf sie gewartet. Sie ist rund und flauschig wie alle Welpen, hockt sich in den Staub und beobachtet mit schiefgelegtem Kopf, was ihre Mutter und ich miteinander anstellen. Ich steige aus, der Hund presst von innen die Nase gegen die Scheibe. Zufällig war ich Einkaufen, bevor wir aufgebrochen sind, um die Naturschönheiten aus dem Touristenprospekt zu suchen.

Noch bevor sie das Brot gesehen hat, springt Olgas Mutter mich an. Sie klammert sich an mich, es fühlt sich an, als hätte sie Hände. Ihre Fluchtinstinkte, die Angst um sich oder das Kind unterliegen der Hoffnung, ich könnte die letzte Rettung sein. Sie wirft sich auf meine Füße und zeigt den Bauch, ihre übergroßen, ausgeleierten Zitzen. Die blicklosen Augenknöpfe sind hierhin oder dorthin gewendet, immer ins Nichts. Ich zerfetze das Weißbrot für sie, das erste Stück reißt sie mir aus der Hand und lässt es fallen, um nach dem nächsten zu schnappen. Ich werfe den Rest hin, hole den Futtersack aus dem Kofferraum und kippe die Hälfte ins Gras.

Sie wird sich zum Gebären in die Wildnis zurückgezogen haben, zu weit weg von den Menschen und ihrem Müll. Olga ist mindestens sechs Wochen alt, vielleicht hat die Mutter seit ihrer Geburt nichts gefressen. Außer den anderen Welpen. Dann hätte Olga sich von der Milch ernährt, die der Körper der Mutter aus den Körpern der Geschwister erzeugt hat. Das letzte Negerlein.

Als ein Teil vertilgt ist, erwacht die Angst. Aus heiterem Himmel ergreift die Mutter die Flucht, galoppiert ein paar Meter, kehrt um und frisst weiter. Olga kommt angewackelt, um ein Stück Brot zu erhaschen. Die Mutter knurrt und beißt sie in den Rücken, bis sie schreit. Schon zu alt, um geliebt zu werden. Ich hebe sie auf die Motorhaube. Unter ihrem Fell spüre ich einen Vogel, zerbrechliche Knochen mit nicht viel drum herum. Das Brot weiche ich ihr in Mineralwasser ein. Sie frisst erst, nachdem ich es auch noch vorgekaut habe.

Ich fahre davon, bevor die Mutter aufgegessen hat. Ich hoffe, dass sie das Futter verträgt, dass sie danach, ohne Kind, die zwanzig Kilometer schafft bis zum nächsten Dorf, wo es Müllhaufen gibt, Wasser und leerstehende Häuser für die Nächte.

Olga kotzt auf meine Hose, den Sitz, die Handbremse und das faltige Bett der Gangschaltung. Ich habe keine Taschentücher und halte kurz an, um die Hosenbeine auszuschütteln. Ich hätte auch Lust zu kotzen. Diese Piste ist schlimmer als alle bisherigen. Über die Schlaglöcher komme ich nur in Zeitlupe, der Unterboden kratzt über die Kanten, und meinen Auspufftopf brauche ich noch. Die kryptische Wegskizze, die das Mädchen im Touristenbüro für mich gezeichnet hat, endete vor einer dreiviertel Stunde. »Nach dem letzten Dorf probieren Sie alle Abzweigungen ohne Asphalt. Jede fahren Sie ein paar hundert Meter. Wenn Sie einen Zettel in Klarsichthülle am Stamm einer Birke sehen, auf dem Strbački Buk steht, sind Sie richtig. Dann immer geradeaus.«

Diese Anfahrt zur Quelle der Una hätten sie in ihren Prospekt drucken sollen. Spätestens die zögernde Frage des Mädchens, ob ich allein hinfahren wolle, hätte mich misstrauisch machen müssen. Also immer geradeaus.

Streckenweise geht es abwärts über nackten Fels. Ich frage mich, wie ich den Rückweg schaffen soll. Mit dem dümmsten Auto der Welt und einem kotzenden Welpen auf dem Schoß. Der Horizont erzeugt Abendlicht von reinstem Gold.

Ich fahre weiter, weil jede Straße ein Ende haben muss und es keine Wendemöglichkeit gibt. Als das Tal sich öffnet, sehe ich auf einen Blick, dass ich, irrwitzig genug, gefunden habe, was ich suchte. Erwartet hatte ich etwas anderes. Noch einmal schlage ich den Prospekt auf.

Haven't seen each other for a long time! lautet die Überschrift des Kapitels über die Quelle der Una. Stimmt soweit, weil nämlich Krieg war. Der Text handelt von sauberem Wasser, klarer Luft und einem römischen Legionär, der beim Anblick des Flusses atemlos erstarrte. Weil das wenig Inhalt ist für eine Legende, denke ich mir hinzu, dass der Legionär, wieder bei Atem, »Una!« ausrief, im Sinne von »Die Eine!«, und so der Fluss zu seinem Namen kam. Unter den Photos ein paar schlechte Gedichte in schlechter englischer Übersetzung über den Zauber des grünen Wassers.

Kein Wort darüber, auch nicht von der Frau im Touristenbüro, dass die unsterbliche Quelle inmitten eines Minenfelds gelegen ist.

Die Markierungen sind mit den Straßenrändern identisch, gelegentlich schlagen sie einen Haken in die Straße hinein. Einzeln aufgespürte Minen sind durch Karrees aus Stöcken und Plastikbändern ausgewiesen. Ich stelle sie mir als fette, unterirdisch lauernde Kröten vor.

Weit ziehen sich die Bänder ins Tal hinunter, über verbrannte Erde, an den verkohlten Gerippen von Bauernhöfen vorbei, weiter bis zum Waldrand. Man braucht keine Phantasie, um vor sich zu sehen, was passiert ist. Die Schilder mit Totenköpfen wären nicht nötig gewesen. Ein mehrere Hektar großes Grab schweigt nicht, es schreit mich an, dass ich die Ohren zuhalten will. Kein Vogel singt. Das Einzige, was sich bewegt, ist die Una. Im Hintergrund braust ihr Wasser über kleine Felsstufen.

Der Weg ist voll pummliger Tannenzapfen, der Hund zerlegt einen von ihnen, rupft ihm die Schuppen aus und verstreut sie um sich herum. Ich verbiete es ihm, obwohl wir bloß sinnlos neben dem Wagen stehen. Olga kauert am Vorderrad.

Ich sehe den Fluss nicht an. Den Wald nicht, nicht den Himmel. Ich binde den kleinen an den großen Hund und taste mich zum Wasser, damit sie trinken können. Jemand hat ein Stück Seife am Ufer vergessen, das kommt wie gerufen. Ich wasche mir die Kotze von Händen und Hose. Sehe die Quelle nicht, die Stromschnellen nicht. Als ich einen Moment den Kopf hebe, um den höchsten Berg am anderen Ufer anzuschauen, schaut der mit ironischem Ausdruck zurück. Ein Augenzeuge.

»Hier liegt das Skelett des Landes frei. Hier wohnt der Tod in den Falten üppigster Natur.« Und: »Die Quelle der Una – wo sich während der nächsten hundert Jahre außer dem Fluss nichts bewegen wird.« Stumm formuliere ich eine Bildunterschrift nach der anderen.

Ich will weg. Ich will es lebend zum Auto schaffen und lebend das Auto wenden.

In der Nacht stehe ich stundenlang in den Parkanlagen, reglos, als wäre ich ein Stalagmit, in Tausenden von Jahren vom Himmel getropft. Der Hund sitzt neben mir, Olga schläft zusammengerollt auf meiner Jacke. Der Vollmond spiegelt sich im Fluss und wird an einer Seite vom fließenden Wasser in die Länge gezogen. Ab und zu trinke ich einen Schluck Rotwein aus der Flasche.

Ich versuche, etwas auszureißen, das sich in mir verhakt hat. Je heftiger ich daran zerre, desto mehr schmerzt es, desto genauer weiß ich, dass es da ist. Ich gehe erst, wenn die Flasche leer ist.

Die Stille im eigenen Kopf

Den Astra gebe ich in Zagreb ab. In der schönen Stadt fällt erst auf, wie mitgenommen er ist, innen und außen von einer Schlammschicht bedeckt, der Lack zerkratzt, die Scheiben trüb, kleine Äste und Grashalme aus ganz Bosnien in den Fußräumen. Ich bringe den Schlüssel ins Büro, bedanke mich und lasse den Wagen am Straßenrand, ohne mich noch einmal umzudrehen. Als hätten wir nie etwas miteinander zu tun gehabt.

Vor einem Mülleimer am Laternenmast bleibe ich stehen und werfe alle Kleidungsstücke weg, die ich nicht am Körper trage. Den Rucksack mit Büchern kriege ich gerade vom Boden hoch, den Teppich transportiere ich in einer Tüte, deren Henkel mir tief ins Handgelenk schneiden. Einige Meter am Stück kann ich gehen, ohne etwas abstellen zu müssen.

Olga hat sich in meine Stiefel verliebt und orientiert sich am Klirren der Schnallen. Im Park vor dem Bahnhof beißt sie einen Dobermann in die Nase, der vierzigmal größer ist als sie. Er quietscht und rennt davon.

Das ganze Leben, geträumt. Ich sitze im Zug und komme auf dumme Gedanken, zum Beispiel auf die Frage, ob es einen Gott gibt. Wenn ja, muss er einem Welpen ähnlich sein, der mit schiefgelegtem Kopf, vor und zurück springend, manchmal kläffend, das Weltgeschehen beobachtet. Fasziniert und furchtsam, erschrocken und zugleich unstillbar neugierig.

Meine Hände sehen alt aus, trocken, schrumplig, als würden sie gar nicht zu mir gehören. Olga kaut meine Fingernägel, weil sie selbst keine hat, und wir schauen uns dabei in die Augen, in die Fensterecke des Abteils gedrückt. Inzwischen behält sie das Futter bei sich, will gleichzeitig in der Tasche sitzen und außerhalb und schreit wie ein Menschenbaby, wenn etwas gegen ihren Willen läuft. Als Flüchtling könnte sie ein bisschen mehr Bescheidenheit an den Tag legen. Der Hund findet das Theater im Ganzen überflüssig und straft mich mit Missachtung.

Ich fühle mich, als wäre das Land durch mich gereist und kehrte nach Hause zurück, während ich übrigbleibe, mit hängenden Armen. Bereist.

Keine meiner Fragen habe ich beantwortet. Wo wachsen die Melonen? Weiß ich nicht. Warum gibt es keinen McDonald's? Warum war Krieg und gegen wen, und wie heißt die Farbe der Neretva?

Wasser, denke ich, hat doch gar keine Farbe.

Draußen zieht im Dunkeln ein österreichischer Recyclinghof vorbei, streng aufgereihte Maschinen, schemenhaft vorbeiflitzende Zäune, eine Menge Schrott und flache Gebäude, und ich denke, dass der Frieden manchmal, rein optisch, dem Krieg zum Verwechseln ähnlich sieht. Zumindest bei Nacht.

Andererseits: Alles erinnert an etwas.

Die Stille im eigenen Kopf ist doch die lauteste von allen. Wer die Hölle überleben will, muss ihre Temperatur annehmen.

Mir ist kalt.

Ich werfe meine Jacke auf den Boden, setze mich darauf und decke mich mit Hunden zu.